中国学前教育研究会"十三五"立项课题研究成果
北京市教育学会学前教育研究会"十三五"重点课题研究成果

# 玩美术　慧生活

### 幼儿美术"心赏"集体教学活动的探索与实践

## 安　平　主编

中国农业出版社

北　京

# 编委会

| | | | | | |
|---|---|---|---|---|---|
| 指导专家 | 张 迪 | | | | |
| 主 编 | 安 平 | | | | |
| 副 主 编 | 刘 毛 | 陈 芒 | 王 坤 | 陈海娟 | 李雪莲 |
| | 周晓燕 | 冯静鹭 | 程 明 | | |
| 编 委 | 杨丽杰 | 郭 娜 | 李 聂 | 吴宪丽 | 刘 平 |
| | 朱 宁 | 李欣欣 | 高雅菲 | 王连萍 | 余碧洋 |
| | 马丽卿 | 刘宇轩 | 周天放 | | |

## 编写人员

**第一章负责人** 刘 毛
**编 委** 刘 毛 杨丽杰 郭 娜 程 明
**编写人员** 刘 毛 杨丽杰 郭 娜 程 明

**第二章负责人** 安 平
**编写人员** 安 平

**第三章负责人** 陈 芒
**编 委** 李 聂 吴宪丽
**编写人员** 王 坤 王连萍 王 洋 冯静鹭 朱 宁
刘 毛 刘宇轩 刘亚洁 乔 杨 李欣欣
李 雪 李 颖 李楷婷 吴宪丽 吴 影
陈海娟 季佳音 周天放 周晓燕 周 瑶
陈 芒 赵 璇 康易梅 郭 娜 程 明
暴 姐

| 第四章负责人 | 王 坤 | | | | |
|---|---|---|---|---|---|
| 编　　　委 | 刘 平 | 朱 宁 | 李欣欣 | 高雅菲 | |
| 编 写 人 员 | 王 坤 | 王连萍 | 朱 宁 | 刘 毛 | 刘亚洁 |
| | 刘宇轩 | 乔 杨 | 李欣欣 | 吴美霞 | 吴宪丽 |
| | 陈海娟 | 李 雪 | 吴 影 | 周天放 | 周晓燕 |
| | 郭 娜 | 高雅菲 | 程 明 | | |

| 第五章负责人 | 陈海娟 | 李雪莲 | | | |
|---|---|---|---|---|---|
| 编　　　委 | 王连萍 | 余碧洋 | | | |
| 编 写 人 员 | 王连萍 | 吕明欢 | 陈海娟 | 李雪莲 | 张 建 |
| | 余碧洋 | 杨红如 | 杨丽杰 | 范 稳 | 胡洋彬 |
| | 郭 娜 | 常天霖 | 韩剑杰 | 彭 燕 | |

| 第六章负责人 | 周晓燕 | 冯静鹭 | | | |
|---|---|---|---|---|---|
| 编　　　委 | 马丽卿 | 刘宇轩 | 周天放 | | |
| 编 写 人 员 | 马丽卿 | 马园园 | 王 玉 | 王 坤 | 王 璐 |
| | 支辰音 | 冯静鹭 | 刘 平 | 刘亚南 | 刘宇轩 |
| | 刘 蕊 | 朱 宁 | 吕明欢 | 张 迪 | 张 建 |
| | 李 玲 | 李洁菲 | 李 聂 | 李 娟 | 李 颖 |
| | 吴宪丽 | 杨亚红 | 杨红如 | 杨丽杰 | 芮 静 |
| | 季佳音 | 周天放 | 周晓燕 | 周 瑶 | 赵 佳 |
| | 赵 璇 | 胡洋彬 | 耿雨晴 | 黄舒蓉 | 常天霖 |
| | 康易梅 | 韩剑杰 | | | |

| 附录负责人 | 程 明 | | | | |
|---|---|---|---|---|---|
| 编 写 人 员 | 王 坤 | 王 洋 | 冯静鹭 | 陈 芒 | 陈海娟 |
| | 罗海霞 | 康易梅 | 程 明 | | |

**实验园所：**

中国人民大学朝阳幼儿园

中国人民解放军总装备部后勤部幼儿园

中国人民解放军总装备部直属机关幼儿园

中国科学院第六幼儿园

北京市朝阳区三里屯幼儿园

北京市朝阳区三间房乡中心幼儿园

北京市朝阳区小金星幼儿园

北京市朝阳区水碓北里幼儿园

北京市朝阳区安华里幼儿园

北京市朝阳区安华里第二幼儿园

北京市朝阳区安贞街道中心幼儿园

北京市朝阳区光华路幼儿园

北京市朝阳区亚运村第一幼儿园

北京市朝阳区亚运村第二幼儿园

北京市朝阳区西坝河第一幼儿园

北京市朝阳区华洋紫竹幼儿园

北京市朝阳区红黄蓝和平里幼儿园

北京市朝阳区向日葵艺术幼儿园（通惠园）

北京市朝阳区劲松红黄蓝幼儿园

北京市朝阳区劲松第一幼儿园

北京市朝阳区劲松第二幼儿园

北京市朝阳区启航双语幼儿园

北京市朝阳区泛海幼儿园

北京市朝阳区花家地幼儿园

北京市朝阳区丽景幼儿园

北京市朝阳区和平街幼儿园

北京市朝阳区京师实验幼儿园

北京市朝阳区金盏小金星幼儿园

北京市朝阳区松榆里幼儿园

北京市朝阳区定福家园幼儿园

北京市朝阳区垡头幼儿园

北京市朝阳区首都机场幼教中心第一幼儿园

北京市朝阳区海嘉实验幼儿园

北京市朝阳区清友实验幼儿园

北京市朝阳区奥园幼儿园

北京市朝阳区朝花幼儿园双合西园

北京市朝阳区朝花幼儿园孙河东园

北京市朝阳区朝花幼儿园孙河西园

北京市朝阳区惠新里幼儿园

北京市朝阳区新源里第二幼儿园

北京市蓓蕾幼儿园

北京佳华安琪幼儿园

# 从"心"赏 从"容"美

教育部在 2012 年颁布的《3～6 岁儿童学习与发展指南》（以下简称《指南》）中，将"艺术领域"的两个子领域定位于审美和创造，明确了"艺术领域"对幼儿发展的核心价值。审美作为艺术领域的本质特征，它的重要意义更加凸显。"人本主义学习理论"的代表人物马斯洛提出"需要层次理论"，人类需求像阶梯一样从低到高依次为生理需要、安全需要、归属和爱的需要、尊重的需要、认知的需要、审美的需要和自我实现的需要，其中"审美的需要"关系人的成长、精神生活，乃至于精神生命的呈现。美不是一种知识，美是一种源于内心的美好感受，美是生活最高级的修养，美是一种从容、幸福、祥和的生活态度。

学前教育是基础教育的奠基阶段，审美启蒙教育将滋养幼儿心中美的种子，为其当今和未来的生活播撒爱与希望。然而，我们在对各类型幼儿园的 73 名教师调查中发现，竟有 72% 的教师认为"美术欣赏是为幼儿表现与创造出作品而服务的"；只有 64.86% 的教师认同幼儿园美术欣赏教育活动中放在首位的应是幼儿"对美的感受能力"；有 12.16% 的教师认为幼儿美术欣赏活动是逻辑的、程序性的理性思维方式，但其实应该是"自觉、想象、顿悟的感性思维方式"；有 44.59% 的教师能固定开展幼儿园美术欣赏集体活动，55.41% 的教师开展的美术欣赏活动是随意性的，没有预设的计划；教师的困惑主要集中在教学方法（占总问题的 45.7%）、欣赏内容（占总问题的 21.9%）、自身素养（占总问题的 14.3%）。以上调查都说明，幼儿美术欣赏教育在教育理念、教育实施、教师素养等方面都有很大的提升空间。

为此，我们成立了北京市朝阳区幼儿美术教育教研组（以下简称"朝阳美之佳"）。"朝阳美之佳"自 2015 年 9 月起开始研究幼儿美术欣赏教育，通过结合现状，以培训、同课异构、一课三研等多种方式，就幼儿美术欣赏教育内涵、理念、实施、评价进行探索和实践，创造性地提出"幼儿美术心赏教育"概念和幼儿美术"心赏"情境——体验式的教学方式，倡导幼儿欣赏"内心的自由和欢畅"，强调"赏"与"心"的关系，促进幼儿与作品、教师与幼儿的互动，使幼儿获得审美体验、自我认知体验、同伴交往体验和文化体验。

美术欣赏教育是从内心出发，发现美、探寻美，并最终回馈于每个心灵成长的旅程。在其中，幼儿真实情感的流露与表达，是幼儿悦纳自我、珍爱生活、丰盈精神世界的璀璨宝石，应被珍视与珍爱。提出幼儿美术"心赏"教育不是对幼儿美术欣赏教育内涵的取代，恰恰相反，正是出于对实践现状的思考，"朝阳美之佳"才用"心赏"这个与"欣赏"同音的词，来强调幼儿美术欣赏教育的内涵，召唤"心"的解放与绽放。提出"情境——体验式"的教学方式，则是从影响幼儿心灵解放、主动审美的三方面，即情景创设、问题引导、互动生成，进一步关切幼儿的真实生活、真实情感和真实发展，塑造幼儿美术教育游戏化的精神内核——自由、自主、愉悦、创造。

作为实施教育的主体——教师，也和幼儿一样享有发展的权利。在我们的实践研究中，教师美术素养的提升也是重要的内容。通过读书、建立美术史公众号、赏析画册，使教师爱阅读——汇阅读之妙趣；通过旅游，置身于自然中，使教师爱自然——享自然之情趣；通过参观画展、品艺术盛宴，使教师爱生活——品生活之乐趣。

感恩孩子们给予我们研究的动力和智慧；感恩幼儿美术教育专家张迪老师的引领和指导；感恩所有实验园所园长的支持和厚爱；感恩所有实验教师的努力和主动；感恩幼儿美术"心赏"教育的研究过程，让每一个亲历者都受到美的润泽和滋养。

由于我们的水平有限，还有很多不到之处，恳请大家多提意见和建议。

研究的道路充满生机，因为有鲜活的生命存在；研究的道路充满幸福，因为有从"心"的赏，从"容"的美。

祝愿大家生活美好！

安 平

2019 年 9 月

# 目　录

从"心"赏　从"容"美

# 第一章 幼儿美术欣赏教育理论综述

北京市朝阳区幼儿美术教育教研组（以下简称"朝阳美之佳"）开展了一系列关于"幼儿园美术欣赏活动基本现状"的调查，其调查结果反映了当下幼儿园开展美术欣赏活动过程中的基本情况，以及面临的主要问题。

## 第一节　幼儿美术欣赏活动基本现状

### 1. 关于幼儿园美术欣赏活动价值的调查

关于幼儿园美术欣赏活动的价值有四个选项：①提高幼儿的审美情趣；②培养幼儿对美的感受能力；③让幼儿表现并创造出作品；④获得精神上的自由。"朝阳美之佳"在对各类幼儿园的 73 名教师调查中发现，选择"①提高幼儿审美情趣、②培养幼儿对美的感受能力"的比例居首位，各占总教师人数的98.65％，说明教师对幼儿园美术欣赏活动的价值有比较正确的认识。但同时选择"③为幼儿表现与创造出作品"观点的教师也是比较多的，占总教师人数的72％，选择"④美术欣赏是为了获得精神上的自由"观点的教师人数占总教师人数的68.92％。

关于在幼儿园美术欣赏活动中，应把"培养幼儿哪方面的能力"摆在首位，我们列出了两个选项：①对美的感受能力。②逻辑思维。结果显示：认为在幼儿园美术欣赏活动中，选择"对美的感受能力"的教师人数占总教师人数的64.86％，选择幼儿"逻辑思维"的教师人数，占总教师人数的35.14％。

综上可知，教师对幼儿园美术欣赏活动的价值呈现出"方向基本明确，但存在分歧；理念基本认同，但没有深刻认识"的现状。

### 2. 关于幼儿园美术欣赏活动认知的调查

幼儿园美术欣赏活动究竟是属于"直觉、想象、顿悟的感性思维方式"，

1

还是"逻辑的、程序性的理性思维方式",有 87.84% 的教师对此有一个正确的认识,认为是"直觉、想象、顿悟的感性思维方式",但是仍有 12.16% 的教师对这个基本认识还不够明确。

### 3. 关于幼儿美术欣赏活动时间及内容的调查

在调查"幼儿园如何安排美术欣赏活动的时间"问题上我们发现:有 44.59% 的教师能固定开展幼儿园美术欣赏活动,55.41% 的教师对幼儿园美术欣赏活动的开展是随意性的,时间无法保证。从教师"是否有学习美术专业的背景"的调查中显示,教师开展幼儿园美术欣赏活动大多在"随意"状态进行的,专业性不强。

在进行"教师采取哪种作品进行美术欣赏活动"的调查中发现:教师大多带领幼儿欣赏"大师作品",对其他形式的内容,如:幼儿作品、民俗作品、手工作品、生活环境、自然景物等方面的欣赏较少。

### 4. 关于幼儿美术欣赏活动中教师所困惑的问题的调查

幼儿园美术欣赏活动,是一个由欣赏者对美术对象有关信息进行分析、理解、选择和接受等环节构成的复杂认识过程。教师只有科学引导,才能充分调动幼儿进行美术欣赏的积极性和主动性。现实情况是教师在开展美术欣赏活动过程中存在很多的困惑,主要体现在"自身素养、欣赏内容、欣赏目标、教学方法、如何结合主题活动、如何正确评价幼儿表现"等方面。从调查数据中了解到:教师困惑的问题主要集中在教学方法(占总问题的 45.7%),欣赏内容(占总问题的 21.9%),自身素养(占总问题的 14.3%)。对于这些主要问题,教师们都能从自己角度进行分析,思考如何解决。但是在"如何正确评价幼儿表现"这个问题上,教师很少注意反思自己的教学,应引起重视。还有的教师提出,能否提供现成的活动案例,以便于进行美术欣赏活动时参照,这说明一些教师在主动思考等自主性学习品质方面还需要加强。

基于针对幼儿园开展美术欣赏活动的调查、分析,我们从发现问题入手,根植教学现场,从解决问题的角度带动教学实践,有的放矢地开展幼儿美术欣赏教育,从中找到一些对策和方法,有效地指导了教师的实践工作。

## 第二节　幼儿美术教育的重要作用

幼儿美术教育是指 3~6 岁儿童运用一定的物质材料,通过造型手段,运用想象，创造可视的平面或立体形象，让幼儿表达自己的愿望和情感。幼儿美术不同于成人美术，其作品更为天真、稚拙、夸张、大胆，是幼儿对于自己所认识的世界和自己情绪、情感的表达。《幼儿园教育指导纲要（试行）》（以下简称《纲要》）和《指南》，对幼儿园美术教育做了全面具体的阐述，要求幼儿园用各种手段萌发幼儿对美的感受、美的体验，丰富幼儿对美的想象、美的创造，引导幼儿用自己喜欢的方式去表现美、创造美，这也是幼儿园美术教育的核心价值。

幼儿美术是幼儿的第二种语言，是幼儿用心灵与外界对话的一种方式，对于儿童的发展具有宝贵的意义。美术活动给予儿童直接的滋养，给予儿童表达自己的内心世界的机会。它支持幼儿把想象的事物实化和形象化地呈现出来；它鼓励幼儿进行个性表达，不论结果如何都无对与错之分。童年是培养核心能力的关键期，如敏锐的观察力，能见微知著；丰富的感受力，能在体验中发现和学习；深度的思考力，能穿透表象，看出本质和原理；理性研究的能力，能建立知识的框架和结构，还有旺盛的表达和创造欲，能不断更新自己，未来改变世界。这些正是美术教育所擅长的，它可以养育丰富的感官和强大的理性，点燃生命力、想象力和创造力。

## 1. 幼儿美术教育促进其全面和谐发展

### （1）幼儿美术教育支持幼儿真实地表达情感

《纲要》明确提出，"美术的创造过程和作品是幼儿表达自己认知和情感的重要方式"，美术教育的目标之一便是让幼儿"喜欢参加美术活动，并能大胆表现自己的情感和体验"，"情感性是美术最重要的特征之一，美术是人类情感的温床，是情感交流的场所"。"多元智能理论之父"霍华德·加德纳认为，美术包含着一种交流的要求。他说的这种"交流的要求"，实则是一种情感的表露与传达。美国哲学家苏珊·朗格也认为，美术是情感表达的象征形式。幼儿期的孩子由于其"自我中心"的心理发展特点，往往会无意识地将他们的情绪投射到对象上，这种心理是幼儿美术教育的基础，而美术活动是满足幼儿情感沟通的机会。对于幼儿来说，美术活动的作用不在于艺术和意识形态的深度，也不在于绘画技艺表现如何娴熟、高超。对于3～6岁的孩子来说，美术活动是一种游戏，是他们借以表达自己情感的方式。他们可以用感官和双手来探索、想象和创造，他们的目的并不是要把画画好、画像、画得有趣，他们更强烈的兴趣是快速分享，比如"来看看我看到了什么，来瞧瞧我的世界"。儿童美术活动纯属于情感发展的需要，大多孩子都喜欢画画，因为画画好玩，可以任凭自己想象，想画什么就画什么，他们把画画当作游戏。在语言能力有限情况下，单靠说不能表达他们的感受，绘画就成了他们最好的表达方式。幼儿可以用绘画或手工等外在的形式尽情地、自由地表达自己的想法和内心的感受，感受艺术传播获得的满足和快乐。因此，幼儿美术教育是一种情感教育，是帮助幼儿表达自己情感的重要途径。

### （2）幼儿美术教育引导幼儿从内心感知美到创造美

《指南》中提出："幼儿艺术领域学习的关键在于充分创造条件和机会，在大自然和社会文化生活中萌发幼儿对美的感受和体验，丰富想象力和创造力，引导幼儿学会用心灵去感受和发现美，用自己的方式去表现和创造美。"幼儿美术教育是带领幼儿从感受、发现生活和自然中的美开始，经过欣赏、体验等过程把孩子们带到一个美的世界中去。

鼓励幼儿关注生活，发现容易被忽视的一草一木，充分调动各种感官去感受生活之美。从幼年时期开始发现美，这对幼儿的成长起着重要的作用。

欣赏艺术之美，与智慧、文明对话。艺术作品以最浓缩的方式，记录了一个时代最高的文明，这些正是智慧与文明的结晶。幼儿园美术欣赏教育将智慧与文明传递给幼儿，使人通过它与情感和思想上形成联系，这种联系往往是超越时空、超越种族的。

在美术创作中，幼儿可以用绘画、手工这种外在的符号形式尽情地、自由地表达自己的观点，抒发内心的情感，感受用美术与别人交流的喜悦，获得一种因自我肯定而产生的愉悦感，这个过程对幼儿的创造性培养有着十分重要的意义。我们的生活离不开创造，每个孩子都具有创造的潜能和天赋。他们总是忘我投入，喜欢敲敲打打、搓弄泥巴、堆砌沙堆、趴在地上涂抹，对各种各样的形象与色彩都有着浓厚的兴趣，这些都是幼儿的天性。科学研究表明，4岁是幼儿创造想象力的高峰。幼儿通过他们所知道的社会符号来表达自己的情感，并完成自己的情感体验。创造力的基础在于寻找和尊重孩子的情感，使他们的个性得以充分发挥。幼儿美术教育鼓励他们以自由、轻松、愉悦的方式表达自己的思想感情，从而激发孩子的艺术潜能，促其长远发展。如果幼儿学会了用美的眼光和标准来思考和判断周围的事物，心灵就不会被陈规陋习所束缚，而且将逐渐培养起未来任何领域都应具备的创造力和想象力。

### （3）幼儿美术教育促进幼儿人格发展

幼儿对色彩的感受和表现，多是以情绪性、直觉性，或是某种偏爱色彩的表现性为主。他们表现的颜色与生活中物体的真实色彩是不相符的，有很大的差别，但他们会以自己的喜好为依托涂上颜色，这表明他们的视知觉发展具有主观性的特点。美术活动包容了他们的这些特点，允许他们按照自己思维和观察行事，尊重他们个性的选择，并帮助他们实现自己的个性表达，这无疑对他们的个性发展是极为有利的，对其审美意识的发展也是有好处的。英国著名艺术教育家赫伯·里德指出："教育的目的在于启发、培养人的个性，顺应幼儿自然本性的发展。"幼儿美术教育是尊重的教育，孩子在被尊重中长出真实的本体，完整、独立、自由地表达，最后以艺术或者其他方式实现自己。正如美国美术教育家罗恩·菲尔德所提倡的："让幼儿以异于他人的方式，表达其独特的思想和感情，并以此来梳理自我表现的信心，形成独特鲜明的个性特征。"

### 2. 幼儿美术教育促进教师素养的提升

在幼儿美术教育的过程中，幼儿教师的素质显得非常重要。"朝阳美之佳"坚信每名教师都是美的使者，每名孩子心中都有一颗美丽的种子，有能力去感受、表现和创造美。开展幼儿美术教育不仅促进教师树立正确的教育观念，了解幼儿美术学习的方式和特点，而且能促使教师提高审美意识和文化修养，喜欢上阅读、喜欢上文物古迹、喜欢名山大川，喜欢一草一木，热爱生活，感恩所有。

### 3. 幼儿美术教育促进文化的传承

艺术是表现文化的一种形式，艺术作品不仅仅是个人的创造物，也是其文化制度和文化观念影响下的产物。艺术创作目的之一是传承各民族的文化传统之精华，同时也与其他各民族文化相容吸收，从而形成审美文化观念。此外，艺术是人类情感和思想的载体，这种联系往往超越时空、超越种族。儿童的艺术教育应该使幼儿从艺术的角度，为情感和思想方面的文化交流提供必要的准备。

幼儿美术教育，既不是幼儿对美术专业技能的简单学习，也不是单一为了促进幼儿的创造力与自我表达，它是一个人整体成长中的一个方面，是以艺术美的形式传承文化，将美术修养、艺术创造的基本能力，根植于每一个幼儿个体，潜移默化地实现他们内在心灵与外在世界的沟通，从而促进幼儿的成长。

# 第三节　开展幼儿美术欣赏教育的意义

### 1. 幼儿美术欣赏教育的内涵

幼儿美术欣赏教育是指充分调动幼儿的感知、想象、理解、情感等心理因素，对周围环境、生活中美的事物、艺术作品的形式及其意蕴进行充分体验和认识的审美教育。

幼儿美术欣赏教育对促进幼儿的艺术素养，开阔幼儿视野，发展幼儿想象力、创造能力、语言表达能力，培养幼儿的自信心和积极的情感等方面有积极作用。

作为"朝阳美之佳"的教师，我们做的幼儿美术欣赏教育是创设机会和条件，使幼儿被周围自然环境、生活中具有外在形式美的物象或美术作品所吸引，使其获得感知、激发情感、启发想象为主要特征的一种艺术经验的活动总和。

## 2. 幼儿美术欣赏教育的目的

幼儿美术欣赏教育是从感知出发、以想象为主要方式，以情感激发为主要特征的一种艺术体验。幼儿美术欣赏活动作为美术教育的一个组成部分，在我国越来越受重视。《纲要》中特别强调了要注重培养幼儿感受美、欣赏美、创造美的能力。美术教育任务要求教师在提高幼儿美术活动能力的基础上，初步增强幼儿对美术活动的兴趣及对大自然、社会生活、美术作品中美的欣赏力。欣赏活动不仅可以发展幼儿的观察力、想象力，而且可以在欣赏和创造的交替作用中，丰富幼儿的感知，发展幼儿的形象思维和创新思维。幼儿的"感受与欣赏"在教育部《指南》艺术领域中被放在首位，这也足以说明学前教育对幼儿感受与欣赏能力的高度重视。

### (1) 培养幼儿对周围美好事物和艺术作品的兴趣

2000 多年前的柏拉图在《法律篇》中指出：艺术应该给人一种"高级的快乐"，而不应该让观众去选择"低级的快乐"。为幼儿提供丰富的欣赏内容，不仅仅是选择种类丰富的欣赏对象，而是要让幼儿感受到不同欣赏对象所展现的内容美和形式美，带给他们不同的心理感受，激发他们的想象，使他们对欣赏的内容有初步的印象。让幼儿去欣赏绘画、雕塑、工艺、建筑、书法，甚至生活中美的元素，能让幼儿感受到审美带来的丰富乐趣，在欣赏中获得愉快的感受，真正实现欣赏活动的价值。

### (2) 培养幼儿对艺术作品较敏锐的感受力

人类对客观世界的评价，不能仅仅局限于科学的方法，若以审美的方式来评判，会使我们对世界的掌握更加丰富多彩。在艺术教育中，无论是欣赏风光旖旎的自然美景，还是欣赏变化万千的艺术作品，都会激起幼儿对色彩、大小、比例、声音、运动等方面变化的感知与注意，逐渐培养幼儿对艺术作品敏锐的感受力。

（3）激发幼儿潜在的创造性

莎士比亚说过："有一千个读者，就有一千个哈姆雷特。"美术活动是极富个性的活动，教师通过鼓励幼儿用不同的形式表达自己的情感，能促进幼儿创造力的发展。由于每个人审美的差异性，使得幼儿和幼儿之间、幼儿和老师之间可以针对美术作品相互交流，各抒己见。通过审美、交流，提升幼儿用美术元素去评价作品的能力，实现师生平等沟通的教育方式。教师尊重每个幼儿的想法和创造，肯定和接纳他们独特的审美感受和表现方式，引导幼儿相互交流、相互欣赏，能够极大激发幼儿自由表达的愿望，体会到分享的快乐。

## 3. 幼儿美术欣赏教育的必要性

### （1）促进幼儿美术欣赏能力的发展

#### ①促进幼儿审美感知能力的发展

审美感知能力是幼儿进行美术欣赏的基础。研究表明，儿童从一出生便有了对审美要素的敏感性和注意力的选择性，这种感知是表面化的和直觉化的。刚出生的婴儿对黑色、白色很敏感，随着视力的增长，渐渐对彩色的事物敏感。1岁多的孩子已可以选择他喜欢的颜色的玩具，他们通过视觉、听觉、肢体的协调活动来认识各种事物。随着儿童认知能力的不断发展，他们逐渐对美的形象进行理解和判断，如对绘画作品中的色彩、图形、雕塑形象等进行感知和理解，这种感知和理解是对审美形象的一种直觉感受。

幼儿的审美感知有几个特点：一是直觉性。幼儿对事物的认识，其特征在于对感官感知的完全依赖。他们所感知的事物就是他所看到的、听到的、接触到的那个样子。二是整体性。幼儿对事物的感知是从整体到细节的过程，幼儿的视知觉是对事物整体的、粗略的结构认识开始的，如先认识一棵树的轮廓，再进一步认识它的树干、树枝、树叶等细节构成。三是同一性。幼儿常常拟人化地观看世界，把外部的一切都看成和自己一样具有生命的物体。

幼儿进行美术欣赏的基础是知觉。美术欣赏具有增强幼儿感知能力的功能，敏锐的感知能力是在周围生活环境的观察中获得的，例如：大自然的花草树木、日月星空、动物，甚至汽车零件、石头、树叶等，幼儿常常沉浸于其中自得其乐，甚至达到忘我境界。在美术欣赏活动中，幼儿不仅可以用眼睛去看，还可以用手去触摸，运用多种感官感知，让感知更为"立体"。意大利幼儿教育学家蒙台梭利曾经说过："幼儿是敏锐的观察者和探索者，往往能明察秋毫,注意细微的东西。"美术欣赏教育活动便是让幼儿沉浸于艺术之中,逐渐获得敏锐的审美感知能力。

通过视觉艺术,培养幼儿丰富而敏锐的审美感知能力,是美术欣赏教育的关键所在。教师要有组织地引导幼儿观察和感受自然万物中的生命形象,小到一粒石子、一根羽毛,大到一幅大师作品、一座著名的建筑,使幼儿尽情地表达自己对世界的感悟,抒发内心的情感,感受用艺术与别人交往的喜悦。当前一些美术教育活动虽然有很多反映大自然的题材,但是往往用刻板的图示填塞给幼儿,教师在活动组织过程中也缺乏新颖性,阻碍了幼儿对生动大自然的审美感受。教师应该引导幼儿亲身体验,感受与幼儿生活息息相关的各种事物,锻炼幼儿对这些事物特征的敏锐感受力。

**②促进幼儿审美想象能力的发展**

审美想象是一种在直觉基础上更深层次的心理活动。幼儿在生活中对美的事物的探索和追求、感受和理解都不同于成人和同伴,幼儿稚嫩的笔触、动作和语言蕴含着丰富的想象和情感。我们要保护好幼儿独特的理解,尊重幼儿的艺术表现。美术欣赏需要有足够的审美想象力,一件美术作品的成功往往能引发人们沉浸其中展开想象,并获得想象之外的独特见解。审美想象在审美心理中占有举足轻重的地位,它在幼儿美术欣赏活动中起着重要作用。

美术欣赏活动离不开想象,想象是幼儿从美术欣赏活动中获得快乐的重要途径之一。孩子们常常陶醉于充满乐趣的游戏活动之中,如专注玩彩泥,或沉浸在捡树叶、抛洒树叶的游戏中,或滔滔不绝地讲她的画作等。在这个过程中,幼儿的想象不受自然知识、科学定律、规则制度的限制,它可以打破现实的束缚,这其中就凸显了教师引导的重要性。教师尽量不要以"像不像"来评价幼儿的作品,教师如果以"像不像"为标准,幼儿的作品就会向"像"靠拢,丧失了想象力。教师应在欣赏活动中引导幼儿的情感流露,从而萌发想象意识。幼儿的想象潜力是巨大的,他们天真的童趣、独特的想法往往给成人新的启迪。因此,教师为幼儿创设自由表达的宽松氛围,不仅能提高幼儿的审美感知力和表现技能,而且能促进幼儿审美想象能力的发展。

**③促进幼儿审美创造能力的发展**

幼儿美术欣赏强调了培养幼儿的创造能力。美国著名美术家罗恩·菲尔在《创造与心智的成长》一书中明确指出:"在艺术教育里,欣赏活动只是一种达到目标的过程,而不是一个目标;在美术欣赏活动中,人在想象和创作的过程中会变得更有创造力。如果在幼儿时期,幼儿在欣赏活动中获得较高的审美创造力,未来将之应用于自己生活和职业中,更大限度发挥自己的价值,那么艺术教育的一项重要目标就已达成。"

美术教育儿童发展心理研究表明:幼儿的好奇心强,模仿力强,能够在广阔的想象空间里遨游，这些都为培养和发展其审美创造力提供了良好的条件。幼儿最初的创造性想象只是一种无意的自由联想，这种想象没有目的性，通常因幼儿的兴趣所致而出现。随着幼儿想象的有意性的增强，幼儿的再造性想象就出现了，幼儿由此积累了大量的想象形象。在此基础上，幼儿的创造性想象便开始发展。幼儿正是借助创造性想象才在艺术活动中表现出创造性来。教师应通过多种活动培养幼儿再造性想象，调动幼儿各种感官，培养幼儿的创造力。

### （2）促进幼儿其他能力的发展

#### ①促进幼儿观察能力的发展

幼儿在美术欣赏活动中会促进观察能力的发展。如秋天里，孩子们观察到秋天树叶变成了黄色、红色，他们喜欢采集落叶，和树叶游戏，模仿树叶飘落的样子，这些增强了幼儿对树叶的观察，对秋天景色的观察。教师在组织幼儿进行欣赏活动时要注意充分尊重幼儿的主体地位，为他们创设轻松、自由的环境，让他们大胆地去观察和发现，寻求大自然的美，感受美术作品的形式美。教师的任务是引导幼儿细致观察，启迪幼儿边欣赏、边感受大自然或美术作品的魅力，帮助幼儿逐步拥有一双发现美的眼睛。

#### ②促进幼儿表达能力的发展

幼儿在美术欣赏时喜欢把自己熟悉的内容介绍给同伴听，这个过程可以促进幼儿语言表达能力的培养。美术欣赏活动虽然是美术领域的教学，但是它不是孤立的单科教学。音乐与美术作品的巧妙结合，对幼儿音乐表演、肢体表演，以及语言表达的指导，都是教师在教学组织环节中不可忽视的育人目标。幼儿阶段强调幼儿要多领域全面发展，可以促进其在各领域间的相互渗透和发展。

#### ③促进幼儿理解能力的发展

培养幼儿的理解能力，可以形成正确的审美评价。培养幼儿理解能力不是一个简单的任务，它是一种可以改变他们的内心情感和思想的全面教育。在美术欣赏活动中发展幼儿的理解能力，指的是直观地了解美术作品中的特殊含义和暗示，要让幼儿增长这种特殊的认识，这就要对幼儿采取不同的特殊教育，其中最重要的就是引导幼儿打破在日常生活形式下特定的习惯思维和分类标准，创造他们自己的美学分类标准和情绪模式。

审美能力不仅是直接了解认识物体的表面，还能了解其更深层次的含义和理解。对于学前幼儿来说，对艺术作品的逐步理解，在他们的成长过程中是必不可少的。当然，教师也应考虑幼儿的年龄发展特点，有针对性地让幼儿分阶段学习，切不可操之过急。

### （3）促进教师美术欣赏素养的提高

#### ①有利于提高教师审美素质

实践证明，教师长期组织美术欣赏活动，自身的艺术修养和审美能力也会得到显著提高，这种现象不是偶然的。教师对于艺术作品的理解是一个逐步加深的过程，凡是坚持美术欣赏活动的教师，必然要花很长一段时间去思考并付诸于实践，从中了解艺术概念与实践之间的相互转化。当教师的艺术经验得到复苏和提高，他们对作品的理解会逐步加深，鉴赏艺术作品的能力也将大幅提升。

#### ②有利于提高教师教育实践能力

教师在每一次的美术欣赏活动中不断总结教学经验，这种实践过程对实践能力的培养很有帮助。例如，教师与幼儿之间如何建立信任关系，这是进行美术欣赏教学活动的先决条件。教师设计游戏环节，幼儿积极参与、大胆探索、热情交流，这些都是建立在双方互信基础上的。只有处于融洽的关系中，幼儿的欣赏水平发展才最为迅速。为此，教师要提前做很多功课，比如如何提问、如何激发幼儿的想象、如何评估幼儿的学习过程，这些经验的获得也只有通过长期的教学实践才能总结出来。所以，长期不断的教学活动，无疑能让教师的教育实践能力快速提高。

#### ③有利于提高教师美术专业能力

正如马克思所说："如果你想欣赏艺术作品，你就必须成为一个在艺术上有修养的人。"在美术欣赏教学活动中，教师首先要对美术作品进行细致研究、分析，描述，展现出作品中传达的情感、气氛和理念，让幼儿真切地了解到作品的内涵。教师还要比较不同风格的作品，通过比较和研究不同的主题作品，激发幼儿的情感。根据幼儿的兴趣、欣赏经验和能力，教师不仅要让幼儿观看中国画、外国名作、民间艺术、雕塑和建筑等作品，还要选择接近日常生活中的幼儿主题系列的美术作品。当幼儿接受不同种类的欣赏作品，他们对美术欣赏的敏感度不断提高，在这样的教学研究和实践过程中，教师的美术专业水平自然也得到提高。

另外，为使幼儿美术欣赏教育能达到预期目的，教师必须有针对性地开展对幼儿美术欣赏教育的目标、内容、指导策略的研究。对此教师应明确一个前提，幼儿教师与艺术家对美的欣赏存在差异。艺术家主要从学科视角，对美进行抒发、表达，抒发个人情感。教师则对美进行鉴赏和阐述，将美与人的发展进行连接，为幼儿创造各种欣赏的机会和条件，让幼儿与美的事物接触和对话，促进幼儿审美发展。

# 第二章 幼儿美术"心赏"教育基本思想

## 第一节 幼儿美术"心赏"教育理念

### 1. 幼儿美术"心赏"教育内涵

在教育实践中，幼儿美术欣赏教育一直是幼儿美术教育中相对薄弱的部分。2012年教育部颁布的《指南》中特别强调，艺术活动是幼儿精神生命活动，审美是艺术领域最主要、最基本的价值。根据艺术活动的特性，"感受与欣赏"作为艺术领域第一子领域，社会性发展、益智等则是美术教育的衍生价值，与审美价值共同构成幼儿发展价值，这些都凸显了幼儿美术欣赏教育具有整体性、系统性特征。

"朝阳美之佳"所研究的幼儿美术欣赏教育，之所以称为幼儿美术"心赏"教育，正是基于：幼儿园美术欣赏教育是幼儿艺术领域培养的基础阶段，通过让幼儿用心感受和欣赏美术作品、自然景物和周围环境中的美好事物，使他们的美感经验得以提升，使之具备对美的感知和评价的能力。下面通过两次大班美术欣赏活动——《睡莲》案例，我们可以更好地理解幼儿美术"心赏"教育内涵及其教育价值观。

#### （1）幼儿美术欣赏活动不是科学活动

**①活动目标**

A. 感受作品中光与色的变化，能够大胆表达自己对画的理解与感受。

B. 通过欣赏作品，了解莫奈的创作风格。

**②活动片段实录**

教师：莫奈爷爷画了很多有关睡莲的画，大概有200多张。老师从中选取了4张作品，你们想不想看一看呢？

幼儿：（所有）想！

（教师逐一翻开这4张作品）

幼儿：（所有）哇！

教师：你们觉得这些画怎么样？

幼儿：特别好看。

教师：小朋友们的眼力都特别好。下面我们要做一个小小的游戏。游戏的规则是：这4张画，请你们按照时间顺序给它们排个顺序吧。比如，你觉得哪张画是在一天中最早的时间画的，就在画作上贴上数字"1"，哪张画是一天中最晚的时间画的，就在画作上贴上数字"4"，依次给这4张画标上数字"1、2、3、4"就好了。我们现在就分组进行。

③小组讨论情景

幼儿1：我觉得这张画是最早画的。（幼儿指着右边的最后1张）

幼儿2：我觉得这张是最早画的。（幼儿指着从右数的第2张）

幼儿1：我就觉得是这张。

幼儿2：（手里拿着数字"1"不松手，没有按照幼儿1的想法把数字"1"贴在最右边的作品上）

图 2-1

教师：好，请小朋友回到座位上。刚才在各组的讨论中，小朋友们好像意见不统一。没关系，活动后大家可以继续讨论哪张画是一天中的什么时间画的。

教师：这些画是法国画家克劳德·莫奈爷爷画的。他在40多岁的时候把家搬到了法国的吉维尼小镇，就是照片里我们看到的小镇。这是一个绿色环抱的小镇，他在小镇上买了一栋大房子，在房子周围种了许多花。离他家不远还有一个大池塘，他在池塘里种植了很多睡莲，还建造了一座日式小桥。他特别喜欢画池塘里的睡莲，在画中通过不同的色彩把当天的光线描绘出来，表现出对池塘、对睡莲的喜爱。

教师：小朋友们，你们喜欢这些画吗？

幼儿：喜欢。

本次活动选用的 4 幅作品，突出了景物因光线的变化带来的颜色变化，富有美感。幼儿看到作品"哇"的一声，喜爱之情自然流露，这就是幼儿对作品美的直接感受。

教师在活动最后环节介绍了莫奈绘画创作的故事，使幼儿对画家有所了解，这有助于幼儿对作品的进一步认识。但是，这些都不能说明这是一节幼儿美术欣赏活动。因为幼儿并没有在其中感受美，而是在思考，甚至纠结每张画画的是什么时间，还需要对画作进行排序，这些更像是认识一天中不同时段的自然特征。准确地说，这是一节科学活动。

科学活动强调事实，注重"真"，是理性思维，而美术欣赏活动更注重的是个人的感受和想象，是感性思维。科学活动的答案具有标准性，是客观存在的；美术欣赏活动是个性化的，没有所谓的唯一的、正确的认识。科学活动是借助现象进行探究，形成科学认识；美术欣赏活动是借助形状、色彩、线条等形式，通过语言与表现手法进行欣赏，不强求统一的解释，而是一种领悟。科学活动强调探究、认识；美术欣赏活动强调情感体验。

总之，幼儿美术欣赏活动不同于科学活动，它是以想象为主要方式，以情感激发为主要特征。幼儿美术欣赏活动要注重关注幼儿、多了解幼儿、多给予幼儿表达的机会，鼓励幼儿发出自己的声音。

### （2）幼儿美术欣赏活动应激发幼儿内心体验

#### ①活动目标
A. 领会画面所呈现的宁静、神秘之美，感受自然的神奇与绘画创作的美妙。

B. 通过对系列画作的欣赏，感受作品中色与光的奇妙联系，体会印象主义流派注重捕捉不同光线下景色自然美的特征。

#### ②活动片段实录
教师：请小朋友看看这 4 幅作品。（在其他老师的帮助下，4 幅作品同时呈现）

幼儿：哇！哇！好漂亮！（很多幼儿几乎异口同声地说）

教师：（播放舒缓的音乐，等幼儿激动的情绪稍稍平复）是什么让你们觉得这些画好漂亮？

幼儿：我看到每张画上都有莲花，有红色的、白色的、粉色的，还有蓝紫色。

幼儿：我喜欢白色的莲花。

教师：为什么？

幼儿：白色的花就像白天鹅一样美丽。

幼儿：这些花五颜六色、五彩缤纷，我都喜欢。

教师：形容颜色的词汇很美丽，也很好听。

幼儿：画面的颜色也是不一样的。

教师：怎么不一样？

幼儿：这幅画是红色的，就像岩浆在往下落。

教师：这幅画面的紫色像什么？

幼儿：像公主的纱裙。

幼儿：像飘浮的云。

幼儿：像进了一个仙人洞，好神秘。

教师：这幅画面的颜色是什么？

幼儿：是绿绿的，有深有浅。

幼儿：还有黑色的。

幼儿：我都听见了青蛙的叫声。

教师：青蛙？在哪儿？

幼儿：好像在那些荷叶下，我也看不清。

幼儿：有水、有花，还有树的影子。

幼儿：树也看不清，水和花也都是模模糊糊的。

幼儿：还有小黑鱼吧！

图 2-2

幼儿：我也看不清，好像有柳树吧！

教师：那怎么才能看清楚呢？

幼儿：（站起来，一会儿往前，一会儿往后）往后站就看得清楚些了，好像就不是连在一起一片一片的了。

幼儿：还可以眯起眼睛看，也清楚一些了。（小朋友眯着眼睛看画）

教师：小朋友们的这种感觉很棒！这正是这类作品的特点。画这些画的画家叫莫奈，他和几位好朋友创立了一个新的绘画方法。当时有很多人攻击、讽刺、嘲笑他们，说这是画的什么呀？画得不清楚，不过是些"印象"之类的东西。莫奈他们却没有生气，反而觉得"印象"这个词很恰当，所以，他们就把这个自创的绘画方法称为"印象主义"。

幼儿：（跟着说）印象主义。

教师：这幅画面的颜色是什么？

幼儿：有些古老的感觉。

教师：从哪儿看出有古老的感觉？

幼儿：上面有绿色、蓝色、橘黄色在一起的横条。

教师：你观察得真仔细。

教师：这4幅作品都叫《睡莲》，那为什么会是不同的景色呢？

幼儿：因为莫奈爷爷是在不同的地方画的。

幼儿：他喜欢哪儿就画哪儿。

幼儿：有睡莲的池塘很大，他都喜欢，所以他就每次都换着地方画画。

教师：是的，莫奈爷爷让人做了带轮子的特大画架，他在别人的帮助下推动大画架在花园里自由行动，找自己喜欢的景色进行绘画。

教师：为什么4幅作品的颜色不一样呢？

幼儿：因为有的画画的是特别热的天气。（孩子指着画面是红色的作品）

幼儿：这张红色的画还有可能是晚上，我以前看过有晚霞的天就是红色的。

幼儿：这张蓝紫、蓝紫的画是因为树把光给挡上了，就成为这个颜色了。

教师：你是说因为光线不同，所以画面的颜色才有了变化，是吗？

幼儿：对！这幅画就是阴天吧，完全没有阳光了。

幼儿：阴天也有光。

幼儿：所以画不是黑色的，而是其他深的颜色。

教师：你们说得都很好。"印象主义"特别注重捕捉不同光线下景色的自然美。画家们看到景色在不同光线下有不同的美丽，认为这种自然的美才是最美的。莫奈爷爷在60岁以后，主要的绘画活动就集中在这片花园中。他画花园，画不同时间的池塘，画不同时候的睡莲。

教师：小朋友们，你们喜欢这几幅《睡莲》吗？为什么？

幼儿：我喜欢，因为白色的睡莲像白天鹅。

幼儿：我喜欢红色的这幅画，像火山的岩浆喷发。

幼儿：我喜欢睡莲闭着的时候，就像安静睡觉的睡美人。

幼儿：我喜欢五颜六色的睡莲。

幼儿：我喜欢那座小桥，就好像有人站在上面。

幼儿：我喜欢这个花园，特别的安静。

幼儿：我有点不喜欢，黑的水塘里好像有鳄鱼。

幼儿：一点儿也不可怕，里面也许还有青蛙和蜻蜓，我喜欢。

幼儿：还会有知了吧，我也喜欢，它们会"吱吱吱"地叫。

幼儿：睡莲就像躺在水面似的。

幼儿：我喜欢莫奈爷爷，他不怕别人的嘲笑，他画自己的画，还和好朋友办画展，成立了"印象主义"。

幼儿：我也喜欢莫奈爷爷，他喜欢花园，就做大的画架，推着画架到花园里画画。

教师：每个小朋友对作品都有自己的想法，这样非常好！

教师：下面，老师要念一首小诗，请小朋友们听听，小诗里都说了什么？（播放舒缓的音乐）

这里有好多好多的睡莲，

有蓝紫色、粉色的，

白色的就像美丽的天鹅，

有小草、树叶、河水，

还有荷叶和大树的倒影，

仿佛，

有小黑鱼在游，

好像还有青蛙、鳄鱼、蜻蜓，藏了起来。


光线使颜色变幻着，

红色的，像火山喷发，

又像是晚霞一片，

紫色的，像公主的纱裙，

又像进了神仙洞里。

古老的颜色，

古老的小桥，

画外的爷爷，

推着大大的画架，

因为，

他喜欢这里。

（幼儿自发地鼓起掌来）

幼儿：太美了！

教师：谢谢小朋友们！这首小诗的内容，都是小朋友们欣赏这些作品时说的话。老师受到你们的感染，把它们汇集成了小诗。谢谢你们！

幼儿：谢谢老师！

活动中，幼儿的表达特别积极，很多次一边鼓掌一边自发地说"美"，这种美好的情感也感染了教师；幼儿的感情特别真挚，她们会把白色的睡莲想象成白色的天鹅，会想象莲叶安静地在水面上睡觉。不看作品，仅仅听这些关于"美"的表达，眼前都能有美好的画面；幼儿的想象力特别丰富，说画里有可能藏着鳄鱼、青蛙，还有知了的叫声；幼儿的感受还特别细腻，她们对色彩、形象，以及印象主义、莫奈爷爷画画的故事都有感触，并愿意把这个感受表达出来。

相比较上述两个美术欣赏活动，在第二个活动中，幼儿表达更加充分，想象更加丰富，情感也呈现出个性化，体现了幼儿的主动审美状态。促发主动审美是幼儿美术"心赏"教育的核心，它倡导幼儿是美术欣赏活动的主体，关注幼儿"内心的自由和欢畅"，强调"心赏"与个体内心体验之间的直接关系。

### （3）幼儿美术"心赏"教育内涵

幼儿美术"心赏"教育，正是出于对幼儿美术欣赏教育内涵的认识而形成的。在构建和发展幼儿主动审美过程中，美术"心赏"强调让幼儿有意识地对美术作品进行观察、鉴赏、理解。"心赏"过程中，由幼儿所能接受的、具有一定欣赏价值的美术作品触发幼儿进行感知、引起联想，体验和认识作品内容和形式的审美属性，从中获得美感体验。"心赏"与"欣赏"同音，但是其着力点集中体现在启发幼儿主体自我感受，强调幼儿美术欣赏教育的内涵，召唤幼儿"心灵"的开放。

## 2. 幼儿美术"心赏"教育理论基础

幼儿美术"心赏"教育，是以人本主义取向的学习理论和建构主义学习理论作为其理论依据。人本主义取向的学习理论，关注儿童学习潜能及情感在学习中的重要作用。卡尔·罗杰斯，人本主义心理学的主要代表人物之一，他的个人中心学习理论主张人类生来就有学习的潜能。儿童只有在一种相互理解和支持的环境里，在没有等级评定、鼓励自我评价的支持性环境里，在较少感到学习的紧张与压力下，才能以积极的心态投入到学习活动中，使得他们学习、发现、激发知识与经验的潜能和愿望。在罗杰斯看来，儿童最有效的学习方式是让儿童直接面对问题情景,让幼儿在自己的主动、自发的活动中学习。

马斯洛的需要层次理论,是人本主义科学理论之一,其认为个体成长的内在力量是动机,而动机又由多种不同性质的需要所组成,各种需要之间有高低层次之分,从低到高依次为:生理的需要、安全的需要、爱与归属的需要、尊重的需要、谁知的需要、审美的需要、自我实现的需要。

幼儿美术"心赏"教育,正是从满足幼儿生理需要、心理需要和审美需要出发,营造充满爱的教育氛围,尊重幼儿特性,开展以幼儿为中心的学习活动,使幼儿获得安全感、信任感,以及自我实现的成就感。

建构主义学习理论认为知识是动态的、开放的自我调节系统,儿童不是站在知识之外的旁观者,而是处在这一系统之中,作为学习的主体,通过实践把握知识。儿童不是消极、被动、有待教师填充知识的客体,不是装知识的容器,而是有主观能动性的学习者。教师要为儿童搭建向上发展的平台,促进幼儿主动学习。

幼儿美术"心赏"教育,其教学活动正是以幼儿为教学活动的主体,围绕教与学两方面的互动,教师为幼儿搭建必要的支持系统,帮助幼儿主动建构。

## 3. 幼儿美术"心赏"教育价值观

幼儿美术"心赏"教育价值观是"玩美术 慧生活"幼儿美术教育理念的具体体现。

### (1)"玩美术 慧生活"是"基于生活的幼儿美术教育"

"玩美术 慧生活"是一系列符合儿童年龄特点和学习方式下感受美、表现美、创造美的活动总和;它使幼儿在与自然、社会、与人的互动过程中,获取现实以及未来生活所需要的学习品质、生活态度。

"基于生活的幼儿美术教育"的内涵凝练成"玩美术 慧生活"六个字,"玩"是方式,"美术"是载体,"慧生活"既是目的,也是状态。

①"玩"是一种体验,是"游戏"的代名词,是幼儿最好的学习方式。"玩"可以引申为"符合自身特点的方式"。"玩美术"可以解释为"以符合自身特点的方式接触美术"。

②"玩"的本质即快乐。"玩美术"不仅凸显接触美术的愉悦状态和心境,而且提倡"美术"活动的过程是平等的、轻松的。

③"慧"是一种精神、一种状态，一种修养，如积极·主动、专注·坚持、交往·合作、审美·创造、快乐·自信、习惯·感恩。"慧生活"成就的是一种有精神、有品质、有修养的生活，凸显幼儿美术教育对幼儿发展的价值。

④"玩美术 慧生活"，以简要、凝练、直白的表达方式，直接回应现实中幼儿美术教育存在的功利现象，积极倡导给予幼儿理解、尊重、爱的美术教育，倡导社会各界都积极行动起来，为幼儿"玩美术"提供机会和条件，体现出教育工作者的社会责任感以及教育情怀。

"基于生活的幼儿美术教育"本质上是种子的教育，"每个幼儿心中都有一颗美的种子"，"基于生活的幼儿美术教育"就是培育这颗美的种子的教育。

### （2）幼儿美术"心赏"教育价值观包括儿童观、教师观、家长观和环境观

**①儿童观** 幼儿美术"心赏"教育视每一名幼儿都是具有人格、感情、思想的人，具有不同个性、处于不同发展阶段的人；每一名幼儿都是主动的成长者。充分的表达，丰富的想象，个性化的情感，赋予生命以主动审美的状态；每一名幼儿心里都有一颗美的种子，虽然他们对美具有不同的禀赋和兴趣，但是他们喜欢美，愿意亲近美、感受美、创造美；每一名幼儿也都是一颗种子，内在蕴含着力量，他们可以用自己的方式进行表达内心感受，旁人无法代替。

**②教师观** 幼儿美术"心赏"教育视每一名教师都应该是美的传递者，以美的心灵、美的仪表、美的行为去感染幼儿；每一名教师都要释放出爱的能量，团结家长、社区等各种教育资源为幼儿的发展共同努力；每一名教师都应具有坚定的信念，相信每一个孩子心里都有一颗美的种子，有能力去感受、表现和创造美；每一名教师都应该是幼儿权利的维护者，尊重和保护每一个孩子的独立表现，不伤害幼儿的自尊；每一名教师都需要用动态的、发展的眼光看待每一个孩子，积极与幼儿互动，运用教育智慧，以自己美的素养和专业能力成就幼儿的全面、长远发展，从而获得自己生命的意义和美好的职业生涯。

**③家长观** 幼儿美术"心赏"教育视每一名家长都深知自己在幼儿成长的作用，以"幼儿成长中的第一任教师，也是幼儿最持久的教师"角色，担负起教育幼儿的主要责任；每一名家长都应该理解"言传身教""身教重于言教"的道理和意义，不断完善，通过提高艺术素养，成为幼儿模仿的榜样；每一名家长都应该不断学习，形成正确的教育观念，获得正确的教育知识和科学的教育方法，以平等、尊重的态度对待幼儿，学会理解幼儿；每一名家长更是幼儿园教育的重要合作伙伴，要和教师一同成为幼儿权利的维护者，共同为幼儿全面的、长远的发展努力。

④环境观 幼儿美术"心赏"教育视环境为启迪幼儿心灵的钥匙。幼儿可以通过自主感知、想象与创造，从环境特有的形式美中唤醒精神世界的自由、力量与美好。无论在幼儿园内，还是在幼儿园外，一切美的环境都将为幼儿打开一扇通往未来的大门，幼儿在爱的鼓励下，富有勇气地与世界相连。

# 第二节　幼儿美术"心赏"教育任务

## 1. 幼儿美术"心赏"教育目的

《纲要》明确指出，幼儿园教育是终身教育的奠基阶段，应为幼儿打好一生发展的重要基础。《中国学生发展核心素养》将"审美情趣"作为"人文底蕴"的重要组成部分，与其他部分共同构成全面发展的人。《指南》也明确审美是幼儿美术教育的本质。幼儿美术"心赏"教育正是从幼儿终身可持续发展的视角，将"培养幼儿主动审美能力"作为幼儿整体性发展目标的一个重要组成部分。

审美是通过感受和欣赏美术作品、自然景物和周围环境中的美好事物，初步了解对称、均衡等形式美的概念，感受其形式美和内容美，从而丰富美感经验，具有对美的感知和评价的能力。因此，幼儿美术"心赏"教育，将从长远的眼光培养幼儿完整、全面、和谐发展，使他们具有开阔的胸怀和视野，具有丰富多彩的审美经验和人文修养，具有高尚的人格操守，以及具有勇于开拓的进取精神。幼儿美术"心赏"教育的短期目标则强调对幼儿美术修养的培养，其中包括兴趣的养成，对审美特性的关注，对美的理解与描述，以及对美术知识的了解，其中将幼儿审美兴趣的培养放在首位。

## 2. 幼儿美术"心赏"教育原则

幼儿美术"心赏"教育是聚焦幼儿审美素养，放眼幼儿全面发展的整体教育，其核心理念是"以幼儿发展为本"，即遵循幼儿发展规律，尊重幼儿美术教育本质和幼儿发展特点，以幼儿发展作为教育的出发点和始终的追求。因此，幼儿美术"心赏"教育原则包含整体原则、真诚原则、对话原则。

### (1) 整体原则

整体是指一个集合，其组成的各部分具有内在关系，幼儿教育就是一个整体，领域之间、目标之间、形式之间不是孤立的，不是独立存在的，而是彼此有关，联系在一起的。

### （2）真诚原则

真诚是为人的优秀品质，真心实意、坦诚相待，也应该是每位教师对待教育的态度。饱含对幼儿的爱，倾听幼儿的主张，用心对待幼儿的成长，是每一位教师开展幼儿美术"心赏"教育的基本原则。

### （3）对话原则

对话是加深关系，增进彼此了解的重要方式。幼儿美术"心赏"教育之所以强调要加强关系、重视对话，原因有二：第一，出于对教育本质的思考。有人说，教育就是将知识全部忘掉后留下来的部分。曾任耶鲁大学校长 20 年之久的理查德·莱文曾说过：一个学生从耶鲁大学毕业时，如果只拥有了某种专业的知识和技能，这是耶鲁教育最大的失败。真正的教育是什么？越来越多的人有这样的共识：自由的精神、公民的责任、远大的志向，带有批判性的独立思考，以及时时刻刻自我觉知，进行终身学习和获得幸福的能力，有学者将这一切定义为"关系"，认为教育的本质就是处理好各种关系的总和，对自我的认知，与他人的关系，与周围环境，包括自然、社会、世界，过去、现在和将来的关系。

第二，出于对美术价值的思考。从人类文化的开始到现在，人类通过自身创造的视觉形象来传达信息，成为人与人之间相互交流的基本手段。这些视觉形象被称为"视觉艺术"。美术就是视觉艺术，它是借助物质材料，塑造可为人观看的直观艺术形象的造型艺术。创作者用带有个性化特征的思想、方式将各种关系转化为可视的形象。在创造过程中，思想与物质，物质与时空，时空与意识等等各种关系相互作用，作品连接了创作者和欣赏者，体现了美术的价值，这种过程就是"对话"。它建立起人与人之间、人与物质之间、人与意识之间、物质与意识之间的关系。因此，对话也是幼儿美术"心赏"教育原则之一。在美术欣赏活动中，教育者理应注重教师与幼儿、幼儿与作品、幼儿与自己生活经验的对话，充分调动、丰富幼儿的感知、想象和情感。

### 3. 幼儿美术"心赏"教育途径

幼儿的美感经验是在幼儿与美的事物或作品互动中产生的。美的事物存在于生活的方方面面，审美教育的途径是全方位的，社会、家庭、幼儿园应各司其职，形成合力。

### （1）通过幼儿园一日活动实施幼儿美术"心赏"教育

#### ①生活中的审美活动

　　自然是孩子最好的老师。大自然中的一草一木、花开花落、风云变化……这些样式、感觉、声音、气味，都是最生动、最直抵孩子内心的美，能给予他们最深厚的审美滋养。幼儿在欣赏《苏曼殊诗意图》时，我们看到"幼儿喜欢把审美对象与自己的情感、具体的形象联系起来"，他们对审美特征的想象很多来自于大自然中的审美经验，例如教师在引导幼儿欣赏红色、粉色墨点的时候，幼儿将它们想象成五颜六色的花，有的开了，有的还没开，还有的落了，甚至有的幼儿想象的是蝴蝶在飞……因此，在生活中，在进行美术欣赏活动时，让幼儿多接触大自然，感受和欣赏其中的美，是提升其审美能力最直接的途径。

### 案例

#### 送给老师的礼物

　　佳怡早上来园时迫不及待地送给我一幅作品和一条粉红色的发绳，画面中是佳怡用紫色泡棉纸剪贴的一个"我"：粉色的嘴唇，眼睛涂上粉色眼影，还在脑袋旁边贴了一条粉色的辫子。佳怡说："紫色和粉色是世界上最美的颜色，紫色是宝石的颜色，粉色是我的公主娃娃的颜色，我就用这些颜色把陈老师装饰得最美丽。"

（北京市朝阳区定福家园幼儿园　陈海娟）

#### ②集体教学中的审美活动

　　针对"幼儿愿意尝试理解作品的形式审美因素，但存在个体差异"的特点，教师有目的、有计划地组织幼儿参加美术欣赏活动是必要的。它不仅对培养幼儿的知觉美起到保障作用，而且集体活动的氛围会促进幼儿分享、倾听对美的领会，有助于幼儿养成多角度思考的习惯。

### 案例

#### 活泼可爱的鱼

　　孩子们对自然角中饲养的小金鱼非常感兴趣，一有时间就过去看一看，或是同伴之间聊一聊有关"小鱼"的话题。所以，教师根据幼儿的兴趣点开展了一次美术欣赏活动。除了将自然角中长期饲养的金鱼作为观察对象，还选择了一段"池塘锦鲤"的视频播放给幼儿观看。

　　孩子们通过观察实物及观看相关视频，进一步加深了对鱼儿的理解。幼儿在欣赏的过程中首先表现出惊叹："啊！原来小鱼可以有这么多游泳的样子呀！它们游起来好美！"老师抓住这个机会，请幼儿来说一说："小鱼游起来哪里美？"幼儿纷纷举手表达："小鱼的尾巴美，摆来摆去像一把小扇子""小鱼的鳍很美""小鱼的鱼鳞游起来会一闪一闪的""咦？这条小鱼是不是玩累了，停在那里是在睡觉吧"，孩子们不断地展开想象，与同伴间交流自己的感受。老师再一次抓住幼儿对小鱼产生了浓厚兴趣的契机，请他们学一学小鱼游起来的动作，孩子们更开心了。有的幼儿双臂前后摆起来，在教室里自由地转来转去；有的幼儿与同伴边"游"边转起圈来。

随后，教师展示国画大师李苦禅先生的作品《得鱼图》，请幼儿欣赏。孩子们一下子就被画作中鱼的动态所吸引。教师请幼儿说一说"作品中的鱼都是什么样子的"，引导幼儿关注每一条鱼的动态。很快幼儿就观察到：有的鱼是甩着尾巴的，有的鱼是拐弯游的，这些说明幼儿能够将之前建立起来的感知经验迁移到作品欣赏活动中。教师再提问"它们一起在做什么"，幼儿便结合自己的日常生活大胆猜想，教师也都完全接纳幼儿的想法。在这个环节中，孩子们感受到自己与大师作品之间的对话，从而建立了自信，产生了愉悦感。通过教师进一步的引导，幼儿发现了作品中的"点"与"线"的运用，感受到"鱼"的形态非常简洁与灵动。

（北京市朝阳区劲松第二幼儿园 王 坤）

### （2）通过家庭审美活动实施幼儿美术"心赏"教育

家庭是幼儿的第一课堂，教育作用无可替代。由此，家庭中的审美活动也是幼儿美术欣赏教育的重要组成部分。教师要多了解家长对幼儿美术欣赏教育的困惑，引导家庭开展审美活动，强调家庭环境对"美"的营造，让生活中的点点滴滴都能成为孩子感知美、体验美的练习和思考的机会。

**案例**

#### 彩虹风筝

清明节假期中我为女儿买了一个风筝，她看到风筝特别兴奋地说："我喜欢这个燕子风筝"，边说边指着上面的图案说道："一条一条的，有红色、黄色、蓝色、紫色，好多颜色，像彩虹一样，我就叫它彩虹风筝吧！"

（北京市朝阳区惠新里幼儿园 王连萍）

### (3) 通过社会活动实施幼儿美术"心赏"教育

随着国家有关"实施审美教育，培养全面人"的教育意见出台，社会各界也都积极行动起来，特别值得一提的是，一些博物馆会经常开展公益的审美活动，家长和教师可以利用这些机会，为幼儿感受美创造条件。

**案例**

#### 无处不在的花纹

**情景描述**

孩子们参观民族园，对蒙古包和维吾尔族房屋上的花纹产生了浓厚的兴趣，回到班中孩子们便寻找带花纹的物品。一个孩子发现我手中水杯上的花纹大声说："太漂亮了，有这么多花纹。"孩子们纷纷围过来观看，"我看到锯齿线了；我看到的是波浪线；还有粉红色的小点点；这与我们看到的屋顶不一样；我们再找找哪里有花纹，看谁发现的多"。

**教师分析**

中班幼儿开始关注生活物品上丰富的色彩和细节特征，喜欢有线条的装饰物，更多关注的是单独的线条或图案。如何使幼儿在欣赏线条、图案、色彩的基础上，感受到装饰的规律性，值得我们思考。

（北京市朝阳区定福家园幼儿园　周晓燕）


# 第三节　幼儿美术"心赏"教育实施

## 1. 幼儿美术"心赏"教育内容选择

我们选取了 4 种不同风格的作品，比较不同年龄阶段的幼儿欣赏不同作品的表现。我们随机抽取小、中、大年龄班的各 12 名幼儿，其中男孩、女孩各 6 人，请他们说明自己喜欢哪幅作品及原因。这 4 幅作品分别是齐白石的《蛙声十里出山泉》（图 2-3）、毕加索的《格尔尼卡》（图 2-4）、康定斯基的《几个圆圈》（图 2-5）、齐白石的《白菜图》（图 2-6）

《蛙声十里出山泉》创作于 1951 年，是齐白石老人 91 岁时为我国著名文学家老舍画的一张水墨画，内容取自于一首诗"蛙声十里出山泉"。此幅画的创作特点是以形传神，构思巧妙，让观者体会到画外的水声及蛙声。

格尔尼卡是西班牙北部巴斯克族人的城镇，1937 年被纳粹"神鹰军团"

图 2-4 《格尔尼卡》
（图片来源：http：//
www. sohu. com/a/203546920 _ 737538)

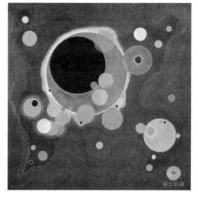

图 2-5 《几个圆圈》
（图片来源：http：//suo. im/4uSlmq)

图 2-3 《蛙声十里出山泉》
（图片来源：http：//sh. qihoo.
com/pc/97aec380d2
edaae3c？ cota＝1)

图 2-6 《白菜图》
（图片来源：http：//t. cn/AiKWdEld)

的轰炸机炸成一片废墟，数千名无辜的老百姓死亡。毕加索被法西斯暴行所激怒，毅然画了这幅巨作，以表示强烈的抗议。画面以站立仰首的牛和嘶吼的马为构图中心，画家把具象的手法与立体主义的手法相结合，并借助几何线的组合，激动人心的艺术形象语言，控诉了法西斯战争惨无人道的暴行。

《几个圆圈》是抽象派画家康定斯基的代表作之一。它已完全脱离了自然形态，特定的主题和视觉的联想都消失了，只通过有规律的圆形、色彩、空间和运动来传达艺术家的感情意识。画面中，几何图形中的圆，在黑色空间中飘浮，或重叠，或聚散，呈现出光、色的对比与视觉刺激效应。正是在几个圆圈的大小、远近、色彩的对比中，产生了深邃的空间感，令人领略到抽象的美感。

《白菜图》是齐白石老先生经常创作的主题，他一生喜爱画白菜，体现出为人处世朴厚的价值取向和健康积极的生活态度。

**（1）根据幼儿对 4 幅作品具体分析的实录**

以上 4 幅作品的创作风格各不相同，在表现手法上，它们有的写实、有的抽象；有的是表现二维平面、有的是表现多维空间；有的颜色多彩、有的惜墨如金；在构思寓意上，有的直白、有的深刻。下面就让我们来听听幼儿对这 4 幅图表达的不同看法。

**①《蛙声十里出山泉》**

小班：4 名幼儿喜欢，其中男孩 2 名，女孩 2 名。8 名幼儿不喜欢，其中男孩 4 名，女孩 4 名。

**喜欢的理由**

幼儿 3（男孩）：因为有石头，还有小蝌蚪。因为我喜欢小河。这个是水和波浪。水从上边滑下来呢！

幼儿 4（男孩）：我喜欢，它很漂亮。这是流淌的河水，这是山，这是水。这还有小鳗鱼！还有一条大路！

幼儿 6（女孩）：好看，有好多小蝌蚪，我喜欢小蝌蚪，我去鲜花港抓过，在家里养，后来放生了。

幼儿 9（女孩）：因为画里有小蝌蚪。

**不喜欢的理由**

幼儿 1（女孩）：嗯——，就是不喜欢。

幼儿 2（女孩）：因为太白了，白的太多啦，不喜欢。

幼儿 5（女孩）：不知道，不好看。

幼儿 7（男孩）：这个有白色，太多了。

幼儿 8（男孩）：我没看出来画的是什么。

幼儿 10（女孩）：不喜欢，因为黑的地方太多了。

幼儿11（男孩）：除了黑就是白，黑乎乎的，没意思。

幼儿12（男孩）：不喜欢，因为画中没有鱼。

中班：4名幼儿喜欢，其中男孩3名，女孩子1名。8名幼儿不喜欢，其中男孩3名，女孩5名。

**喜欢的理由**

幼儿1（女孩）：这个画好玩，这些东西像大象的皮衣（指着河水的波浪），大大的黑色的云像下雨了。小小的蝌蚪，灰蒙蒙的巨浪，这些我都喜欢。

幼儿4（男孩）：喜欢蝌蚪。因为有小蝌蚪，有树，有山，很像周末爸爸妈妈带我去的地方，很好看。

幼儿7（男孩）：小蝌蚪在一起游来游去很开心。

幼儿8（男孩）：这里面有山、有水，还有小蝌蚪。我出去玩的时候也看到过小蝌蚪。

**不喜欢的理由**

幼儿2（女孩）：不好看，这里没有我喜欢的。我喜欢牛，我爸爸属牛的，我喜欢爸爸。

幼儿3（男孩）：这幅画是女孩的，这个更像穿裙子的女孩（指着从山上流淌下的泉水），所以不喜欢。

幼儿5（女孩）：这里有小蝌蚪，这个在水里。这是春天吧，春天，小蝌蚪就会出来了。

幼儿6（女孩）：我看过小蝌蚪的故事，我家就有这本书。

幼儿9（女孩）：颜色有点害怕，水的线条我觉得像老虎，我害怕。颜色不好看，最上面也看不清，像雾，不好看。

幼儿10（女孩）：都是黑色和灰色的。

幼儿11（男孩）：不喜欢上面的那块，太大了，不好看。

幼儿12（男孩）：因为这幅作品很可怕，上面的黑色部分像张着嘴的大怪物，要把小蝌蚪吃掉。

大班：7名幼儿喜欢，其中男孩4名，女孩3名。5名幼儿不喜欢，其中男孩2名，女孩3名。

**喜欢的理由**

幼儿2（女孩）：这个有哗啦啦的水，里边有蝌蚪，还有岩石！小蝌蚪顺着水游到了大海。石头上是沙滩，沙滩上有贝壳，还有漂亮的贝壳和海星。

幼儿3（男孩）：因为有河，蝌蚪在里边游泳，还有树，山。

幼儿6（女孩）：我喜欢小蝌蚪，听过《小蝌蚪找妈妈》的故事。

幼儿7（男孩）：这个作品很精致，而且画面很满。

幼儿8（男孩）：画里有小蝌蚪，还有水和石头，东西有很多。

幼儿9（女孩）：画里面有很多东西。

幼儿11（男孩）：所有都像是真的，像真的山、真的水，小蝌蚪在水里面游泳。构图美，这是水墨作品吧，我觉得水墨作品细致，那个河细致。

**不喜欢的理由**

幼儿1（女孩）：就是不喜欢，不喜欢蝌蚪。

幼儿4（男孩）：不喜欢，不好看。

幼儿5（女孩）：蝌蚪会变癞蛤蟆，我不喜欢癞蛤蟆。

幼儿10（女孩）：太黑了，颜色不好看。

幼儿12（男孩）：这个灰色太单薄了，我觉得黑色石头应该变成灰色，感觉这是用墨画的。

②《格尔尼卡》

小班：9名幼儿喜欢，其中男孩4名，女孩5名。3名幼儿不喜欢，其中男孩2名，女孩1名。

**喜欢的理由**

幼儿1（女孩）：因为有很多动物。还有很多怪物，我喜欢大怪物！

幼儿2（女孩）：里边有小牛，这个是什么？这个好像是恐龙。这个又是什么呀？这个好像一个大龙。这个是一个长颈鹿？好像是。

幼儿3（男孩）：我看上边有恐龙，里边这个像太阳，那个像机器人，所以喜欢。

幼儿5（女孩）：这里有一个猪，我喜欢猪。

幼儿6（女孩）：这幅画好看，有好多动物。

幼儿7（男孩）：这幅画里面有狼，我喜欢狼。

幼儿10（女孩）：因为它很漂亮，有小猪的地方很漂亮。

幼儿11（男孩）：喜欢牛。

幼儿12（男孩）：喜欢里面的人，还有里面的动物。

**不喜欢的理由**

幼儿4（男孩）：它很乱！

幼儿8（男孩）：我认识这个马，其他的，我都不认识。

幼儿9（女孩）：因为这幅作品上什么都没有。

中班：4名幼儿喜欢，其中男孩2名，女孩2名。8名幼儿不喜欢，其中男孩4名，女孩4名。

**喜欢的理由**

幼儿2（女孩）：因为这个好看呀，里边有牛，喜欢这些小动物，这个还有犄角。

幼儿3（男孩）：这个好看，有人头，有牛，我喜欢。男孩子喜欢恐龙。

幼儿6（女孩）：这幅作品上有很多人。

幼儿12（男孩）：喜欢上面的人脸，喜欢牛头，还有灯上的刺。

**不喜欢的理由**

幼儿1（女孩）：这个里面没有小鸟，不喜欢猴子。这幅画这个地方太乱了，还有人在杀人呢！人头掉了，好可怕。

幼儿4（男孩）：就是不喜欢，没有理由呀。

幼儿5（女孩）：我感觉它太乱了。

幼儿7（男孩）：这幅作品有点难看，都扭在一起。

幼儿8（男孩）：这个人太多了，我感觉太丑了，我都看不清楚哪个是人的身体了。

幼儿9（女孩）：不喜欢上面的人脸，太乱。

幼儿10（女孩）：我不喜欢这里的人脸，这里的牛很可怕。

幼儿11（男孩）：不喜欢里面的牛。

大班：4名幼儿喜欢，其中男孩3名，女孩1名。8名幼儿不喜欢，其中男孩3名，女孩5名。

**喜欢的理由**

幼儿1（女孩）：因为这个好看，好多我喜欢的东西，这么多图形。你看这个是牛，这个是眼睛，还有灯、花瓶，东西好多呀！

幼儿4（男孩）：这个牛朝着人，头是朝天的，而且只有半个身子。还有一个人在这里"啊"，嘴上不知道是什么东西。这个花瓶不知道被谁打倒了。这个牛没有身体，不知道为什么。这个可能是3幅画拼出来的，其实也有可能是1幅画。

幼儿11（男孩）：感觉牛头很有趣，还有人物造型很夸张，很搞笑。

幼儿12（男孩）：看起来很复杂，不知道怎么可以画出来。

**不喜欢的理由**

幼儿2（女孩）：有些怪怪的东西，有个人头戴帽子，有头公牛不知道干什么。我不喜欢公牛，很不好看的东西。

幼儿3（男孩）这个太奇怪了，这个像牛，他们的头都很奇怪，他们跳舞，还有一个穿着龙袍呢！

幼儿5（女孩）：我觉得这幅作品看不出来在干什么。

幼儿 6（女孩）：看不出来这是什么。

幼儿 7（男孩）：这幅画有点乱。

幼儿 8（男孩）：这个特别乱，画的东西还都是犄角旮旯的，要是弄成打仗似的就更好了。

幼儿 9（女孩）：不知道画的是什么，太抽象了，看着不舒服。

幼儿 10（女孩）：不喜欢里面的人物，看起来很恐怖。


③《几个圆圈》

小班：11 名喜欢，其中男孩 6 名，女孩 5 名。1 名女孩不喜欢。

**喜欢的理由**

幼儿 1（女孩）：有球球。

幼儿 3（男孩）：它就像是彩色的泡泡，我最喜欢吹泡泡啦！

幼儿 4（男孩）：我觉得这张画特别像太阳系的九大行星，像宇宙。

幼儿 5（女孩）：有小泡泡，泡泡多。

幼儿 6（女孩）：有泡泡，有大的泡泡，有小的泡泡。我喜欢大泡泡。

幼儿 7（男孩）：我喜欢太空，地球人特别多。

幼儿 8（男孩）：有许多透明的黑点，有大圆圈。

幼儿 9（女孩）：有大大小小的圆圈，像小乌龟一样。

幼儿 10（女孩）：好多小球球，像小皮球一样。

幼儿 11（男孩）：有泡泡，我喜欢黑色。

幼儿 12（男孩）：好像一个一个的小星球。

**不喜欢的理由**

幼儿 2（女孩）：这几个小球球不听话，它妈妈都生气了。


中班：3 名幼儿喜欢，其中男孩 2 名，女孩 1 名。9 名幼儿不喜欢，其中男孩 4 名，女孩 5 名。

**喜欢的理由**

幼儿 1（女孩）：我们家墙上有一张画跟这张画很像，我喜欢。

幼儿 4（男孩）：这张画里有好多颜色，挺好看的。

幼儿 12（男孩）：有好多的点，有大有小。

**不喜欢的理由**

幼儿 2（女孩）：这个不好看，它是黑的。

幼儿 3（男孩）：这张画里有两个眼睛，有点害怕。

幼儿 5（女孩）：这些圆圈是什么东西？没有水，不知道这些是什么意思。

幼儿 6（女孩）：黑黑的不好看。

幼儿7（男孩）：不知道画的是什么。

幼儿8（男孩）：不喜欢泡泡。

幼儿9（女孩）：都是泡泡，特别无聊。

幼儿10（女孩）：不好看。

幼儿11（男孩）：球球都是一样的。

大班：4名幼儿喜欢，其中男孩1名，女孩3名。8名幼儿不喜欢，其中男孩5名，女孩3名。

**喜欢的理由**

幼儿2（女孩）：我喜欢这里的彩色圆球球，我家有好多球。这幅画有点像我们以前做过的滚珠画。

幼儿5（女孩）：有许多圆圈、点点。

幼儿7（男孩）：像黑洞一样。

幼儿9（女孩）：喜欢泡泡圆圈，好像是在水里。

**不喜欢的理由**

幼儿1（女孩）：这个太黑了，我不喜欢黑的画。

幼儿3（男孩）：这张画是黑天，我不喜欢黑天，所以我不喜欢这张画。

幼儿4（男孩）：我好像看见一个大怪物，吓死我了，我不喜欢。

幼儿6（女孩）：看不懂。

幼儿8（男孩）：全部都是黑色的泡泡。

幼儿10（女孩）：看着像一大堆大眼睛。

幼儿11（男孩）：泡泡里有黑点，像小眼睛，看着有很多的眼睛，很害怕。

幼儿12（男孩）：感觉好奇怪，都挤在一起。

④《白菜图》

小班：7名幼儿喜欢，其中男孩4名，女孩3名。5名幼儿不喜欢，其中男孩2名，女孩3名。

**喜欢的理由**

幼儿1（女孩）：这个是青菜，我知道。

幼儿3（男孩）：这个好漂亮，有点像一个花一样。

幼儿4（男孩）：这个太像白菜了。

幼儿5（女孩）：我喜欢吃白菜。

幼儿6（女孩）：我喜欢白菜，白菜能做出好多好吃的，而且上次我们一起外出还采摘了白菜！

幼儿7（男孩）：我喜欢吃白菜。

幼儿11（男孩）：小朋友要爱吃大白菜，能长高，有力气。

**不喜欢的理由**

幼儿2（女孩）：这个画得不好看。

幼儿9（女孩）：因为它太大了。

幼儿8（男孩）：不爱吃白菜。

幼儿10（女孩）：白菜太大了。

幼儿12（男孩）：白菜应该是绿色的，这个白菜都快烂掉了。

中班：6名幼儿喜欢，其中男孩4名，女孩2名。6名幼儿不喜欢，其中男孩2名，女孩4名。

**喜欢的理由**

幼儿3（男孩）：非常漂亮，我喜欢这个叶子，卷卷曲曲的，这个画是叫"白菜叶子"吗?

幼儿5（女孩）：青菜都长得很好看，而且多吃青菜有营养。

幼儿7（男孩）：我也画过白菜，我觉得画得挺好看的。

幼儿9（女孩）：白菜大大的，感觉是新鲜的，没坏。

幼儿11（男孩）：白菜画得很像，像真的一样。

幼儿12（男孩）：因为它有嫩叶子。

**不喜欢的理由**

幼儿1（女孩）：我不太喜欢这个，这个不漂亮，没有小条条。（用手空画出波浪线）

幼儿2（女孩）：我不知道这是什么菜，而且这个画没有背景。

幼儿4（男孩）：这里面有根，我不喜欢这个根。

幼儿8（男孩）：画里都是黑色和灰色，不喜欢。

幼儿6（女孩）：这个白菜的叶子是黑色的，我想一定是坏了。

幼儿10（女孩）：只有白菜，没意思。

大班：9名幼儿喜欢，其中男孩3名，女孩6名。3名幼儿不喜欢，全部为男孩。

**喜欢的理由**

幼儿1（女孩）：我喜欢白菜。

幼儿2（女孩）：我画过国画，这个是国画，有国画标志（边说边用手指着印章），我也喜欢吃白菜。

幼儿5（女孩）：白菜很大，一层一层的。

幼儿 6（女孩）：这个画起来要更难一点，因为几个白菜不是整齐地摆放，而是错落的。

幼儿 8（男孩）：很大的白菜，看见就想吃了，他怎么画得这么像呢。

幼儿 9（女孩）：我在美术班学过画白菜，所以喜欢。

幼儿 10（女孩）：有好多小叶子，我很喜欢小叶子，而且上面叶子大、下面小。

幼儿 11（男孩）：他一定是用了很多方法画的白菜，是不是有不一样的毛笔？有侧锋，有浓淡墨。画面很干净，所以我喜欢这个。

幼儿 12（男孩）：因为它有好多叶子，是两棵菜压在一起，有的部分被遮住了。

**不喜欢的理由**

幼儿 3（男孩）：这个比较简单，但是也没有特别不喜欢。

幼儿 4（男孩）：我对菜没有兴趣。

幼儿 7（男孩）：它就是一个大白菜，画得挺好的，但是没有小蝌蚪那幅画有意思。

### （2）小、中、大班幼儿欣赏 4 幅作品时的具体表现

①小班幼儿欣赏不同风格作品时，情绪波动强烈。他们看重作品内容是否是自己以前所知道的。颜色上，他们不喜欢画面只有黑、白两色的作品。

具体表现：不喜欢《蛙声十里出山泉》的 8 名幼儿中，有 4 名幼儿的理由是画面太白或太黑，有 2 名幼儿是因为"没看出来画的是什么"和没有自己喜欢的鱼，另 2 名幼儿没有说出具体理由，就是"不喜欢"。不喜欢《白菜图》的 5 名幼儿中，有 2 名幼儿是因为不喜欢吃白菜，有 2 名幼儿是因为白菜太大了，有 1 名幼儿的理由是"白菜应该是绿色的，这个白菜快烂了。"不喜欢《格尔尼卡》的 3 名幼儿中，有 1 名幼儿说："画太乱了"，另 2 名说"什么都没有""我认识这个马，其他的都不认识"。1 名幼儿不喜欢《几个圆圈》的理由是"这几个小球球不听话，它妈妈都生气了。"而幼儿喜欢《格尔尼卡》和《几个圆圈》的原因都是因为看到或想出画面上有自己知道的形象。

②中班幼儿关注画面的内容和美术形式语言（造型、色彩、构图），能运用想象与它们建立连接，从而产生美感。

具体表现：12 名幼儿对《蛙声十里出山泉》表述时，有 4 名幼儿把河水、从山上流淌下的泉水、大块的石头和黑色的部分，想象成大象的皮、女孩子的裙子、老虎和吃人的怪兽；有 6 名幼儿由画面想到自己出去玩或看书的经历，有 2 名幼儿提到黑、灰色和大块的黑色在一起，自己不喜欢。在对《格尔尼卡》的表述中，4 名幼儿喜欢，他（她）们说到了画中的很多形象，有人、有牛，灯上有刺，还有恐龙；不喜欢的 8 名幼儿中，除一名没有理由，就是"不

喜欢"外，其他 7 名幼儿都提到作品"乱"，有的说："有人在杀人，人头掉了，好可怕。"有的说："它们都扭在一起。"有的说："不喜欢这里的人脸，牛也特别可怕。"12 名幼儿在对《几个圆圈》进行表述时，有 9 名幼儿表示不喜欢，3 名幼儿喜欢，正好与小班幼儿对这幅作品的态度相反。小班幼儿是因为把圆圈想象成很多形象而生喜爱之情，而 9 名幼儿不喜欢此画的理由中，有 5 名幼儿因为"都是泡泡""这些球球都一样""这些都是圆圈""不知道这些圆圈是什么"，有 4 名幼儿因为"都是黑的，不喜欢""黑黑的，挺害怕的""就像两小眼睛瞪着一样，可怕"。对于《白菜图》的喜欢程度，12 名幼儿的态度平分秋色，其中谈到美术形式语言的有 7 人，提到造型"喜欢这个叶子，卷卷曲曲的""画得很像，像真的一样""我不太喜欢这个，这个不漂亮，没有小条条（用手空画出波浪线）""白菜大大的，感觉是新鲜的，没坏"，还提到颜色"白菜的叶子是黑色的，我想一定是坏了！""画里都是黑色和灰色，不喜欢"等。

③大班幼儿对美术语言的观察更加细致、深入，并由此产生的情感很丰富。幼儿间的差异化表现也比较明显。

具体表现：大班幼儿喜欢《白菜图》人数最多，共有 9 人，其中有 3 人说："自己学过国画，也会画"，有 3 人涉及绘画技巧，"这个画起来要更难一点，因为几个白菜不是整齐地摆放，而是错落的""两棵菜压在一起，有的部分被遮住了"，有 3 人因为画得像或者喜欢吃白菜。在不喜欢的理由中，有 1 名幼儿表示"我对菜没有兴趣"，1 名幼儿认为，"这个比较简单，但是也没有特别不喜欢"，另一名幼儿说："它就是一个大白菜，画得挺好的，但是没有小蝌蚪那幅画有意思"。喜欢《蛙声十里出山泉》的幼儿人数为其次，共有 7 人，说明的理由中有 5 人涉及造型、构图、表现形式，如"这幅画都像是真的，像真的山、真的水，小蝌蚪在水里面游泳呢，构图美，这是水墨作品，我觉得水墨作品很细致""这个作品很精致，而且画面很满"。1 名不喜欢的幼儿也说到美术形式语言——色彩、表现形式，如"这个灰色太单薄了，我觉得黑色石头应该变成灰色，感觉这是用墨画的"。4 名喜欢《格尔尼卡》的幼儿对作品描述得很丰富："这头牛朝着人，头是朝天的，而且只有半个身子。还有一个人在这里喊"啊"；这个花瓶不知道被谁打倒了？这头牛没有身体，不知道为什么；这个可能有几幅画，可能是三幅画拼出来的，其实也有可能是一幅画。"8 名幼儿不喜欢，说到构图"乱、抽象、人脸恐怖"等。喜欢《几个圆圈》的 4 名幼儿中有 3 名是女孩，1 名是男孩。女孩说："有好多的彩色圆球，有许多的圆点，喜欢泡泡圆圈"，男孩说："这像黑洞一样"。不喜欢的 8 名幼儿中，有 7 名幼儿的理由涉及美术形式语言的想象，如"我好像看见一个大怪物，吓死我了，我不喜欢""泡泡里有黑点像小眼睛，看着很多的眼睛很害怕""这张画里是黑天，我不喜欢黑天"。

（3）针对各年龄班幼儿对 4 幅作品喜欢的程度、关注的视角、发挥想象力的丰富程度等进行统计和分析

①各年龄班幼儿对不同作品喜欢的程度

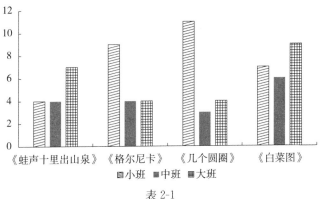

表 2-1

将此表数据与幼儿具体的表达内容结合起来，可以看出：

A. 小班幼儿欣赏不同作品产生的情绪波动大，其次是中班幼儿，大班幼儿欣赏不同风格作品的情绪反应基本平稳。

B. 小班幼儿喜欢形状简单、有想象空间的作品，或者形象多、符合自己认知的欣赏对象；中班幼儿喜欢形象符合自己认知，而且表现细腻的作品；大班幼儿喜欢表现形式多元、表现手法多样、构图丰富，有描绘感的作品。

②各年龄班幼儿对不同作品的关注视角

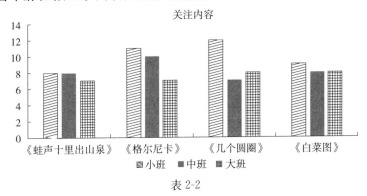

表 2-2

将以上表 2-2、表 2-3 数据与幼儿具体的表达内容结合起来，可以看出：

A. 各个年龄班幼儿都关注欣赏内容，小班幼儿尤其受欣赏内容的影响。

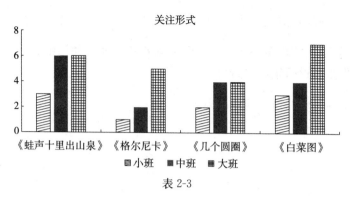

表 2-3

B. 小班幼儿重内容、轻表现形式，中班幼儿关注内容的同时关注形式，大班幼儿对形式更感兴趣。

C. 小班幼儿关注欣赏对象的颜色，不喜欢单色，特别是黑白颜色；中班幼儿除了对颜色关注外，还对造型有了更多关注；大班幼儿关注造型、颜色，更关注构图形式，而且性别、个体间差异较大。

③各年龄班幼儿对不同作品发挥想象力的丰富程度

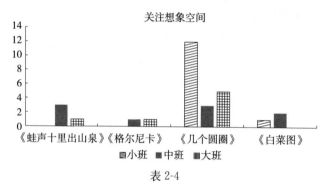

表 2-4

将此表数据与幼儿具体的表达内容结合起来，可以看出：

A. 不同的作品对幼儿想象力的促进作用不同，而且差异性很大。

B. 抽象、简单的形状能激发幼儿的想象力，尤其对小班幼儿作用更明显。相反，具体、逼真的形象对于幼儿来说，想象力发挥的空间较少。

C. 幼儿的想象与自己的生活经验和感兴趣的事物联系较多。小班幼儿一般基于形象的造型进行想象，中大班一般基于形象的颜色、造型、构图来展开想象。

D. 幼儿性别间及个体间的差异明显。

（4）小、中、大班幼儿对美术欣赏画作的需求特点

①小班幼儿对作品内容的感知先于对作品美术形式的感知，如《几个圆

圈》式的作品，形象简单、表达抽象、不受约束，且色彩明亮、反差明显，构图轻松活泼。此类的作品还有米罗的《蓝色二号》《蔚蓝的金子》，以及齐白石的《鸡趣图》《蛙趣图》《虾趣图》，林风眠的《樱花小鸟》等，它们都符合小班幼儿的生活和学习经验，能为幼儿所理解，而且造型小巧、形态多样，画面的活泼生动，更增添了幼儿拟人化的童真情趣。

②中班幼儿对作品形式的感知兴趣增强，需求的是集《白菜图》的表现手法多样，《蛙声十里出山泉》的造型不定、富于想象空间，《格尔尼卡》的情感外显于一体的作品。适合此类作品的有我国著名艺术家吴冠中的作品，如《春又至》《春曲》《海棠》《长城》《荷花岛》《苏醒》等，还有极为讲究构图的"点彩画法"创始人修拉的《大碗岛的星期天下午》。

③大班幼儿喜欢作品形式语言丰富，作品寓意对自己认知构成挑战性，需求像《白菜图》《蛙声十里出山泉》《格尔尼卡》式的作品，它们情感丰富，形象饱满，视觉冲击力强。适合此类作品的还有我国古代画家黄居寀的《山鹧棘雀图》、崔白的《双喜图》、现代著名画家徐悲鸿的《奔马图》、民间艺术"沙燕风筝·二龙戏珠"、印象派画家莫奈的《睡莲》组图、凡·高《向日葵》组图等。

### (5) 在幼儿美术"心赏"作品的选择上，教师应做到以下五点

①内容健康、积极，体现对自然、对生活的热爱与向往，弘扬真、善、美。
②美术语言具有较强的艺术感染力，在美术史发展中有代表性。
③欣赏作品宜为高清大图，色彩还原度高。其资料应全面，便于教师查找。
④贴近幼儿认知水平和知识经验，关注幼儿发展关键期，促进幼儿产生联想和想象，激发幼儿情感。
⑤表现形式丰富，开阔幼儿视野，促进幼儿对中国文化的传承和对世界多元文化的感受。

### (6) 各年龄班幼儿美术"心赏"活动目标基本定位

①小班　感受三原色及基础混合色，并乐于进行想象；感受线条、与基本形状的表现感和节奏感。
②中班　感受色彩的表现力、形象的鲜明性和象征性，作品构成的对称、均衡、节奏；体验作品的情感，了解作品的主题和基本内容。
③大班　喜欢欣赏不同风格的美术作品，感受作品的色调、色彩、形象的象征性、寓意性以及作品的形式美；了解作品的表现手法、艺术风格和创作意图。
总之，一幅适宜幼儿"心赏"的作品，在具有审美价值的同时，更应符合幼儿的特点和发展需要，在潜移默化中滋养幼儿心灵世界。

## 2. 幼儿美术"心赏"教育中的幼儿欣赏特点

　　下面是"朝阳美之佳"进行的一项实验，针对不同年龄阶段的幼儿欣赏同一幅作品，从中发现不同年龄阶段幼儿的美术欣赏特点。

图 2-7　黄永玉《苏曼殊诗意图》

（图片来源：http://www.sohu.com/a/115031862_349202）

欣赏内容：彩墨画——苏曼殊诗意图

| 年龄班 / 幼儿表现问题 | 小班 | 中班 | 大班 |
| --- | --- | --- | --- |
| 在这幅画中你看到了什么？ | 看到了桥、人；树枝；树上的花；小小的叶子；近处的有鸟巢（从座位上站起，跑到作品前，指着画作左下角树枝上粗的地方说）。 | （在教师提问前）孩子们看到作品的那一刻，惊呼"哇——，好漂亮"；一个人在桥上走，桥下是河；都是树；好多的花；有观音菩萨；有小桥，弯曲的；树枝是棕色的；桃花挡住了河水；还有梅花吧，是彩色的， | 我看到了桃花；人站在桥上，旁边有很多桃树；人的手上还有东西，衣服是穿着古代的长袍；桥上有楼梯；花有落下来的，也有没落下来的；有的花开了，有的花没有开，那是花苞；画的边上有章，还写了字。 |

（续）

欣赏内容：彩墨画——苏曼殊诗意图

| | | 圆形的；有五彩缤纷的桃花；有很多字，画上有印章。有好多树枝，还有花和蝴蝶；那个人很胖。 | |
|---|---|---|---|
| 你最喜欢这幅画的哪里？ | 我喜欢绿色这里；我喜欢绿色、蓝色、黄色这里；我觉得它太美了。 | 花很漂亮；桥也很漂亮；花是彩色的，很美；树枝，就像珊瑚一样（张开手臂，努力伸展着五指）；人好像在春游；桥有立体的感觉；这幅画有历史；桥下有一片白地。 | 桃花、小桥、桥上的人、树枝最吸引我。 |
| 这幅画给你什么感觉？ | 开心；好看；感觉有一点儿雾霾；我感觉看见我爸爸妈妈一样；感觉一个人在桥上走。 | 很温暖；很壮观；有些冷；很漂亮；很好看，我想到了一首诗《赠汪伦》（幼儿用手指打着节奏背古诗）；我感觉春天来了；像我奶奶教给我的古诗《咏鹅》。 | 很开心、很高兴，看到了很多桃花很兴奋；特别美，像春天；很欢快；春天的树都在摇动，特别有爱（小女孩边说，边把双手摆在头顶上，做了一个爱心的造型）；我感觉桥上的人是我，桥下有流水，我恐高，有点怕（幼儿说完用手捂住自己的嘴，笑了）；我在桥上走，看着好多的花，心里很快乐；我感觉像古代，桥上的人在欣赏花的景色；桥上的人在看花，他想画画吧！ |
| 你会给这幅画起个什么名字？ | 五彩缤纷；水墨画；彩虹花；乱七八糟画；小黄。 | 春游书；平静的早晨；五彩缤纷花；美丽的桃花；脑筋急转弯；珊瑚树。 | 春天最美；彩虹树；彩虹世界；桃花公园；春天来了；七彩缤纷；春天的礼物；五颜六色的春天；春天的彩花；春天的景色；春天；公主城堡；轻声叮当；春天的风；五彩的风。 |

## （1）各年龄班幼儿的欣赏特点分析

### ①幼儿能主动地选择审美对象

不同年龄班的幼儿欣赏同一幅作品时，都各有自己的审美特点，会选择某些事物或特征作为自己的审美对象。有的喜欢树、有的喜欢花、有的喜欢颜色，有的对立体的桥感兴趣，有的关注桥下的空白、印章和题字。这些审美属性主要集中在形象、色彩、空间等。

### ②幼儿对审美对象的描述从简单的词汇列举到具体、细致的描绘

在识别画中所描绘的对象时，年龄较小的幼儿，往往用简单的词汇把作品

中的物体列举出来，如"有树、花、桥"，而年龄越大，幼儿会比较具体、细致地描绘画面的内容，如"有的花开了，有的花没有开，那是花苞"。

③幼儿愿意借助动作、表情表达自己对审美对象的感受

无论是小班幼儿从座位上站起来跑到作品前指点，中班幼儿张开手臂，又努力伸展着五指说明"树枝，就像珊瑚一样"的状态，还是大班幼儿将胳膊举着做出爱心造型，表达这幅画带给她的感动，我们都可以看到，幼儿常常借助动作、表情等方式来表达自己对审美对象的感受。

④幼儿喜欢把审美对象与自己的情感、具体的形象联系起来

在欣赏《苏曼殊诗意图》时，幼儿的表达各不相同："感觉有一点儿雾霾""感觉看见我爸爸妈妈一样""我想到了一首诗""我感觉桥上的人是我，桥下有流水，我恐高，有点怕（幼儿说完用手捂住自己的嘴，笑了）""我在桥上走，看着好多的花，心里很快乐""桥上的人在看花，他想画画吧""因为有历史，我喜欢"等。幼儿的这些表达都体现了幼儿常常把自己的情感投射到外物上，并借助具体的画面进行连接，从中获得审美感受。

⑤幼儿能从浅表层次感知、理解作品内容，到进一步地感知、理解内容所蕴含的主题

年龄小的幼儿更多以一种真实的态度感知、理解内容，如在给作品起名字时，小班幼儿所起的名字为"五彩缤纷、水墨画、彩虹花、乱七八糟的画、小黄"等，他们只限于画作上画了些什么。而中大班幼儿所起的名字中，出现了"春游书、平静的早晨、春天最美、春天的礼物、轻声叮当、春天的风"等，反映出对作品主题的一些理解。

⑥幼儿愿意尝试理解作品的形式美，但存在个体差异

我们看到，大班幼儿在看到错综交错的树枝时，能感受"春天的树在摇动，特别有爱"，这说明有的幼儿随着年龄的增长，内心经验以及情感的丰富，愿意尝试理解作品的形式审美因素。但对于年龄小的幼儿，以及个体差异的存在，不是所有幼儿都能对美的元素进行解释，如有的幼儿只是感受到了"乱七八糟的树枝""有的花落了，有的花还在开着""在桥下有一片空地"等，这说明他们还不能把握这些形式美的元素的意义，对作品的深刻主题以及所反映的精神内涵较难理解。

### （2）小、中、大班幼儿欣赏特点的具体表现

#### A 小班

a. 幼儿对待美术作品只是一种"求实"的态度，即他们首先感知到的是美术作品的内容，很少能有意识地注意到作品的形式审美特征，这表明幼儿还

没有完全形成一种真正意义上的审美能力。

b. 幼儿对作品内容的把握往往是浅表层次上的感知、理解，还不能深入感知、理解美术作品的内容所蕴含的意义，而是将其中心意义理解为他们生活经验中熟悉的内容。

c. 在色彩视觉效果感受上，幼儿对鲜艳的色彩更有兴趣，强烈而简单的色彩对比更能对幼儿造成视觉冲击。从色彩的情感效果和象征效果方面，幼儿还不能进行感受。

d. 幼儿对周围世界的新鲜事物总是抱有很大的好奇心，他们天生就喜爱各种新奇的事物，喜欢用自己的方式，如抱一抱、摸一摸等，与接触到的世界对话。

## 案例

● 喜欢颜色鲜明、造型简单、熟悉的或带有卡通形象的生活物品，如：小发卡、小汽车等，愿意去摸一摸、抱一抱、玩一玩。

**案例回放** 天天带来一个"海绵宝宝"的抱枕，放在美工区的展示台上，小朋友们都想抱一抱。雅美说："我家有米妮的杯子，我也给你用"，思思说："我有维尼熊的发卡"，大德说："我有托马斯的汽车"。

● 乐于观看绘画、泥塑或其他艺术形式的作品，想去触摸。

**案例回放** 剪纸展在美工区中，小朋友都来观看。"这里有小洞洞"，幼儿边说着，小手指就要伸进去。

● 喜欢看绘本，对颜色鲜明、造型有趣的形象感兴趣，或反复翻看，或大声笑，或手脚比画，有的愿意叫着小朋友、老师一起看。

**案例回放** "西西，你快看"，子豪指着放在展示台上的绘本《大卫，不可以》中那个头发都竖起来的大卫说道，"真好玩，头发飞起来了！老师，快看、快看！"子豪朝西西看一眼，随即把书递给了老师。

● 崇拜老师或哥哥、姐姐的作品，经常发出惊呼声，喜欢触摸和摆弄艺术作品。

**案例回放** 大班的哥哥姐姐要毕业了，将一些美工作品送给弟弟妹妹作纪念："弟弟妹妹好，我们马上要上小学了，把这些作品送给你们作纪念吧！"话音未落，屋子里响起了一片惊呼声："哇，好漂亮啊！可以送给我吗？"美工区随即成了热点区域，幼儿的小手不停地摸来摸去："老师，你看这个小企鹅！""老师，这个小企鹅的眼睛是笑的"。

● 喜欢收集各种小东西当作宝贝，反复去看和寻找。

**案例回放**　户外游戏时间，小君高兴地跑过来，举起小手说："老师你看，我找到的红果子，放到咱家吧！"过了一会，钊钊骑着小车过来说："老师你看，我寻找到了好多宝物，有这么大的树叶，红色的树叶，还有这种颜色的小果子呢。我也想放到咱家，好吗？"第二天，钊钊跑过来问："老师，我捡的小果子怎么不见了！它跑哪儿去了？"

## B　中班

a. 幼儿已经开始关注作品的形式审美特征，具备感知、理解作品形式审美特征的初步能力。对线条与形状的感知方面，幼儿受其具体形象思维特点的影响，倾向于把线条和形状与具体的形象联系起来谈论。

b. 在感知作品的情感表现上，大多数幼儿在成人有意识的引导下都能有所表达。中班幼儿已经能体会文本的情感表现，能为美术作品取名。

c. 在对色彩的视觉、情感和象征效果的欣赏方面，幼儿存在着较明显的个体差异。

### 案例

● 喜欢色彩丰富、形象特征明显、有细节装饰的事物，如：有花纹丰富的衣服、形状多样的瓶罐、色彩艳丽的小鱼等。

**案例回放**　多多趴在大鱼缸的玻璃上，目不转睛地看着小鱼游来游去。"老师，您看！那条小鱼身上一道蓝、一道黄，还有波浪纹呢！"

● 乐于用捏、摸等肢体动作及语言，表达自己对事物和自然现象的喜爱。

**案例回放**　小琪在玩泥，一抬头看见了老师，她问老师："老师，您身上戴的是什么？"老师回答道："是胸花。""老师，能让我摸摸吗？"小琪提出要求。"老师，我也想摸""我也想摸"小朋友们纷纷表示都想摸摸。我说："当然可以了！"孩子们争先恐后地摸，边摸边说："真漂亮呀！宝石亮闪闪！"

● 乐于收集自然界和生活中美的物品。

**案例回放**　户外活动时，羽凡、小米和多多从操场上跑回来："老师，快看，我们的宝贝！"她们张开小手，里面全是小石头子。她们把石头铺在地上，给老师和其他小朋友介绍起来："瞧！这块石头上还有小点点……"户外活动结束时，她们把石头收拾起来，拿回班里，放在美工区的展示台上，相约收好了晚上带回家。

- 乐于观看剪纸、拼贴或其他艺术形式的作品，能产生相应的联想和情绪反应。

**案例回放** 美工区里展示了很多剪纸作品。小朋友看到了惊呼："哇！这么多的作品呢！"轩轩拉着冰冰来到一幅作品前，指着作品说："里面有桃心、小鱼、小鸟。"冰冰说："我没看见小鸟和小鱼。我看到大象了。""大象！"两个小朋友面对面地笑起来。

- 喜欢看绘本，对色彩丰富、形象特征明显、有细节表现的画面感兴趣。

**案例回放** 美工区最新展示了绘本《今天运气怎么这么好》。丫丫和雨歌各自取了一本，坐在一起看。"丫丫！你看图上的黄色和绿色在一起多漂亮！""嗯！"丫丫听着雨歌说，也把绘本翻到了这一页，说："那天，我看《母鸡萝丝去散步》这本书，也看到了黄色和红色在一起，特别漂亮。"

## C 大班

a. 随着幼儿空间知觉的发展，对于空间构图的感知，很多幼儿能够感知美术作品的空间深度，而且随着年龄的增长，这种能力在不断地发展。

b. 幼儿能在成人的引导下，理解作品的主题，感受到作品的意境和表现手法。

c. 幼儿对美术作品有了自己的偏爱，并能说明一些理由，而且审美评价带有明显的个性倾向，乐于用自己的标准进行评价。

### 案例

- 愿意欣赏四季、月亮等大自然的美景和自然现象，关注其色彩、形态等变化的特征，并产生相应的联想，乐于与别人分享感受。

**案例回放** 透过蓝蓝的天，孩子们看到了天上飘着大朵的白云。铭铭和几个小朋友看着飘浮的云朵说："你看！那朵云像恐龙！""那朵像大船！""还有那朵像大马！""好美啊！"几个好朋友躺在地上畅谈着。

- 喜欢色彩、形象独特，细节表现丰富的事物，如：风筝、建筑等。

**案例回放** 眼睛会转的长龙风筝升空后，孩子们围着它欢跳起来，争先恐后地寻找"龙"身上的秘密:"龙的身体有好多节!""龙身上的鳞片金光闪闪""龙的眼睛还能转呢!""龙的爪子上有好多的线条""龙的嘴巴挺可怕的,大大的、红红的,还有锋利的牙齿!"

● 乐于用动作表示对喜欢物品的珍爱, 如: 小心翼翼地捡起树叶, 放在固定的位置, 并且提防别的小朋友拿到。

**案例回放** 小朋友们都争着捡起画展开幕式上洒满一地的缤纷纸花,壮壮捡了许多。他来到了美工区,把纸花小心翼翼地放进塑料袋中,高高地踮起脚,胳膊也高举起来,把塑料袋放到最高的格子里。

● 乐于收集生活和自然界中美的物品, 通过语言、 游戏等形式, 向别人介绍和展示。

**案例回放** 若美收集了好多橡皮,有各种小零食、文具、玩具……个个栩栩如生,造型多样而且颜色特别丰富。若美一一为前来参观的小朋友认真地介绍,来参观的小朋友都认真地听着。

● 能专注地观看适宜的京剧和传统民间艺术表演, 如: 京剧《小放牛》选段、 皮影戏《乌鸦和狐狸》 等, 能用表情和动作表达自己的理解, 愿意与别人分享, 并有表演的愿望。

**案例回放** 视频里播放着京剧《小放牛》选段,孩子们听得很认真,不时还有小朋友附和着。观看结束后,小朋友学演唱者的姿势,有模有样地表演起来。有的小朋友还一起合作撕开纸条扎在一起,做了个赶牛的鞭子,拿着鞭子边比画边唱。

● 乐于观看水墨、 编织或其他艺术形式的作品, 愿意和别人分享、 交流自己喜欢的艺术作品和美感体验。

**案例回放** 小泽观看"创意水墨"视频后,兴奋地和小朋友说起来:"同同,你喜欢什么内容?"同同说:"我喜欢毛笔蘸一点点墨汁,宣纸上的墨就散开了,好大的山可真美呀!小泽你喜欢什么?""我喜欢——"小泽说道,"金鱼的身体是浅浅的墨,上面的鳞片用的深墨。后来,这条鱼就好像真的游起来一样。真是神了!"

● 喜欢看绘本, 对色彩、 形象独特, 细节表现丰富, 构图巧妙或有趣味的画面感兴趣。

**案例回放** 观看绘本《幸福的大桌子》时,好几个小朋友围在一起讨论:

"好大的桌子呀，食物好丰盛呀！""黄黄的地毯，粉粉的墙壁好温暖呀！""橱柜上有好多的调料瓶，兔妈妈给小兔子们做的食物一定特别好吃！"

● 大班幼儿在进行欣赏活动时会更多地注意到作品的艺术特征（色彩、线条等），并把这些特征和自己的想法相联系。

案例回放 阅读时间，小米在看《我妈妈》这本书，她指着书中妈妈的衣服说："妈妈衣服上的花真好看，我喜欢这本书的颜色，让我感觉很温暖。"

### 3. 幼儿美术"心赏"教育建议

#### （1）将符合幼儿欣赏兴趣的教育资源全纳入

培养幼儿审美兴趣的基础是要尊重幼儿天性。"每个幼儿心里都有一颗美的种子"，他们喜欢看花花草草，喜欢看蓝天上的白云，想象这些白云是棉花糖、是大鱼，他们喜欢看有图案的物品，愿意摸一摸、抱一抱。总之，幼儿喜欢自然界、生活中一切美好的事物，所以，幼儿美术"心赏"教育要将符合幼儿欣赏兴趣的教育资源全部纳入。

①多参观画展，欣赏经典作品，加强对美的事物与作品中色彩、均衡、变化等形式美的感知、感受，以及对作品所蕴含意义的了解；

②多了解美术发展史，在感受灿烂的人类文化的同时，形成对美术本质的认知；

③多进行有创造性的活动，开拓思维的灵活性，感受创造的快乐、欣喜；

④多阅读优秀的文学作品，提高语言表达的丰富性和优美性。

当然，这一切都要符合幼儿发展特点和水平，给予幼儿合理的期望、支持和促进。

#### （2）致力于营造幼儿的精神家园

任何组织形式都需要打破边界，还原到幼儿的真实生活中，并给予幼儿完整的生活，比如到自然中，感受风从耳边穿过，感受花的清香和摇摆，感受土地的温暖和结实；比如到博物馆中感受人类艺术文化的多元和美妙，感受表现方式的多样和灵动；比如到购物中心感受不同的橱窗设计风格，领略设计的魅力。总之，多彩的生活就是美育场。因此，即使是幼儿美术"心赏"教育中的集体教学活动，也是和幼儿日常的经验和发展需要联系在一起的，彼此不可分割。

①允许幼儿与自然为伴，沉浸其中。即使在小雨、小雪天也可以满足孩子的心愿，使幼儿感受水花溅起的飞扬，在奔跑中感受雪花漫天飞舞的浪漫……

②允许幼儿以自己的方式与大自然相识、相处。在纷落的花瓣雨中不停地旋转；在不厌其烦地投掷石子中欣赏水波的涟漪；用身体紧紧拥抱大树，摸摸它的纹理；小心地捡拾起漂亮的树叶……

③允许幼儿开口表达她的感受，而成人不要用"这有什么新鲜的""好看吗"等怀疑、否定和不屑的语句来回应。一个认真的倾听、一个微笑的表情，都是反馈给孩子的积极信号。

④优美的古诗词、散文等，都是帮助孩子感知、认识、抒发情绪的素材。

### （3）注重整体并不是忽视个体，而是更关注个体

只有个体才能构成整体，一花独放不是春，百花齐放才能春满园。对于整体而言，每个个体都是重要的一分子，都是不可或缺的重要成员。每个幼儿都有自己独特的生活经验和见解，建立在每个幼儿积极主动的活动现场一定是生机勃勃的，富有生命活力的。对于个体而言，每个个体在自己生命历程中都是强者，都值得尊敬。

①理解幼儿"愿意借助动作、表情，表达自己对审美对象的感受"的特点，给予幼儿表达的自由。年龄越小的幼儿由于语言不丰富，会同时使用不同的感官来进行表达，因此"手舞足蹈式"的表达较为常见。大一些的幼儿当词语的表达不能满足自己的想法时，也会出现这种现象。教师观察到这种情况后，一方面给予理解、支持，另一方面要通过引导阅读优秀的文学作品、歌唱优美的音乐作品等方式促进幼儿语言表达能力的提高。

②针对不同年龄阶段幼儿、不同个体的发展，教师需要有目的地设计提问。如小班幼儿更加关注作品的审美元素；中班幼儿关注审美形式特征和意义；大班幼儿对表现手法、主题更关注，那么教师的提问则要体现幼儿的关注点，引导幼儿深入到作品中进行感受、欣赏，根据自己的体会进行表达。

③教学方法要灵活多样，一方面满足不同年龄段幼儿的需要，如小班幼儿会边看边指着观赏对象表达；中大班幼儿会仔细看、喜欢看清楚细节后进行表达。另一方面教师应满足每个幼儿的需要，使他们都有机会看到、感受、表达。教师在教学中可以使用多幅欣赏作品、利用多媒体图片等多种方法，便于幼儿与作品亲近，从而进行审美感知、感受、表达。

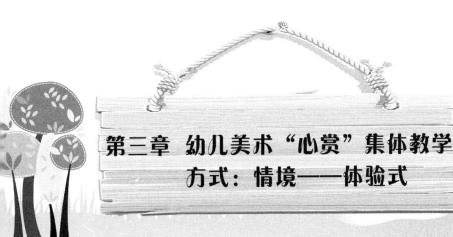

# 第三章 幼儿美术"心赏"集体教学方式：情境——体验式

审美情感的生成是主体与客体，即欣赏者与审美对象不断互动的过程，其生成机制主要经过三个环节：原始唤起——内觉体验——情感外化。在幼儿美术"心赏"教育中，我们称这个过程为"情境——体验式"过程。"情境——体验式"也是幼儿美术"心赏"集体活动的教学方式。

情境是指在一定时间内各种情况结合的某种状态，它不仅包括各种显性的具有观赏性的具体物象，而且包括构成和影响各种情况产生的因素及其相互之间的关系。"——"表示从理论到实践、从假设变成现实的一种过程。体验即"亲身经历，通过实践来认识周围的事物"。"情境——体验式"，是幼儿审美情感的生成方式。在幼儿美术"心赏"集体教学活动中，体验既是方式，也是目的，是幼儿通过与情境，产生互动，获得审美体验、自我认知体验、同伴交往体验和文化体验的最佳途径。

"情境——体验式"教学方式有助于将欣赏的权力回归于幼儿，使幼儿成为幼儿美术欣赏教育中的主体；有助于教师形成正确幼儿美术欣赏教育观，开展适宜的幼儿美术欣赏教育有益探索；有助于幼儿的审美素养和人文素养的提升。

"情境——体验式"教学方式将通过促进幼儿主动审美的三个条件加以实施，分别为情景创设、问题引导和互动生成，这三者相互影响，相得益彰，充分发挥教师作为支持者、合作者和引导者的作用。

## 第一节　以情景创设促幼儿主动审美

情景是环境，它是构成情境的首要因素，具体包括环境氛围、欣赏形象以及基于幼儿欣赏特点创生出来的多种感受方法。本节将从以上三个方面分享"朝阳美之佳"教师的经验所得，展现积极的、主动的、富有教育智慧的教师形象。

## 1. 营造润物无声的环境氛围

一次美术欣赏活动，教师问幼儿作品中有什么，一名小朋友却指着老师工作服上的油渍说道："老师，你衣服怎么那么脏呀！"老师听后十分尴尬。

如何让服饰、环境创设、精神鼓励这些无声的环境氛围成为有形的教育情景呢？下面的案例就此进行经验分享。

### （1）重视教师仪表仪态的审美效应

#### ①情境描述

今天的幼儿美术欣赏集体教学活动是欣赏齐白石先生的《蛙声十里出山泉》，这是一幅极富童趣的水墨画。为此，我特意穿了一件水墨山水画图案的裙子。当我走进班级时，孩子们都高兴地拍手："哇！周老师，您的衣服真像一幅画啊！好漂亮啊！"就这样，我很自然地吸引孩子们从裙子上的山水画转到《蛙声十里出山泉》的背景欣赏中去。

#### ②教师分析

教师作为活动组织者，自身的仪表仪态也是教育环境的重要组成部分。通过适宜的着装为幼儿搭建与欣赏作品之间的桥梁，既自然又直观。

（北京市朝阳区定福家园幼儿园　周晓燕）

### （2）创设自然的审美环境

#### ①情境描述

这次美术欣赏活动的主要内容是草编昆虫。为了使幼儿能够置身于贴近自然的情境中，我借助多媒体展示蓝天、绿地的背景画面，播放模拟大自然的背景音乐，如风吹过树叶的沙沙声，清泉流动的潺潺声，各种鸟儿的鸣叫声，营造出大自然场景。最关键的是，我们还用植物、木质长椅搭建了一个微型的自然景观，将形态各异、栩栩如生的草编昆虫摆放在植物之间："知了"挂在植物的枝条上；"螳螂"站着摆放，看起来好像在跳舞；"蝎子"一半埋进土里一半露在外面，好像在捉迷藏；还将一些昆虫成对地放在植物的根茎处，它们像是在说悄悄话。

当孩子们走进这个环境，首先是被声音所吸引："老师，这是什么声音啊？"我顺势引导："这里藏着很多昆虫，你们想不想去找一找？"孩子们便迫不及待地开始寻找，很快，同伴之间不由自主地进行交流、讨论和分享，有的用手中的草编昆虫进行游戏。

图 3-1 自然角环境　　　　　图 3-2 自然角植物与草编昆虫

**②教师分析**

"身临其境"是最直观的欣赏方式，这对于以具体形象思维方式为主导的幼儿来说最适合。此次活动中，教师依据欣赏的内容创设了自然且具有一定审美的欣赏环境，为幼儿自主活动、自主探索、自主欣赏提供了一个合适的空间。

活动中，教师通过创设环境，将欣赏内容"草编昆虫"赋予生命，根据不同摆放的位置和形态，将每一只昆虫情景化、故事化。背景音乐则进一步还原了真实的自然景观。当孩子们走进教室，从他们每一个表情、语言、动作，都可以了解到他们的状态是放松的、心情是愉悦的、内心是享受的。

（北京市朝阳区安华里第二幼儿园　李欣欣）


**（3）调试物理空间的适宜距离**

**①情境描述**

之前在观摩其他教师的活动时发现，幼儿的座椅排成两排，桌子在前面，教师与幼儿之间有间隔，无法紧密互动。于是我将这次"草编昆虫"欣赏活动中的幼儿的座位调整为扇形，教师坐在中间，营造舒适的氛围，拉近老师与幼儿之间的心理距离。当孩子在欣赏草编昆虫的编结材料——棕榈树叶时，他们一边看，一边和旁边的小朋友分享自己的感受。

当我将草编昆虫展现在小朋友们面前时，幼儿表情兴奋，纷纷上前挑选自己喜欢的草编昆虫，然后返回座位上继续欣赏。这个过程中，我在孩子们身边来回走动，倾听他们的表达。当我建议幼儿学一学小昆虫的动作时，有些幼儿主动站起来模仿，有的还跃跃欲试，站在椅子前面空旷的地方模仿起来。

**②教师分析**

这种扇形的座位摆放形式，老师坐在中间可以环视每一位幼儿，关注到每一位幼儿的情感体验，及时给予积极的回应，同时也有助于幼儿之间的互动。

扇形座位还能够为幼儿提供较空旷的场地,利于幼儿欣赏和表现。

(北京市朝阳区劲松第一幼儿园 朱 宁)

### （4）接纳幼儿的审美感受

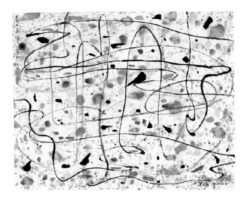

图 3-3 吴冠中《春又至》

(图片来源：http：//www.baozhenart.com/goods.php？id=41425)

**①情境描述**

冬去春来,万物复苏,孩子们常常会成群结队地来到户外,感受春天的美好。根据季节特点,教师选择了中国画《春又至》作品来开展美术欣赏活动。活动中我问幼儿："小朋友,你觉得这幅画美不美？"大部分小朋友都点头说："美",只有默默小声说了句："不美"。我连忙蹲下来问他："你为什么感觉不美？"他想了想说："太乱了。"我追问道："你感觉哪里乱呢？"默默指了指画面右侧的一条迂回旋转的线条说："这里不美。"我说："是啊,这条线在画面上转来转去的。它像春天里的什么呢？请大家也看一看、想一想。"不一会儿,小朋友们纷纷发言了："是小鸟飞行的路线；是池塘里的小鱼在转着圈游泳……"此时,默默似乎被大家调动起来,他表现得更加关注画面中的点和线所蕴涵的意义,还将画面中的几个"点"猜想为"游泳的小蝌蚪",我和小朋友们都为他的想法竖起了大拇指。

**②教师分析**

这个教学片段使我感受到在美术欣赏活动中幼儿发出的"不同声音",教师给予的关注和接纳。对于幼儿感觉到的"不美",教师首先接纳幼儿真实的感受,通过追问,让幼儿充分表达自己的想法。随后教师采用启发式的语言,将幼儿生活中的已有经验迁移到画面中,通过想象将画面形象化、趣味化,小朋友的兴趣才真正被调动起来了。一幅原来看似"不美"的作品,新的东西被幼儿发现,才有了与开始欣赏的时候完全不同的感受。

(北京市朝阳区劲松第二幼儿园 王 坤)

## 2. 提供可感知的欣赏形象

### （1）连接幼儿的生活经验

#### ①情境描述

幼儿园饲养了许多小鸡，孩子们都非常喜欢。在户外活动的时候孩子们都会去饲养小鸡的小花园，看小鸡自由自在地嬉戏。在自然环境中，教师通过提问，引导幼儿观察小鸡的动态，鼓励他们表达自己的感受，孩子们都开心地说："老师，我们和小鸡是朋友！"

#### ②教师分析

基于"我们和小鸡是朋友"这个话题，我们在欣赏作品《雏趣图》时，幼儿能够自然地说出画面上的小鸡在做游戏、找食吃的内容，从中可以看出幼儿把户外中看到的场景真实地迁移到对作品的描述中。

由此让我认识到美术欣赏活动的选材，一定要基于幼儿日常生活中的实际经验。在实际生活中要不断扩展和丰富他们的生活经验，积累对周围世界的情感认知和情感表达，这才是开展幼儿美术欣赏活动的基本保障，也是幼儿在欣赏活动中连接真实生活的一种纽带。

图 3-4 《雏趣图》
（图片来源：http://www.
aihuahua.net/guohua/
qinshou/6257.html）

（北京市朝阳区亚运村第一幼儿园 吴 影）

### （2）准备数量充足的欣赏作品

#### ①情境描述

在欣赏彩墨画《春又至》活动中，我不仅为幼儿准备了集体欣赏的大图，还为他们每人准备了 A4 大小的、色彩鲜艳的《春又至》图片，利于幼儿更清晰地欣赏画作。

#### ②教师分析

欣赏小图为幼儿提供了自我感受的空间，丰富了他们的表达。有的幼儿拿到画作后，指着画作中的圆圈说："这是一个大蘑菇。"有的幼儿则兴奋地跳起来说："我找到啦！这是一个大火箭。"这种"看一看""摸一摸""说一说"的行为，满足了"中班幼儿因语言能力的不完善，借助听觉、视觉、肢体动作，获得多感官艺术体验"这一年龄特点。

在集体欣赏过大图以后，幼儿专注力会有所下降，当提供人手一份欣赏图片后，形式的变换保持了幼儿的兴趣和专注力。在这个欣赏环节，幼儿可以用自己喜欢的方式去欣赏，在这样的氛围中，幼儿的兴趣和情感也被调动起来。

（北京市朝阳区清友实验幼儿园　吴宪丽）

### （3）提供实物的立体造型

#### ①情境描述

在小班欣赏活动"泥人娃娃"中，教师为幼儿准备了真实的泥人娃娃，把泥人娃娃和一些泥塑的房子、大树、桌子和花，创设成一个泥人娃娃生活场景，让幼儿和泥人娃娃亲密互动。通过互动，幼儿对泥人娃娃产生喜爱的情感，并能在欣赏中感受泥人娃娃的生动逼真的体态。

图 3-5　泥人娃娃

#### ②教师分析

欣赏活动中让幼儿近距离地接触泥人娃娃实物，立体、直观地感知泥塑特点，不仅符合小班幼儿乐于亲身感知的欣赏特点，让幼儿运用多种感官欣赏泥塑作品，使他们获得更多的审美情感和想象。

（中国人民大学朝阳幼儿园　程　明）

### （4）发挥电子产品的便捷功用

#### ①情境描述

中班幼儿在欣赏西洋画《睡莲》时，我为孩子们提供了 Ipad，孩子们在 Ipad 上寻找画面，时不时将图片进行放大，边看边说："老师，我看到了像黑色一样的绿色""我看到了浅绿色和深绿色""我看到了闪着光的绿色"。

#### ②教师分析

莫奈的《睡莲》色彩丰富有层次感，如果仅仅通过大屏幕欣赏，幼儿无法很好地感知画面细节。如果将作品打印成图片，也无法呈现出最佳效果。为了破解这个难题，我选用了色彩还原度高的图片，加载到 Ipad 里面。幼儿通过自主操控界面寻找色块，自主欣赏的兴趣被大大激发出来。Ipad 呈现出来的图片清晰度强、品质高，对提高孩子的色彩感受力非常有帮助。

图 3-6　《池塘·睡莲》

http：//dy.163.com/v2/article/detail/DL67PUTS051884BK.html

（北京市朝阳区亚运村第二幼儿园　王　洋）

## 3. 创生多样化的感受方法

### （1）调动幼儿使用肢体表达感受

#### ①情境描述

在大班美术欣赏《鸢尾花》活动中，我请小朋友用肢体动作表现鸢尾花的生长动态，只见有的小朋友蹲下身子，双手合十放在胸前，自下而上慢慢起身，并将双手逐渐张开；有的小朋友双臂上举，左右摇摆，表现正在摇晃的鸢尾花；有的小朋友双手在身体两侧做波浪起伏的动作，表现那些扭动的绿叶；还有的小朋友的脑袋左右钻来钻去，表现自己是在玩捉迷藏的鸢尾花。

图 3-7　《鸢尾花》

（图片来源：http：//blog.sina.com.cn/s/blog_af5e9bf60101bzbd.html）

接着我引导幼儿试着将画面想象成一首钢琴曲，用声音的大小和节奏的快慢表现画面的节奏韵律。当我遮挡了画面的左半部分时，琳琳用力地拍手说："这些花比较大，所以要拍出大大的声音"；东东说："这里的花有一点多，可以快一点拍手"；当我遮挡住画面的右半部分时，嘻嘻说："这里有一朵白色的大鸢尾花，拍一下特别大声的，再拍几下不大不小的声音"。当我遮挡了下半部分时，童童拍着手说："这里是小小的声音，轻轻的，快快的。"

②教师分析

《鸢尾花》这幅作品较为突出的特点就是画面线条的动态美以及画面整体的韵律美。结合大班幼儿具体、形象的思维特点和活泼好动的行为方式，我把美术抽象的意境转变成可感知的动作，引导幼儿用肢体动作表现鸢尾花的线条动态，激发幼儿对鸢尾花生长状态的想象。幼儿表现出自下而上的生长动作、摇摆的双臂、波浪起伏的摆动，感受画面线条的动态美；在画面整体韵律、节奏的欣赏上，我引导幼儿用时而急促、时而和缓的节奏，时而高、时而低的声音表现着画面中勃勃生机的气息。

（北京市朝阳区小金星幼儿园　刘　毛）

### （2）鼓励幼儿与同伴互助欣赏

#### ①情境描述

在《春又至》欣赏活动中，我鼓励幼儿相互交流自己的发现和感受。小宝和帅帅刚好坐在一起，两个人拿着画看了看，小宝指着画面上弯曲的线对帅帅说："我找了这个，像云"，帅帅说："我觉得这个像鳄鱼在洗澡"。紧接着帅帅伸出手指，在划定区域的中间位置点了几下说："这是乌云，鳄鱼就在这里面洗澡"。小宝鼓掌大声说："对对对，在天空泳池里洗澡"，两人有说有笑，开心极了！

#### ②教师分析

在美术欣赏活动中，同伴互助沟通是一种非常好的策略，有助于幼儿间建立和谐关系，互相倾听到不同的声音，交流想法，丰富感知，激发想象，彼此间相互尊重、接纳不同认知，从而促进个体的发展。

在活动中，教师结合幼儿年龄特点进行分组欣赏，给每人准备一幅《春又至》欣赏图，让幼儿可以邀请自己的好朋友共同欣赏，创设这种小组氛围有利于同伴间交流分享。活动中教师主要以观察倾听为主，了解幼儿间的互动情况以及欣赏画作的发展水平，有针对性地给予启发。

（北京市朝阳区清友实验幼儿园　吴宪丽）

### （3）运用对比丰富幼儿的色彩感知

#### ①情境描述

莫奈画了许多有关睡莲的画，在本次活动中，我带来了4幅色彩反差较大的《睡莲》作品的喷绘图。当我将这 4 幅作品都呈现出来时，孩子们都不约而同地发出"哇"的感叹声，他们的眼睛在这 4 幅作品间不停地跳跃、找寻……

"这几幅睡莲有什么不同呢?"我问道。"颜色，颜色不一样!"孩子们一下子就发现了这个秘密。"颜色怎么不一样了?"我继续追问。一个小男孩儿指着一幅画自信地说："我感觉这幅画有两种可能，这个黑云代表着要下雨了，或者还有一种可能是晚上了。""你感觉这幅画的颜色怎么样"，我问。"颜色有点暗。""那还有一种可能呢?""还有可能就是有这么多红色的感觉，有可能是晚霞。""我也觉得，这个像是太阳要落山了，深色的地方都要变红了。"另一个孩子也跟着说："我觉得也可能是火山爆发了，森林着大火了，这些都是流下来的岩浆……"

②教师分析

本次活动我运用了一个小技巧——同时呈现同一绘画主题、不同色彩的 4 幅《睡莲》作品，之所以这样做，目的是为了能够充分调动幼儿对色彩的感知。

采用不同的颜色、色调来表现不同的光线是莫奈一生的追求，这种追求在他的《睡莲》系列作品中体现得淋漓尽致。在本次活动中，孩子们通过观察、对比，描绘 4 幅《睡莲》不同的色彩，如"红色、暗、灰灰的"，这种对色彩的感知让他们自然而然地与大自然相关联，有了"晚上、晚霞、要下雨、日出"等感受。孩子们之所以有这些感受，正是源于对 4 幅作品的色彩对比。

（中国人民大学朝阳幼儿园　冯静鹭）

### (4) 借用物理原理助力幼儿审美欣赏

#### ①情境描述

这次《蛙声十里出山泉》美术欣赏活动，教师准备了杯底带孔的纸杯，引导幼儿使用纸杯欣赏，让幼儿说一说透过小孔看这幅作品有什么不一样。当孩子们表达后，教师再次引导孩子们向前走半米，看看能发现什么。有的孩子发现了毛笔写的字，但是看不太清楚。教师继续引导孩子们再向前前进半米去欣赏作品，孩子们大叫起来："我看清楚了，上面写的是蛙声十里出山泉！还有一个印章；我感觉比之前看着更清楚了，我看到了石头，好大的石头；我看到了小蝌蚪在泉水里游泳呢，好像是游到了舞台上面……"

②**教师分析**

《蛙声十里出山泉》这幅作品中场景十分丰富，有高低叠放的山石，潺潺流动的泉水，还有激流勇进中的小蝌蚪，为了能够引导幼儿发现作品生动有趣的细节，我采用了小孔成像的观察方法，即利用纸杯下面的小孔观看物体。当人们裸眼观看物体的时候，由于视野广大，在视网膜上的图像往往显得复杂，但是当缩小视野透过小孔欣赏的时候，景深增加，反而能够起到增视作用。结果就是，孩子们通过"小孔聚焦"观察法，看得更加清晰，视野内的物品更加聚焦、简洁、清晰。这种观察方式，也让孩子们兴奋不已，在使用小孔欣赏作品时表现出惊奇、兴奋和滔滔不绝，很大程度上激发了幼儿观察的兴趣。

图 3-8　《蛙声十里出山泉》

（图片来源：http://sh.qihoo.com/pc/97aec380d2edaae3c? cota=1）

（北京市朝阳区定福家园幼儿园　刘宇轩）

### （5）以动画呈现画作的生动灵性

①**情境描述**

幼儿欣赏作品《蛙声十里出山泉》表达感受后，教师在大屏幕上播放水墨动画片《小蝌蚪找妈妈》。动画片刚开始，孩子们就被水墨动画片深深地吸引住了。教师引导幼儿发现这个动画片的与众不同，"你看过这个动画片吗?"孩子们说："没有看过，但是我在书上看过这个故事，这个是小蝌蚪找妈妈；我看过别的小蝌蚪妈妈，这个是毛笔画的！我没有看过这个动画片，我觉得这个和以前看的动画片不一样！"于是教师给幼儿介绍这部动画片的灵感就是来源于刚刚欣赏的水墨画，使孩子们感受到作品从静态转为动态的有趣和创意十足。

②教师分析

《蛙声十里出山泉》是齐白石老先生的一幅重要作品，因为作品的绝妙构思让大家十分喜爱，人们以此为灵感制作成水墨动画片《小蝌蚪找妈妈》。这部动画片是我国第一部水墨动画片，也是我国动画片历史上一部里程碑式的作品，它集合了一大批有名的画家、音乐家和动画人，创作风格极富民族特色。这些知识对幼儿来说可能不容易理解，但是这种极具历史意义的内容，应该带进幼儿的生活中，帮助她们丰富经验。

播放动画片的目的，是让幼儿知道美术作品可以动起来，不仅知道齐白石爷爷的水墨画，而且知道我国的水墨动画片有如此美妙的意境。通过这种形式让孩子建立起静态作品和动态动画之间的关系，也帮助他们感受到作品可以有多种表现形式，多维度去了解，拓展他们的眼界。

（北京市朝阳区定福家园幼儿园　刘宇轩）

### （6）拓展 VR 眼镜的使用空间

①情境描述

小朋友们在户外看到很多落叶，有的小朋友们想要把树叶带回到班里来，为此我开展了一次"秋天的树"欣赏活动。

在活动中，我为孩子们投放了 VR眼镜，使孩子们可以通过这种三维立体的效果感受户外活动时看到的秋天的树和树叶。

图 3-9　秋天的树

幼儿们兴奋地说着："我感觉在一直往前走，走在秋天的树林里，看到了秋天的叶子黄黄的；我从里面还看到有的树叶动了起来，落下来掉到地上，草丛里面还有一些绿色的；哇！就像是在电影院一样，看到的是立体的，看到叶子都飘了下来；就像是走在山上的小路上，走在叶子上，还能听到叶子被踩碎的声音，真好玩……"

②教师分析

在这次活动中，VR 眼镜的运用呈现了立体和动画的效果，使孩子们能感受到身临其境的状态。从活动中的效果来看，由于突破了以往单纯观看图片的形式，整节活动更加生动有趣，幼儿都很感兴趣，欣赏的主动性被大大激发出来。

（北京市蓓蕾幼儿园　李　颖）

# 第二节 以问题引导促幼儿主动审美

问题引导是构成教学情境的重要因素，它是教师对幼儿主动审美施加影响的重要形式。如何提问，哪些提问方式能够引发幼儿感知兴趣，哪些问题能够引导幼儿在兴趣的基础上建立与画面的对话等技巧，都是能够促进幼儿主动审美的推动剂。

## 1. 通过提问引导幼儿感知

感知是指"利用感官进行认知，从而获得有意义的印象"，它是欣赏的首要环节。幼儿的感知建立在兴趣的基础上，凡是能引起他们情感共鸣的形象，就会成为他们感知的内容，教师应紧紧抓住这些特点进行有效提问。

### （1）以开放式提问引发主动感知

**①情境描述**

在欣赏《雏趣图》中，教师指着画作上一群可爱的小鸡问幼儿："你们看，小鸡在玩什么游戏?"花儿说："有只小鸡在和小虫做游戏。"满满说："有的小鸡在玩跳高的游戏"，于是他学着画作上的小鸡，扇动着翅膀，胳膊一上一下的。小高说："有两只小鸡是好朋友，抱在一起玩游戏。"教师走过去和小高抱了抱，也鼓励小朋友们之间抱一抱。可欢说："小鸡在玩追人的游戏。"教师请她到画作上指一指，她边指边说："这只小鸡和它闹着玩，它们在玩游戏，不是在打架。"

**②教师分析**

《雏趣图》中有十只招人喜爱的小鸡，数量较多，但动态各异没有重复。每个小鸡相对或相向，但是它们的注意力却没有一个焦点，如一条蚯蚓，一只蚱蜢……恰恰正是因为这样，反而给欣赏者以无限的遐想。

针对小班幼儿观察之化的年龄特点，我采用的是开放式的提问方法。所谓开放式提问，指的是问题宽泛，没有特定答案，适合于幼儿调动个人的主动性来回答。如"小鸡在玩什么游戏?"突出拟人化特点，鼓励幼儿自由表达。

（北京市朝阳区亚运村第一幼儿园 吴 影）

### (2) 以谜语式提问扩宽感知角度

①情境描述

这节欣赏活动的作品是《雏趣图》，开始欣赏之前教师问幼儿：“今天我们邀请了一个好朋友，它长着圆圆的身体，尖尖的嘴巴。喜欢东跑跑、西跑跑，喜欢啄小米吃，你们猜猜它是谁?”幼儿听到这个谜语，参与感很强，纷纷说出自己的答案，有的说是小鸟，有的说是小鸡。等到孩子们热烈讨论了一番后，教师出示作品。壮壮说：“你们看，真的是小鸡。”安心说：“看小鸡在捉虫子!”丽丽说：“还有两只小鸡抱在一起。”说着说着，孩子们开始自由模仿小鸡宝宝的样子，只见有的孩子噘着小嘴，蹲着向前挪动；有的孩子蜷缩着身体，做点头的动作；乐乐和豆豆还抱在一起，说我们是小鸡好朋友。

②教师分析

3～4 岁的幼儿喜欢活泼可爱的小动物形象，从选材上，齐白石老先生的《雏趣图》符合幼儿的情感需求。但是这个年龄段的幼儿感知范围较小，感知形象较为单一，为了拓宽幼儿的感知角度，我采用的是谜语式提问，即通过谜语的引导，让幼儿从不同的角度来认识小鸡，这样对于幼儿的主动感知起到引领作用。

（北京市朝阳区金盏小金星幼儿园 刘亚洁）

### (3) 以呼应式提问打开感知通路

①情境描述

图 3-10 沙燕风筝

（图片来源 https：//0x9.me/DpRbX）

在幼儿美术欣赏活动中，我和孩子们一起欣赏了沙燕风筝。当我将描绘有双龙戏珠图案的沙燕风筝展示出来时，孩子们一起发出“哇”的声音，于是我问道：“你们看到了什么，让你们这样欢喜。”小美说：“老师，这个太好看了。”我马上问道：“哪里好看呢?”小美说：“颜色好多呀！它最多的颜色就是白、绿、红色，这些颜色都很漂亮。”毛毛说：“沙燕风筝的头顶上还有红红的灯笼呢!”葱子说：“它的眼睛有四层、最大的是红的，然后是黄的，小点的是黑色，第四个也是黄的，它更小了，好像会转动一样。”我立刻请孩子们表演转动眼珠，孩子们有的上下转动眼珠，有的左右转动眼珠，有的眼珠转起了圈，甚至出现了让人发笑的翻白眼，活动进行到了这里，孩子们都兴奋起来。

表演完转动眼珠，木木把手举得高高地说："老师，沙燕风筝的肚子上有火，还有两条龙，下面是波浪。"我追问道："那它们会发生什么故事呢？"隆隆说："海啸发生了，这些波浪在翻滚着，两条巨龙都想得到这个火球，他们争抢这个火球。"葱子说："我觉得是两条巨龙在美丽的大海里玩游戏，他们玩着玩着，一个火球从海里跳出来，两条巨龙很好奇地围着火球转来转去。"

②**教师分析**

呼应式提问，是以教师与幼儿之间的积极互动为基础，将教师的提问与幼儿的回答紧密关联，始终围绕幼儿感兴趣的话题继续展开。

之所以采用呼应式提问，是因为这次欣赏活动的作品是沙燕风筝，它上面的图案的故事性比较强，幼儿对图案纹样的感知还需要提升。我采用呼应式的提问，目的就是要促使幼儿借助已有的经验，展开想象，加深印象，充分感知沙燕风筝的图案纹样美。

（北京市朝阳区新源里第二幼儿园　周　瑶）

### （4）以层层递进式提问推动感知深入

①**情境描述**

在欣赏《蛙声十里出山泉》作品时，我问幼儿："你看到的小蝌蚪在哪儿？"幼儿回答："小蝌蚪在水里游。"我接着问："小蝌蚪去干什么？"有的回答："小蝌蚪在找妈妈"，有的说："小蝌蚪在水里和同伴一起玩。"还有的说："小蝌蚪在游泳比赛。"

当幼儿充分表达后我接着问："小蝌蚪的心情是怎样的？"有的幼儿笑着说："很开心。"有的幼儿很难过地说："小蝌蚪很伤心。"我追问道："你是怎么看出来的？"有的幼儿指着画面说："因为它游得特别快，想游到水底去跟其他小动物交朋友。"有的幼儿揉着眼睛说："小蝌蚪太贪玩了，找不到妈妈了，它们游得很快，寻找它们的妈妈。"还有的幼儿上前指着画说："这只蝌蚪在游泳比赛中得了第一名，看，它游在了最前面。"教师请幼儿学一学小蝌蚪游泳的姿态，有的幼儿双手合十，身体来回摆动，有的幼儿边揉着眼睛呜呜哭边摆动着身体，有的幼儿做出游泳的姿势。

②**教师分析**

《蛙声十里出山泉》的画面呈现一种流动的美，在远山的映衬下，从山涧乱石中有一道急流，几只摇曳着尾巴的小蝌蚪顺流而下，突出了画面的灵动美。为了引导幼儿体会这种美，我首先定位于画面中的小蝌蚪，引导幼儿寻找小蝌蚪，幼儿很快回答：小蝌蚪在水中。教师根据幼儿的回答继续提问：小蝌蚪在做什么？幼儿根据想象回答："小蝌蚪在游戏，在找妈妈"等，于是教师调动幼儿的心理感受继续提问："小蝌蚪的心情是什么样的？"幼儿利用自己的已有经验进行回答："伤心、开心"等。通过这样层层递进式的提问，幼儿的感知、想象力都逐步深入，与画面中的小蝌蚪产生共情，进而体会到画面的灵动之美。

（北京市朝阳区定福家园幼儿园　周天放）

## 2. 通过提问引导幼儿想象

想象是欣赏的关键环节。教学实践中很多教师不知如何挖掘欣赏作品的想象之处，不知道如何提问才能引导幼儿激发想象意愿、助力想象展开、活跃想象内容、对话想象情感，以下案例是教师们的具体做法，具有一定的借鉴作用。

### （1）以试听结合式提问激发想象意愿

#### ①情境描述

在小班幼儿欣赏《樱花小鸟》活动中的开始部分，我播放小鸟叫声的轻音乐，引导幼儿进行感受，并和孩子们一起扮演小鸟在教室里自由"飞翔"。在音乐声中，"小鸟们"时而飞来飞去，时而停下来休息，有的两三只"小鸟"在一起。

随着轻快的音乐声，"小鸟们"纷纷飞回到自己的座位，然后我一边把音乐音量放低一边提问："请小朋友看看画面上的小鸟在做什么？"这时音乐里刚好传出了小鸟叽叽喳喳的叫声，孩子们争先恐后地说，"小鸟在唱歌；小鸟刚睡醒在打哈欠；小鸟在和好朋友玩游戏；小鸟在和妈妈撒娇；小鸟在讲故事；小鸟们在准备晚会的表演……"

图 3-11　林风眠《樱花小鸟》
（图片来源：http://www.sohu.com/a/
314699443_656944）

②教师分析

欣赏《樱花小鸟》这幅作品，主要是引导幼儿感受画面中小鸟多姿多彩的动态美。如何激发幼儿展开想象呢？我想到了可以借助音乐，以视听结合的方式进行提问，引导幼儿置身于音乐渲染的氛围中，形成角色沉浸，迁移角色情感，获得情感体验。从幼儿的表现中可以看到，幼儿通过耳朵听、眼睛看的方式与作品互动，形成基于自身体验的感知、想象和美好情感。

（北京市朝阳区向日葵艺术幼儿园通惠园　暴　妲）

### （2）以表象连接式提问助力想象展开

#### ①情境描述

在欣赏吴冠中《春又至》时，为了让幼儿感受作品中的颜色、点和线，我问道："这些点和线像春天里的什么？"孩子们争先恐后地说："像迷宫；像大树；那儿像蝌蚪；我感觉那块儿像小溪流似的……"每个孩子说完，我都让他们走到屏幕前来指一指，边比画边说一说画中的点、线、色彩在他们心中是什么形象。

#### ②教师分析

《春又至》画面中的点、线纵横交织，以抽象的方式表现春天万物复苏，生机勃勃。但是对于中班幼儿来说，他们的思维还处于具体形象的阶段，抽象的点线很难让他们理解，那么如何把抽象的事物变成具体可以感知的形象呢？我采用的是"表象连接式的提问"，这种方式的提问是指将头脑中对已形成记忆的事物与抽象事物相结合而产生的提问方式。我通过问题"点和线像春天里的什么"，将美术的语言和幼儿日常生活经验连接起来，孩子们一点就通，能够积极地给予回应：有的说像大树、有的说像蝌蚪、有的说像小花……这样的提问方式使幼儿的回答自然、真实。由此可见，表象连接式的提问非常适用于引导幼儿对抽象事物的欣赏。

（北京市朝阳区惠新里幼儿园　王连萍）

### （3）以故事展开式提问活跃想象内容

#### ①情境描述

在大班美术欣赏"沙燕风筝——双龙戏珠"活动中，我引导幼儿对实物进行观察。当我拿出风筝时，乐乐惊讶地大叫起来，我马上问他："你看到了什么？"乐乐站起来指着风筝大声说："我看到有两条弯弯的龙，还有一个冒着三个火苗的火球。两条龙都伸出了爪子，像要决斗一样。"豆豆听完乐乐的回答，着急地走到了前面，指着风筝的下方说："这里有很多的海浪，看上去很大。"我问豆豆"为什么会有海浪呢？"豆豆告诉我："大海是这两条龙的家，他们一定是从海里飞出来的。"看到他们观察得那么仔细，于是我提出了新的问题："他们之间发生了什么事情？"小海兴奋地说："它们是生活在海里的两条龙，原来是特别好的朋友。有一天，它们同时发现了一个非常好玩的球，可是球只有一个，它们就从海里飞了出来争夺这个球。因为它们太生气了，就伸出了尖尖的爪子，还喷火，把球都喷着了。"鑫鑫也不甘示弱，站起来大声说："他们没有吵架。"我立刻问鑫鑫："你从哪里看出来的？"鑫鑫指着风筝上的龙头说："因为他们的表情没有那么可怕，感觉很可爱。它们一定是在玩好玩的游戏，但是玩着玩着，球突然着火了，它们要一起把火球扔到海里，这样就不会烫着自己了。"随后我顺势讲述"双龙戏珠"的故事，告诉他们这个图案有着喜庆丰收、祈求吉祥的美好愿望的含义。

②**教师分析**

"沙燕风筝——双龙戏珠"图案描绘的是两条青龙推让金珠的故事。画面形象生动，为幼儿创编故事提供了充足的想象空间。大班幼儿具有一定的生活经验，能够根据已有经验进行想象创造。于是我通过"故事展开式提问"的引导，鼓励幼儿在对图案感知的基础上，想象创编故事情节，以此激发审美情感。

（北京市朝阳区华洋紫竹幼儿园 季佳音）

### （4）以角色体验式提问打开想象空间

①**情境描述**

欣赏《蛙声十里出山泉》作品中，幼儿说到小蝌蚪在找妈妈。于是我问幼儿："现在你就是小蝌蚪，你找不到妈妈着急吗？"兜兜说："我着急，都要急哭了。"小青说："我就着急地喊，妈妈、妈妈你在哪儿？"我顺势问道："青蛙妈妈会怎么样呢？"衣衣说："青蛙妈妈就在水下呢，小蝌蚪赶快去找吧！"可儿说："青蛙妈妈也来找小蝌蚪了，她说，'宝贝们，别着急，我来找你们啦！'"一心一边呼喊，一边做游泳的动作："小蝌蚪，你们别着急，妈妈这就游过去，你们就能看到妈妈了。"好多小朋友跟着一心，扮演着青蛙妈妈去找小蝌蚪。

②**教师分析**

《蛙声十里出山泉》这幅作品的留白多，遐想空间很大，这种画中有画、画外有画的创作意境对于幼儿来说比较难以理解，于是我采用"角色体验式提问"，让孩子们置身于角色中，体验小蝌蚪和青蛙妈妈的心情，感觉自己是激流中的小蝌蚪，或是找不到孩子而着急的青蛙妈妈，用语言表达出画面以外的内容和情感。幼儿丰富的想象，真实的情感流露很好地表现了对作品的感知和理解，获得了不一样的审美体验。

（北京市朝阳区定福家园幼儿园　刘宇轩）

### 3. 通过提问激发幼儿情感

情感体验是美术欣赏中一个特殊的环节，它不是独立存在的，是伴随着感知，通过想象在欣赏过程中自然产生的。因此，提问的作用不仅是促进感知、激发想象，还要支持幼儿丰富的情感认知、建立情感归属、促进情感表达、深化情感强度，使幼儿获得审美体验、自我认知体验、同伴合作体验。

#### （1）以深入式提问丰富情感认知

**①情境描述**

幼儿在欣赏齐白石老先生的《雏趣图》时，我问幼儿"为什么喜欢小鸡"，盼盼说："小鸡宝宝身上有毛毛"，萱萱说："小鸡摸起来是软软的"，丁丁说："是软软的、毛毛的"。我接着问："什么是软软的、毛毛的?"丽丽说："我吃过棉花糖，棉花糖的就是软软的"，昊昊说："QQ糖也是软软的"，安安说："鸡宝宝身上毛毛的，我的小熊也是毛毛的!"我于是把准备好的毛绒玩具请小朋友摸一摸，感受软软的、毛毛的感觉。我对孩子们说："这种摸起来感觉毛毛的、软软的，有一个好听的词，那就是：毛茸茸的。"

**②教师分析**

所谓"深入式提问"，是引导幼儿对某一重点内容进行深入理解的提问。为了让孩子理解小鸡"毛茸茸"的感觉，我采用"深入式提问"，配合准备好的毛绒玩具、仿真小鸡，让幼儿亲身感受，理解这个词汇的意思。

（北京市朝阳区金盏小金星幼儿园　刘亚洁）

#### （2）以代入式提问建立情感归属

**①情境描述**

在欣赏徐悲鸿的《四鹅图》时，我问小朋友们："你最喜欢哪只白鹅? 为什么?"然然说："我喜欢的白鹅在这儿，它伸着长长的脖子，感觉它的肚子毛茸茸的。"咚咚说："我喜欢的大白鹅在这儿，它的胸脯有点儿脏脏的，它一定是贪玩，弄得满身泥巴。"芽芽小声地说："我喜欢最后面那只，它的身体圆圆的像苹果一样，我喜欢吃苹果。"

图 3-12　徐悲鸿《四鹅图》
（图片来源：http://t.cn/AiKOZknk）

②**教师分析**

在欣赏《四鹅图》时，为了使大班幼儿感受鹅洁白、敦实的外形特征，我使用"代入式提问"，将幼儿带入作品的意境中。从幼儿的表现看，"你最喜欢哪只白鹅"这种代入式提问有助于他们与画面产生归属和亲切感，这也有利于让幼儿迅速进入欣赏情境，找到自己的兴趣点。

（北京市朝阳区海嘉实验幼儿园　赵　璇）

### （3）以反问式提问促进情感表达

①**情境描述**

在欣赏《蛙声十里出山泉》时，我告诉幼儿这幅画背后的故事：一天老舍爷爷从某诗中选取了一句"蛙声十里出山泉"，请齐白石用画来表现。随后我问他们："你觉得齐白石老爷爷的作品符合老舍爷爷的要求吗？为什么?"孩子们马上交流起来，意见各不相同，于是我请他们将相反的意见分成两组。

霖霖说："不符合他朋友的要求，因为画里没有青蛙。"迪迪也说："齐白石爷爷没有画青蛙，我觉得这幅画的名字不符合他朋友的要求。"而晨晨说："我觉得符合要求，因为青蛙虽然没画出来，可是它在水底下呢!"晨晨的话得到了很多小朋友的支持，妍妍也说："小蝌蚪很着急地游，肯定是因为听见青蛙妈妈在叫它们，青蛙妈妈就在水边等着小蝌蚪呢!"孩子们讨论的声音越来越大，更多的小朋友参与进来，发表着不同想法。

②**教师分析**

欣赏活动中我采用了"反问式提问"的方式——"你觉得齐白石老爷爷的作品符合他朋友的要求吗？为什么?"来引发幼儿积极思考，将幼儿从被动地听，变成主动调动自己的审美体验，表达自己的思想观点。幼儿各抒己见，表达着对作品名字的看法，进一步感受作品意境，同时也能相互倾听，彼此尊重对方的意见。

（北京市朝阳区定福家园幼儿园 刘宇轩）

### （4）以解释性提问深化情感强度

#### ①情境描述

在欣赏张大千作品《荷花图》时，我问孩子们："你们见过荷花吗？在哪儿见过？"有的小朋友说在荷塘里、在公园的小河里见过荷花。我接着提问："你认为荷花美吗？"红红笑着说："很美呀！"我追问道："那你们认为荷花哪儿美呢？"幼儿回答各不相同："我觉得它的颜色很美，好像粉玫瑰，里面是白色，外面是粉色，感觉里面发了光一样；花瓣的颜色很好看，里面白白的，外面粉粉的，颜色像桃子一样；我认为荷花的花瓣是两种颜色混在一起，就像蝴蝶的翅膀一样，蝴蝶的翅膀也是很多颜色混在一起的；我觉得荷花很美也是因为它的花瓣粉粉的，而且它的花瓣就像小仙女跳舞时的裙摆一样；它让我想起了粉色的小鸟，它像小鸟的翅膀一样张开着……"

图 3-13 《荷花图》
（图片来源：http：//baike.baidu.com/l/
JqyRHO04？bk_share=weixin）

#### ②教师分析

"解释性提问"，是让幼儿解释理由为目的的提问，它能够让孩子对画面进行更细致的观察，陈述自己的理解。正如《指南》艺术领域教育建议中所提到的"引导幼儿用自己的语言、动作等描述事物美的方面，如颜色、形状、形态等"。解释性提问，正是给孩子这样的机会，引导他们发出自己理解的声音。

（北京市朝阳区安贞街道中心幼儿园 李楷婷）

# 第三节 以互动生成促幼儿主动审美

互动生成是构成情境的关键因素，再好的活动计划都不会预设出教育现场的偶发状况，面对临时性、突发性事件，教师对欣赏活动的预设、灵活的现场调度、与幼儿积极的互动，都体现了教师科学的儿童观、教师观、教育观。一节完美的幼儿美术欣赏实践活动，呈现的是教师与幼儿互动生成的自然和谐的状态。要达到这样一种状态，情感链接、给予尊重是前提；理解要义、积极引导是关键；教学相连、焕发活力，才能成就教师和幼儿的共同成长。

## 1. 情感链接、给予尊重是前提

教师与幼儿互动的基础是教师对幼儿的尊重，这份尊重来源于教师对幼儿年龄特点的理解，这份理解应该落实到：给予幼儿充足的表达时间，接纳幼儿不同想法，充分引导幼儿感受作品。通过情感链接，使幼儿获得安全感、信任感，从而激发他们审美的主动性。

### （1）理解幼儿审美发展特点

#### ①情境描述

在欣赏小泥人的时候，我为小朋友们准备了各式各样的小泥人，请他们将自己最喜欢的泥人娃娃拿在手里。幼儿挑选的时候，我问他们："你们最喜欢哪个娃娃？"妞妞说："我最喜欢拿着小灯笼的娃娃"，轩轩说："我最喜欢这个放风筝的小娃娃，我也喜欢放风筝"，睿睿说："我最喜欢敲鼓的娃娃"，丽丽说："我最喜欢这个娃娃，她还在喝奶呢，我小时候也喝奶"，心心说："我最喜欢这个小娃娃，他在看书！"每一个孩子说完，我都给予她热烈的掌声。

#### ②教师分析

小班幼儿喜欢用感官和双手来探索、想象和创造，但是由于担心安全问题，教师很少在小班幼儿欣赏泥塑作品时为他们提供实物。在本次活动中我为幼儿提供了真实的小泥人，让他们挑选自己最喜欢的小泥人。这样做的目的，不仅让幼儿直观感受泥塑作品，更能让幼儿与作品建立情感链接，产生情感共鸣。从幼儿的表现看，他们对自己喜欢的小泥人呵护有加，就像对待小宝贝一样细心。由此可见，教师应理解幼儿的年龄特点，尊重幼儿亲身体验、直接感知的学习方式，创设条件，促进幼儿发展。

（北京市朝阳区垡头幼儿园　乔　杨）

### （2）给予幼儿充足的表达时间

**①情境描述**

在进行凡·高的《鸢尾花》美术欣赏活动的时候，孩子们被眼前的画面所吸引，我没有打断他们，只是静静地看着、听着。这时果果向前倾着身子，瞪大了眼睛说："好漂亮的花！"洋洋也跟着说："这里有好多花，好像在花丛中似的。"尚尚站起身，指着画面说："这里不光有蓝色的花，还有橘色的、白色的。"佳佳笑着与旁边的瑶瑶说："我真想和这些花拍个合影。"瑶瑶也回应说："我也想和它们拍个合影，就像到了公园里一样。"彤彤则说："我真想做一朵这样的花，太漂亮了。"孩子们你一言我一语，好像有说不完的话一样……

**②教师分析**

在上述案例中，老师没有打断幼儿，也没有上前干预，而是为幼儿创设机会和条件，给予幼儿充足的表达时间让幼儿感知画面，让孩子们自由交流，尊重幼儿对画面的情感态度。这种做法看似很常见，但在很多老师教学实践中不容易做到这点。

（北京市朝阳区光华路幼儿园　郭　娜）

### （3）接纳幼儿不同想法

**①情境描述**

在幼儿美术集体欣赏活动《蛙声十里出山泉》中，我问孩子们"你们看到的小蝌蚪在做什么？""小蝌蚪在比赛；小蝌蚪在跑步……"这时坤坤站起来大声说："小蝌蚪在玩两人三足的游戏。"这个回答出乎我的意料，我停顿片刻后好奇地问坤坤："你是怎么知道的？"坤坤指着画面说："因为这两只小蝌蚪并排着向前游，就像我们亲子运动会时，我和爸爸一起做两人三足的游戏，我们玩得可开心了！"找马上重复他的话："哦，原来你看到小蝌蚪们欢乐地在水中游，就像在玩游戏一样。"坤坤看到我崇拜的表情，很自信地抬起腿解释给大家看。

**②教师分析**

在活动准备阶段，我曾预设过孩子们针对提问的回答，但是绝对没有想到，幼儿会说出"两人三足的游戏"的答案。尽管出乎意料，但我对孩子的反馈还是比较满意的。正如《指南》中所说：幼儿对事物的感受和理解不同于成人，他们表达自己认识和情感的方式，也有别于成人，成人应对幼儿的艺术表现给予充分的理解和尊重。因此，教师要尊重幼儿的兴趣和独特感受，理解和尊重幼儿在欣赏艺术作品时手舞足蹈、即兴模仿等行为。

（北京市朝阳区定福家园幼儿园　周晓燕）

### （4）充分引导幼儿感受作品

#### ①情境描述

在欣赏齐白石先生的水墨作品《雏趣图》时，教师问幼儿："猜猜小鸡在做什么？"幼儿回答说："我觉得小鸡在吃东西；他们在找吃的；小鸡要去找妈妈，小鸡找不到路了；小鸡在做游戏"，但是成成大声地说："小鸡也不知道自己在做什么。"说完自己就笑了，有几位小朋友也跟着他一起笑了起来。

听到成成这么说，教师问道："小鸡不知道自己在做什么，是不是有什么重要的事情它记不起来了。这件重要的事情是什么呢？"然后请小朋友再次仔细观看画面上小鸡的形象。妞妞说："小鸡是不是生病了？它怎么在那儿不动呢？"成成说："小鸡刚才跑累了，然后就不动了。"

#### ②教师分析

《雏趣图》中的每只小鸡都各具特点，能让幼儿产生多种想象。当幼儿说出"小鸡也不知道在做什么"时，一些幼儿笑了起来。在这种情况下，我采取的方式是倾听，接纳幼儿的想法，接着引导幼儿将注意力转到对作品的感受上，因为幼儿美术欣赏是建立在视觉形象上的感受活动，所有脱离视觉文本的表达都需要引导其回归到欣赏作品上去。

（北京市朝阳区劲松红黄蓝幼儿园　李　雪）

## 2. 理解要义、积极引导是关键

"我很尊重幼儿，幼儿说什么我都认可，难道这样就行吗，我该如何促进幼儿感受美的能力"，很多老师都有这样的困惑。在美术欣赏教育中，尊重幼儿是基础，但是做到这点还不够，还需要认识到：对幼儿个性情感的激发是积极引导的目的，幼儿表达内容的正确理解是积极引导的前提，对幼儿年龄特点的理解是积极引导的根本，对作品的充分赏析是积极引导的保障。

**（1）对幼儿个性情感的激发是积极引导的目的**

**①情境描述**

在欣赏《鸢尾花》的时候，我问孩子们："你们觉得这幅画美吗？"孩子们几乎异口同声地说："美！"安哲站起来说："我觉得花都枯萎了"，我接着问道："你从哪儿看出花都枯萎了？"安哲走到画面前，指着一片花瓣说："我觉得花瓣很干，边缘的花瓣也都弯曲了，所以看起来像是枯萎了的样子。""那你觉得枯萎的花美吗？"安哲点头说："嗯，枯萎的花也很美！"我对他说："画家也有这样的想法和感受，他和你一样喜欢枯萎的花朵与众不同的形态。"

**②教师分析**

幼儿能够细致地关注到花瓣的形态，敢于把自己最真实的内心想法表达出来，这是美术欣赏活动促进幼儿自主发展的目的所在。尽管安哲这样的表达是少数，但是教师要倾听这样的声音，给予幼儿解释的机会，了解他们的审美感受，给予适当的点评，鼓励他们与众不同的审美角度。

（北京市朝阳区光华路幼儿园　郭　娜）

**（2）对幼儿表达内容的正确理解是积极引导的前提**

图 3-14　黄永玉《苏曼殊诗意图》

（图片来源：https://auction.artron.net/paimai-art5068890226）

**①情境描述**

《苏曼殊诗意图》欣赏活动上，我问小朋友："这些花长在哪儿了？"潇潇说："长在乱七八糟上！"大家顿时哄堂大笑起来，我见状补充问道："乱七八糟？这些花长在乱七八糟的什么上？"潇潇回答："树枝上！"我接着说："请你来指指乱七八糟的树枝是什么样的？"潇潇跑到作品前面，指着画面中的树枝，他说："有横的、有竖的、有斜的"，边说边模仿画中树枝的方位和走势。随后我边比画边告诉幼儿："还可以用一个词来表达——纵横交错"，孩子们自发地跟着我重复"纵横交错"。我继续问道："那么我们可以说花长在——什么样的树枝上？"这时小朋友们一起说："花长在纵横交错的树枝上。"

**②教师分析**

幼儿在欣赏中对作品的审美感知存在个体差异，当请小朋友们为这幅画起名时，我的目的是了解他们对这幅作品感知的不同视角和层次。小朋友们在这个环节各抒己见。当潇潇说出"乱七八糟"时，引起小朋友哄堂大笑。4～5岁的孩子会对生僻新奇的词语表现出极大的兴趣，每当出现这样的词语，就会引发幼儿的关注和模仿。潇潇用"乱七八糟"这个词是形容树木繁茂，树枝纵横交错的生长状态，虽然词运用得不准确，但是能反映出他感受到画面所表现出的节奏和韵律美。对此，我既对潇潇的表述给予了尊重和引导，更重要地是抓住这个契机，给幼儿介绍了一个更为恰当、贴切的词来形容树枝的姿态。

（北京市朝阳区定福家园幼儿园　　陈海娟）

**（3）对幼儿年龄特点的理解是积极引导的根本**

**①情境描述**

在《春又至》美术欣赏活动中，默默说："我觉得不美，太乱了"，老师进一步追问："你觉得哪里不美"，默默指着画面右侧的一条迂回旋转的线条说："这里不美。"我看后微微点点头对所有小朋友说："是呀，这条线在画面上转来转去的，不过大家再仔细看一看，它们像春天里的什么呢？"小朋友纷纷发言，有的说："像小鸟飞行的路线"，有的说："是池塘里的小鱼在转着圈游泳"，此时的默默似乎被大家的回答激起了兴趣，他说画面中的几个"点"是"游泳的小蝌蚪"。

**②教师分析**

在这个教学片段中，默默起初对作品中的"美"产生了疑义，这引发了教师的关注与反思。幼儿这种真实的感受是他的年龄特点所决定的。3～6岁的儿童处于美术欣赏发展阶段的"感知形象期"，其特点为"对作品内容的感知先于对作品形式的感知",这个阶段的幼儿容易对具体形象产生美的感受。《春又至》作品中大量运用了点、线的交织组合以及丰富的色彩营造出春天生机勃勃的景象,这对于4～5岁幼儿的审美确实存在一些难度。那么,教师应通过欣赏春天的图片、小朋友的生活照片、教师的启发式提问、师生间的有效互动等方式,激发幼儿将自己生活中的感受与大师的作品相联系,让抽象的点、线生动起来。通过这些方法引导幼儿展开了自由想象,不再拘泥于"看着乱"或"看不懂"的直觉感受。只有他开始学习主动迁移已有的生活经验,为画面中的绘画元素赋予情感、情境,才能感受到了作品的情趣,才能自然而然的萌生出"美"的感受。

所以这次美术欣赏活动中由"不美"到"美"的转化告诉教师,首先要准确把握好幼儿的年龄特点以及幼儿在美术欣赏活动中的学习特点。其次教师应对作品进行全面深刻地理解与感悟,从专业角度分析作品的内容美、形式美。教师与幼儿在自由、宽松的氛围中以"情"生"情",以"情"共"情",以"情"悦"情",让美的体验生成,让美的情感传递。只有这样,幼儿才能够在美术欣赏活动中获得审美能力的提升。

(北京市朝阳区劲松第二幼儿园   王   坤)

### (4) 对作品的充分赏析是积极引导的保障

#### ①情境描述

在欣赏《鸢尾花》的时候,我问孩子们:"你们觉得这幅画美吗?"孩子们几乎一起说:"美!"我接着问:"你们觉得这幅画哪儿美?"孩子们你一言我一语:"我觉得这些花的颜色很美;我觉得花瓣的形状很美;我觉得花瓣卷卷的很漂亮;我觉得这里有好多好多的花,好像花园一样,特别好看……"瑶瑶也跟着说:"我觉得那朵白色的花最好看。"坐在一旁的彤彤也跟着回应说:"我也喜欢白色的花。"我继续问道:"你为什么喜欢这朵白颜色的花?""我觉得它和别的花颜色都不一样。""有了这朵白色的花,画面更漂亮了。"佳佳说,"这朵白色的花看起来很舒服。"

#### ②教师分析

《鸢尾花》这幅作品的画面中被蓝色的花朵占去了大半部分,连花叶也是绿中偏蓝色的,它们与左上角的一簇野菊花相呼应。橙黄色的野菊花与蓝色鸢尾花形成强烈的冷暖色对比,在它们二者相接处,有一朵白色的鸢尾花,花朵很大,茎长,花蕊正对前方,成为画面的亮点。不论是位置还是颜色,都使画面变得很和谐、匀称。

正因为对这幅作品做了前期深入的赏析,所以当幼儿发现这多白色的花时，我给予了积极回应。当我问幼儿："你为什么喜欢这朵白颜色的花"时，引发了幼儿对这朵白色花的继续思考。从这朵花的颜色，与周围花朵颜色的比较，到从画面整体的角度去思考，使幼儿对这朵白色花的审美有了初步感知。

（北京市朝阳区光华路幼儿园　郭　娜）

### 3. 教学相连、焕发活力是成长

促进幼儿主动审美是幼儿美术欣赏活动的教学目的，然而从根本上看，每一节美术欣赏活动应该达到教师和幼儿共同成长的目标。只有焕发每位幼儿的生命活力、每位教师的生命活力、每个作品的生命活力，才能焕发每个教学活动的生命活力。

#### （1）焕发每位幼儿的生命活力

**①情境描述**

在对《睡莲》最初的描述环节中，阳阳跑到画作前观察后，指着作品对我说："老师，我看到了好多颜色的花。"苗苗也说："老师，我也看到好多颜色的花，你看，有红色、黄色和绿色。"我赞许道："对，你们观察得真仔细。"这时小朋友都围上来，说着自己所看到的。远处座位上的幼儿也正在开心地讲述着自己对于画作的发现。

**②理解幼儿**

A. 小班幼儿喜欢鲜艳的颜色。

B. 小班幼儿乐于和老师分享自己的发现，并且也愿意跟小伙伴说。

C. 小班幼儿愿意边指着作品，边说出自己对作品的观察。

**③积累经验**

A. 提供多幅放大的作品，供幼儿近距离观察，符合小班幼儿"喜欢看一看、摸一摸、说一说"的学习特点。

B. 能在回应中充分尊重幼儿的表达。

**④丰富建议**

A. 要充分理解幼儿"自我意识与人际关系意识齐发展"的年龄特点，在幼儿都想跟老师或同伴表达的时候，可以请配班教师一起参与进来，尽可能满足每一位幼儿想表达的愿望。

B. 当幼儿发现画作中有很多颜色的花，并且说出具体颜色时，教师的回应可以有所提升，帮助幼儿梳理他们的发现，如："在池塘中有绿色的莲叶和很多颜色的睡莲。这些莲花有粉红色的，还有黄色的。"

（北京市朝阳区劲松第一幼儿园　陈　芒）

### （2）焕发教师的生命活力

**①情境描述**

欣赏《睡莲》时我问孩子们："为什么画面中有那么多的颜色？"孩子们看着画面思考起来，典典说："太阳的光照在水面上，水面动起来，光在水面上就变成了不同的颜色。"我追问道："怎么不同了？"小辉说道："阳光照的地方颜色比较浅，没有阳光的地方颜色深。""这些颜色带给你什么样的心情呢？""我感觉它暖暖的，就像太阳倒映在上面。"我点了点头说道："原来不同的颜色会给我们不同的感受。"

**②理解幼儿**

大班幼儿能感受到颜色的深浅，并能联系具体情景表达对颜色的感受。

**③积累经验**

A. 能根据幼儿对画面颜色的感受进行追问，引导幼儿更加细致地观察画面。

B. 能对幼儿的表达给予总结、提升，如"不同的颜色会给我们不同的感受"。

**④丰富建议**

A. 在集体教学活动中，教师应给予幼儿感受、表达的机会。

B. 教师还需要不断提高自身美术素养，欣赏作品之美。

（北京市朝阳区亚运村第二幼儿园　王　洋）

### （3）焕发作品的生命活力

**①情境描述**

孩子们分组欣赏《苏曼殊诗意图》后，先后将画作倚靠展台放置。第1个小朋友把画作立在台沿上，第2个小朋友就把画作挨着第一张画作放在一起，之后的小朋友也依次挨着摆放。当8幅作品都立在一起的时候，孩子们不约而同地喊："哇！有好多好多的花，好美呀！"这时我问道："好多好多的花是怎样形成的呢？"幼儿说："一幅画、一幅画、一幅画地放在一起。"我进一步解释说："这样的表现手法叫重复。重复，使春天的景色更加繁盛！"孩子们听后高兴地鼓起掌来。

②理解幼儿

A. 大班幼儿愿意欣赏形式丰富的作品。

B. 大班幼儿多用语言表达情感的同时，也会伴随动作的表达。

③积累经验

A. 教师与幼儿产生情感共鸣，使得整个活动充满和谐的氛围，这需要教师接纳每一个幼儿的表现，对美有发自内心的感受。

B. 教师应敏锐地发现美的不同表现形式，开展随机教育，与幼儿积极互动。

④丰富建议

在介绍"重复"表现手法时，还需要更加准确地解释，将"这样的表现手法叫重复。"调整为："同一个图像再次出现，这样的表现手法叫重复。"

（首都机场幼教中心第一幼儿园　康易梅）

### （4）焕发教学活动的生命活力

①情境描述

我出示了 4 幅《睡莲》作品供幼儿欣赏，让他们互相讨论"这几幅画上都画了些什么？"讨论过后，孩子们纷纷讲述："这幅画里有鱼，水里有小黑鱼；我感觉，这幅画有两种可能，这个黑云代表着要下雨了，或者还有一种可能是晚上；我觉得这个芦苇丛中有青蛙……"我对孩子们的想法及时给予了肯定。

②理解幼儿

大班幼儿能依据画面进行想象，语言表达清楚。

③积累经验

A. 在本环节中，教师结合大班幼儿年龄特点，给予幼儿充分的时间自由讨论。

B. 教师没有用自己的思维干扰孩子，而是作为一个好的倾听者参与其中。

C. 教师能理解幼儿的想法，肯定他们的大胆描述。

④丰富建议

A. 在活动中，教师可以让幼儿上前指一指"小黑鱼"在哪里，或者进一步追问"为什么你认为是晚上了呢？"通过提问，更好地了解幼儿的想法，给予他们更大的思考空间。

　　B. 在肯定幼儿的想法时，如果语言表达有针对性会更好，比如：你们说得太好了。亮亮感受到了这些黑点像小黑鱼在水里游来游去，源源还感觉到了有青蛙藏在芦苇丛中。

（中国人民大学朝阳幼儿园　冯静鹭）

# 第四章 幼儿美术"心赏"集体教学活动中的"一课三研"

　　"朝阳美之佳"的老师们运用所学的教育理论与专业知识开展了"一课三研"教学研究活动。"一课三研"是指针对同一教学内容，由同一老师或者不同老师进行多次实践研究的活动方式。在活动中，通过预设不同的教学策略，反观教师与幼儿存在的实际问题，在反思中尝试新的教学方法和组织形式，通过一研、二研、三研，不断实践、反思，调整与再实践。

　　那么，作为一名幼儿美术教育教研组的教研员，为什么要开展"一课三研"的活动呢？因为要上好一节幼儿美术活动只凭借一位教师的力量是远远不够的。现实教学中，教师们在活动目标制定、活动环节的设计、教学方法策略的实施以及有效的反思等方面还不能尽如人意。采取"一课三研"的教学研究方式，可以发挥"三人一组"小团队的力量，让一部分经验丰富、专业能力较强的骨干教师引领年轻教师，同时也为新、老教师提供了相互学习与交流互动的平台，从而达到共同促进与提升的目的。

　　基于促进师幼共同发展的目标，教师们在"一课三研"中针对几个方面开展了由浅入深的研究与探索。首先是"研幼儿"，幼儿是一节教学活动的主体，活动设计是否符合幼儿年龄特点，活动内容是否能和幼儿的已有经验相联系等一系列问题，都是教师们在研究过程中需要关注并进行调整的。其次是"研教师"，教师在一节教学活动中是幼儿的支持者与合作者，要起到引领作用。教师运用的方法、策略是否适宜，教师的引导语是否清晰，教师设计的提问是否围绕活动目标，这些都会影响到一节教学活动的最终效果。所以，在"一课三研"的过程中，教师们也会把研究的关注点聚焦到自己身上，不断发现问题并尝试解决，力求逐步提升教学能力。再次，教师们还要在"一课三研"中，加大力量研究工具材料的投放。工具材料是一节美术活动的依托。由于美术工具材料的适宜性、规范性、安全性、美观性等都直接影响幼儿美术活动的质量，因此这方面的内容一直受到教师们的高度重视。最后就是"研教法"，同样的一节幼儿美术活动可以采用同课异构的形式。老师们在反复摸索与不断反思的过程中，发现问题及时优化、调整，从最初看一看、说一说，到之后的摸一摸

（指一指）、做一做（学一学），逐步理清思路，准确把握幼儿的年龄特点，进而更好地体现出教育价值。

"一课三研"通常以三位教师组成教育小团队，从实践、反思到再实践的过程中，形成层级引领、互帮互助的教研模式。在研究中，教师们深刻理解了观察幼儿的重要性，在分析与反思的环节中找到幼儿在美术欣赏活动中的发展点。教师们在实践中去粗取精，去伪存真，总结出合理投放工具材料的方式和方法，并在挖掘美术作品教育与欣赏价值的过程中提升了自身的专业素养，促进了师幼审美能力的提升。"研究能力"是一名优秀教师必须具备的能力，在"一课三研"的教研活动中，老师们经常会通过小组讨论的形式各抒己见，也会在专家老师的引领下形成共识，为今后教育教学的开展积累丰富而宝贵的经验。"一课三研"的教学方式凝聚了教师们的智慧与热情，展现出新时代幼儿教师实干与创新的优秀品质，切实起到了助力教师成长，推动幼儿发展的积极作用。

# 第一节　小班幼儿美术"心赏"集体教学活动研究案例

## 1. 案例一　幼儿美术欣赏活动——雏趣图（中国画）

暖暖的阳光洒在绿绿的草坪上，小班的孩子们正在草地上自由活动。这时，中班的哥哥姐姐们抱着一个小箱子来到草地上。孩子们都很好奇地走近一看，哇！原来是几只小鸡宝宝。哥哥姐姐们把毛茸茸的小鸡宝宝放到草地上，小鸡宝宝叽叽地叫着，在草地上摇摇晃晃地走来走去，小朋友的注意力被完全吸引了，"小鸡宝宝好可爱啊！它们是黄色的，它们边走边晃，是在找妈妈吗?"看着孩子对小鸡宝宝的好奇心和探究欲，我们联想到齐白石老先生的作品《雏趣图》。

《雏趣图》构图巧妙，有疏有密。画家齐白石用最简单的笔触描绘出日常生活中常见的十只小鸡，小鸡动态各异，招人喜爱，这幅作品很适宜小班幼儿欣赏。

图 4-1　《雏趣图》

（图片来源：http://www.aihuahua.net/guohua/qinshou/6257.html）

针对小班美术欣赏活动——《雏趣图》的三研活动目标是：

☆ 引领教师清楚美术欣赏教育内涵，树立正确的美术欣赏教育价值观。

☆ 探索基于幼儿发展特点的幼儿美术欣赏教学方法。

☆ 通过不断自我反思、找问题、想策略的研讨模式，挖掘美术欣赏活动的教育价值，提高教师实践的反思能力。

**（1）一研**

根据小班幼儿美术欣赏目标及对作品的分析能力，将活动目标定为：

☆ 欣赏画面中小鸡憨态有趣的形象美以及水墨小鸡的绘画过程。

☆ 感受作品中小鸡相互追逐的动态美。

为此，教师在活动中注意营造宽松、愉悦的欣赏氛围，以亲切交流的方式引导幼儿感受作品。

**①活动片段实录**

教师：今天小雪老师给大家介绍一位新朋友，让我们一起来看一看。

（教师播放视频）

幼儿：是小鸡。

教师：小朋友们要仔细观看，一会儿小雪老师有问题问小朋友们。

（视频播放完毕）

教师：视频播放完了，我们一起来说，这个好朋友是谁呀？

幼儿：小鸡。

教师：哪个小朋友可以来学一学视频里的小鸡是什么样子的？

（幼儿举手）

教师：我们请朵朵小朋友给我们表演一下小鸡的样子。（朵朵手臂上下摆动）

教师：（教师模仿幼儿动作提问）朵朵做了什么动作？（表演给幼儿，有小朋友小声地说"飞"）

教师：哪个小朋友可以学一下小鸡是怎么跑的？

（幼儿举手）

教师：请芊芊来。（幼儿大臂收紧，小臂轻轻摆动，小碎步原地跑动）

教师：芊芊模仿小鸡跑得很慢。

教师：今天这个好朋友不仅仅在视频中，小雪老师还带来了一张照片，我们一起来看一下。（教师播放照片）

教师：在这张照片上我们看到了谁呀？

幼儿：小鸡。

教师：对，也是小鸡，你们来猜一猜，这群小鸡在做什么？

幼儿：我觉得它们在吃东西。

幼儿：它们在找吃的。

幼儿：不知道它们在做什么。

幼儿：吃东西。

教师：小朋友猜一猜它们找到吃的了吗？

幼儿：没找到。

教师：为什么没找到呢？

幼儿：没找到路。

教师：作品里的小鸡和我们视频中的小鸡一样吗？

幼儿：不一样。

教师：哪里不一样？

幼儿：因为那个是黄色的，这个是黑色的。

教师：这张照片是一张画，是齐白石老爷爷画的水墨画作品，小朋友们为它起一个名字吧！

幼儿：小鸡。

幼儿：小草莓。

幼儿：蓝莓。

教师：呀，小朋友们起了一个好吃的名字！

教师：小雪老师给你们展示一下，用水墨画出的小鸡是什么样子！

（教师介绍水墨材料与绘画小鸡的步骤）

②研讨

吴影老师：我们先说一说本次活动是否达成目标？

李雪老师：本节活动能够结合目标开展，孩子们在整个活动中能够愉悦地欣赏画面。活动过程中，教师教态亲切，能围绕目标进行提问。

刘亚洁老师：李老师在活动中特别和蔼可亲，能吸引幼儿，并给予他们适当的表达机会。

吴影老师：李老师在开始环节以视频导入法，吸引幼儿兴趣，把幼儿带入到欣赏的情景之中，符合小班幼儿年龄特点。对于李老师的活动，我们还要调整哪些环节，才能更好地支持幼儿欣赏？

老师：在李老师观看视频之后，能够请幼儿模仿小鸡动态，这点很好。但是只请了两位小朋友表现，建议可以让更多的幼儿尝试。

老师：赞同这位老师的看法。李老师在请幼儿欣赏作品时，没有让幼儿进行充分地观察和表达画中小鸡的动态。在最后环节，李老师用水墨以悬空的画法画出小鸡，对整节欣赏活动没有起到太大帮助。

执教老师：我觉得两位老师帮我分析得很到位，在整节活动中没有给予幼儿充分欣赏画中小鸡的时间，提问也没有起到引导幼儿观察的目的。幼儿针对画面表达感受的机会太少，参与性不高。

③形成共识

A. 小班的幼儿喜爱鲜明、颜色艳丽的作品，《雏趣图》这幅作品是水墨画，画中的小鸡形象不太明显，为了吸引幼儿投入到欣赏活动中，教师在导入环节采用了幼儿观看照片和视频的方式，既能增添活动的趣味性，又能让幼儿直观地感受到小鸡的形态。

B. 教师在《雏趣图》的欣赏活动中采用了适宜、开放性的提问，例："你来猜猜，这群小鸡在做什么？""小朋友猜一猜，它们找到吃的了吗？""画作里的小鸡和我们视频中的小鸡一样吗？"这些提问能够激发幼儿大胆主动表达，充分感受作品中小鸡的形态之美。

## （2）二研

执教教师在第一次教研后对作品进行了进一步学习和研讨，更加深入了解了《雏趣图》的创作手法。教师为了让幼儿更好地感受画面的趣味性、灵动性，结合幼儿对美的物体具有行动性的特点，特地为幼儿准备了小鸡毛绒玩具，让幼儿看一看、摸一摸，进一步体验小鸡毛茸茸的感觉。

①活动片段实录

教师：今天，老师请来一位朋友，圆圆的脑袋，圆圆的身体，嘴巴尖尖，东跑跑、西跑跑，啄啄小米，叽叽叽！这是谁呀？

幼儿：圆圆的脑袋，圆圆的身体，是小鸟吗？

教师：哇！小朋友说是小鸟。嗯，小鸟是什么样子的呢？

幼儿：小鸟就是圆圆的脑袋，唱歌叽叽叽。

教师：今天的好朋友和小鸟长得很像，但是它不能像小鸟一样飞得高高的，只能东跑跑、西跑跑，而且很爱吃小米哦！

幼儿：吃小米的是鸡宝宝吗？

教师：猜对了！就是小鸡宝宝。（教师出示小鸡的图片引导幼儿观察）哪位小朋友来学学小鸡宝宝是什么样子的？

（幼儿自由模仿小鸡宝宝的样子，有的幼儿蹲着向前挪动，噘着小嘴，嘴里还发出叽叽的声音。有的幼儿蜷缩着身体，做点头的动作。有两名幼儿抱在一起，说"我们是小鸡好朋友"）

教师：（向幼儿出示小鸡图片）这幅画中有什么呀？

幼儿：好多小鸡。

教师：小鸡宝宝都是什么样子的呀？

幼儿1：我喜欢小鸡宝宝。

幼儿 2：圆圆的、小小的。

教师：（让小朋友观察小鸡的外形特征，并讲述鸡妈妈孵出了一群可爱的小鸡）它长什么样子的呀？（引导幼儿讲述小鸡的头是圆圆的，身体是圆圆的，有两只脚，有尖尖的嘴巴）

幼儿：小鸡有圆圆的头，圆圆的身体，两只脚，尖尖的嘴巴。

教师：小朋友都知道小鸡宝宝的样子了，那你们有没有摸过小鸡宝宝呢？摸起来是什么感觉呢？

幼儿 1：小鸡宝宝身上有毛。

幼儿 2：摸起来绵绵的。

幼儿 3：好像是软软的感觉。

教师：绵绵的像什么呀？软软的又像什么？

幼儿 1：绵绵的像棉花，棉花糖就是绵绵的。

幼儿 2：软软的就像吃 QQ 糖一样。

教师：还有不一样的感觉吗？

幼儿：毛毛的，就像我的布娃娃一样！

教师：今天我给小朋友带来了毛绒玩具，请小朋友来摸一摸，感受一下软软的、毛毛的感觉。

幼儿：是软软的感觉，想抱着，很温暖。

教师：我今天带来一只小鸡宝宝，你们轻轻地摸一摸，感受一下小鸡宝宝是什么感觉的。

（教师让幼儿轻轻地摸一摸小鸡，引导幼儿体会毛茸茸的感觉）

教师：这种摸起来毛毛的、软软的感觉，我们用一个好听的词说出来就是：毛茸茸的。

②研讨

李雪老师：这次采用了"趣味谜语提问法"的方式，帮助幼儿认识小鸡的基本形态，大家觉得效果如何？

老师：我觉得这个形式很有趣味性，谜语提问方式能激发幼儿的兴趣，引发幼儿大胆猜想，很快地投入到欣赏活动中。

老师：猜想后看图片及视频，能围绕目标进行提问。让幼儿模仿小鸡的动作，讲一讲感知小鸡的动态，为后面的欣赏环节做好了铺垫。

老师：在活动过程中，刘老师能够做好充足的准备工作，对幼儿的前期经验有一定的了解，能够在幼儿说出"毛茸茸"这个词语时，提供毛绒玩具让幼儿触摸，帮助幼儿理解画面中小鸡毛茸茸的形态。

李雪老师：针对刘亚洁老师这次的活动，大家还有什么好的建议吗？

老师：在活动中，刘老师能够设置适宜的问题引导幼儿去感受画面，但是还是缺少更多的机会让幼儿进行表达。

老师：活动中教师更多的是用了"一问一答"的提问方式，没有充分调动起幼儿主动欣赏画面中小鸡的动态美。

执教老师：我赞同两位老师的意见。我在活动中也感受到幼儿主动表达得不够充分，这和我的提问方式有很大关系。我应该采用开放性的提问，启发幼儿对画面中小鸡的动态进行深入欣赏。

③形成共识

A. 在《雏趣图》中，教师根据小班年龄特点，采用了趣味谜语提问的方法激发幼儿的兴趣，引发幼儿大胆猜想。幼儿对谜语式的提问很感兴趣，并能很快地投入到欣赏活动中。随后教师根据幼儿的猜想，围绕目标进行提问，并让幼儿模仿小鸡的动作，进一步感知小鸡的动态。

B. 在《雏趣图》欣赏活动中，教师应采用开放性的提问，丰富幼儿情感与审美趣味，同时根据小班幼儿美术欣赏的特点，和幼儿一起发现、感受作品中的美，引导并鼓励幼儿用自己的语言、动作进行大胆地表达。

## （3）三研

在第二次研讨后，执教教师结合之前两位老师适宜的教学策略，同时创设了饲养小鸡的真实情境，让幼儿接触真实的小鸡，感受小鸡毛茸茸的身体、活泼的动态，并在活动中通过提问达成教学目标。

①活动片段实录

教师：小鸡在干什么呀？它是怎么找虫子的？

幼儿：有只小鸡刚刚在捉虫子，它这样咬着它。（边说边弯腰）

教师：小满再给大家学学小鸡的动作。（幼儿做动作）小鸡低下头，小嘴巴张开，捉住小虫子。

教师：你还看到小鸡在做什么？

幼儿：它自己找虫子，它找到虫子飞走了。

教师：你怎么看出它要飞起来的？

幼儿：它的翅膀有点靠上。

教师：是从它的翅膀看出来的。它的翅膀微微地张开了一些。（教师同时做动作）

幼儿：第二只小鸡的翅膀像小飞机。

教师：还有的小鸡在干什呢？

幼儿：这只小鸡看着那只小鸡，想和它拥抱。

教师：谁学一学小鸡宝宝捉虫子、吃虫子的样子？

（教师请幼儿都学一学小鸡的样子）

幼儿：老师，我想去看看小鸡它们在干什么？

教师：好呀！（和幼儿来到小花园）

幼儿：老师，老师，快看小鸡在玩呢！

教师：在玩什么呀？

幼儿1：玩捉迷藏！

幼儿2：老师，它们真淘气！我都看不见了。

幼儿3：老师，我们给它们点东西吃吧！

幼儿4：小鸡能自己找吃的，对吧，老师？

教师：是的，小鸡可聪明了，像你们一样聪明能干！

幼儿1：老师，小鸡也玩累了。我想把它送回家，行吗？

幼儿2：我也可以送！

②研讨

刘亚洁：比较前两次活动，在这次活动中幼儿有哪些突出的表现？

老师：教师通过让幼儿亲身饲养小鸡，丰富了幼儿前期欣赏经验，让幼儿更加深入地感知画面中小鸡的动态之美。

老师：教师在活动中采用开放性提问的方式，引导幼儿想象，表达画面中小鸡的不同形态，并让幼儿用肢体进行模仿，增强幼儿的审美体验。

李雪老师：还有什么提升空间吗？

老师：经过三次活动，幼儿对《雏趣图》进行了语言、动作和身体的感知，可以再提供一些美术体验形式，比如在集体欣赏后，可以在美工区放置一些水墨画工具材料，让幼儿进行体验。

老师：我觉得在模仿小鸡动作的同时，也可以让幼儿之间互相学习一下，让幼儿感受不同小鸡的动态。

执教老师：感谢两位老师的意见，我也觉得幼儿用语言描述小鸡动态之后，可以采用同伴学习的方式，互相体验小鸡生动可爱的形象。增加延伸活动，让幼儿体验水墨画的乐趣。

③形成共识

A. 结合小班幼儿年龄特点，用适宜的方式进行美术欣赏活动，如：在活动开始部分以谜语提问方式，引发幼儿欣赏兴趣；创设情境，丰富幼儿的前期经验。

B. 教师有意识地引导每位幼儿积极参与到欣赏活动中，与生活相结合，运用生动的实物形象，激发多种感官去欣赏，从而促进幼儿主动审美。

C. 对于幼儿在欣赏作品中的感知与体验，教师都应给予尊重与认可，做好倾听者的角色。

总结"一课三研"教研活动过程，教师要时刻关注幼儿活动中的行为表现，分析幼儿行为原因，针对幼儿年龄特点设计问题，做到心中有目标。本次活动的开展让我们有了更明确的目标：

　　①结合幼儿年龄特点，以情境带入的方式开展美术欣赏活动。

　　教师应善于把握教育机会，让幼儿能够积极参与，以良好的心情去欣赏生活中一切美的事物，从而丰富情感体验。《雏趣图》这幅作品生动简洁、童趣盎然。为了让幼儿投入欣赏，教师在开始部分采用了幼儿喜欢的猜谜语的方式，增强了活动的趣味性。教师应使用亲切的语气，拉近与幼儿的距离，并在活动中引导幼儿观看视频，通过儿歌、故事、教师表演等多种方式，为幼儿创造一个温馨的氛围，让他们可以大胆地表达自己的观点和情感。

　　②与生活经验相结合，运用生动的实物形象，激发幼儿的欣赏兴趣。

　　我们在幼儿园饲养了小鸡，让幼儿观察小鸡的形态，与小鸡充分互动，通过这种方式使幼儿能够结合生活经验，充分感知作品中小鸡的动态之美。

　　③观察幼儿的情感表达，教师及时给予回应。

　　小班幼儿的思维特点具有直觉行动性。在欣赏画作时，他们会根据画作上的内容进行模仿，这也是幼儿学习的一种方式。在《雏趣图》活动中，教师应给予幼儿充分的时间，让他们自由大胆地模仿小鸡的动态，教师使用贴合幼儿年龄的语言给予以积极、正面的回应。

　　④教师善用开放性、启发性的提问。

　　在欣赏环节中，我们用"小鸡在干什么""它是怎么找虫子的"等简单又具有启发性的提问方式，给幼儿一个充分想象的空间。在三研中，教师采用了具有启发性的追问："你怎么看出它要飞起来的？"有效地激发幼儿想象力。幼儿通过回答问题，做出相应的动作，真切感受到《雏趣图》中小鸡活泼的形象。

　　⑤教研活动理论与实践相结合，教师通过反思与总结，掌握核心经验。

　　在确定《雏趣图》欣赏活动内容后，三位教师共同设计教案，考虑每一个环节的提问设计，如"采用这种教学策略是否有效？""活动中有什么好的教学方法？""哪些提问不适宜，为什么？"通过这些讨论之后，进行"一研"活动。"一研"结束后，三位教师结合执教现场再进行研讨，就目标的达成度、师幼间的互动、活动过程的合理性等方面，提出活动中的困惑和不足，不断分析、诊断、修改、完善教案和教学活动过程，接着再进行"二研""三研"活动。"二研""三研"结束后，由执教教师提出自己在本次活动中的困惑和不足，参与研讨的教师给予分析、诊断。最后，由学前美术专业教师进行点评，强调幼儿美术欣赏的原则。经过这样一个完整的过程，由几位教师共同完成的活动方案在实践、修改、提炼的过程中更趋完善。

通过本次《雏趣图》美术欣赏活动的"一课三研"，我们认识到：执教老师在开展活动时，首先应对研讨专题中涉及到的相关理论进行学习、内化，再提交教案，活动结束后要进行自我反思，用教育理论来解析自己的教学行为。再通过小组成员的交流，讨论目标的制定是否适宜、提问是否有效、指导是否到位等。"一课三研"有效沟通了教育理念与教育实践的联系，改变了教师传统的思维方式，有效激发了教师投身教学改革的积极性、主动性，形成了教师间团结合作、互相支持的氛围。通过集体反思，引发教师对自己教学过程的重新审视，从而渐渐养成了反思的习惯，增强了实践反思的能力，提升了教师的自主发展水平。

北京市朝阳区劲松红黄蓝幼儿园　李　雪

北京市朝阳区金盏小金星幼儿园　刘亚洁

北京市朝阳区亚运村第一幼儿园　吴　影

## 2. 案例二　幼儿美术欣赏活动——小泥人（雕塑）

图 4-2　小泥人

为了使小班幼儿增加对传统文化的了解，我们将可爱的小泥人放置到活动区中。孩子们总是喜欢新鲜事物，经常来活动区看看小泥人，一边看一边与伙伴交流。美术欣赏活动"小泥人"，便是结合了幼儿的兴趣点以及需求进行设计的。

参与本次"一课三研"活动的吴老师、程老师以及乔老师对"泥人张"——张明山的作品进行了赏析。首先，"泥人张"的作品能够反映社会中形态各异的人物特点，颜色逼真，栩栩如生。其次，"泥人张"的小泥人用料讲究，所捏的泥人历经久远，不燥不裂。最后，所选取的泥人娃娃贴近幼儿生活，有助于提升幼儿的审美与表现。三位老师通过对作品的理解，以及对幼儿的年龄特点、生活经验的把握，确立了"一课三研"集体教育活动的目标：

☆ 实现真研究。关注幼儿的行为表现，分析幼儿的行为原因。

☆ 实现真发现。寻找支持幼儿发展的策略，由浅入深进行思考，启发幼儿表达对作品的理解，由表象到内涵，促进了幼儿对作品的感知。

☆ 实现真发展。实现幼儿与教师的共同进步，深入挖掘幼儿美术欣赏活动的价值。

## （1）一研

基于对幼儿美术欣赏活动概念的理解和对"小泥人"作品的赏析，并结合小班幼儿审美及语言发展的特点，园所开展了面塑、彩泥活动课程，幼儿对参与此项活动的积极性很高。根据幼儿的发展特点，我们制定相关的活动目标：

☆ 感受泥人娃娃生动、逼真的姿态，表达对民间泥塑的喜爱。

☆ 了解"泥人张"的由来，为此老师们在活动中通过"问题的介入""幼儿的思考""你发现的美在哪里"等三个步骤来进行。

### ①活动片段实录

教师：今天我给小朋友带来了什么呢？

幼儿：小泥人。

教师：他们都在干什么啊？

幼儿：练功、干活、做事、帮助别人。

教师：这些小泥人都叫"泥人张"，张明山爷爷捏的。你们看看，这个小泥人睁着一只眼，闭着一只眼。

幼儿：嫌吵。

教师：这一组小泥人是过年放爆竹的情景。

（让幼儿学一学小泥人的动作和表情）

幼儿：衣服是绿色和粉色的。

教师：衣服是不是肥一点的，衣服上面还系了东西。（女孩上来观察泥人的动作、表情）泥人手里拿着什么？过年的时候咱们会做些什么？

幼儿：放鞭炮。

教师：乐乐上前来学学小泥人的动作。

### ②研讨

乔杨老师：在活动中如何调动幼儿的积极性、鼓励幼儿大胆表达？

教师：我觉得孩子们近距离欣赏泥人娃娃，能够清楚地观察到泥人娃娃的表情和动作。

教师：教师在准备教具上应该调动家长们的积极性，家里有泥人娃娃的可以带到园所，做到每名幼儿一个，这样孩子们就能欣赏到更多不同形式的泥人娃娃。

执教教师：在活动中，我让孩子们上前摸一摸、看一看、说一说，并且让孩子们学一学泥人娃娃的表情、动作，激发了幼儿的兴趣，可以看出在这个环节，孩子们的积极性出现了小高潮，但这也仅限于喜欢表达的孩子。

教师：从这个环节是否解决了我们"一研"的问题？

教师：可以先让能够说的孩子先说，这样给其他的孩子一个提示。当孩子说完的时候，老师要适当进行小奖励，鼓励幼儿大胆表达的勇气。

执教教师：嗯，这样很好。

乔杨老师：幼儿的等待现象较多，教师未能调动幼儿的积极性。

教师：一些小朋友上前去看泥人娃娃，那其他的小朋友应该做什么？

教师：小班幼儿还是应以游戏为主，让幼儿在游戏中充分欣赏不同姿态的泥人娃娃。

执教教师：可不可以创设一个情景，请班上的教师都参与进来，围成三个圈，一个老师和几个小朋友一同欣赏，这样可以减少幼儿等待的时间。

乔杨老师：如何延伸到日常生活中呢？

执教教师：老师可以组织幼儿一起去观看泥人展览，并做一些相关的记录，或者带上笔和纸，让孩子们画一画泥人，也可以带上超轻黏土，让幼儿学着捏一捏泥人娃娃。

教师：家长可以利用看庙会的机会，为幼儿买一个泥人娃娃，让他更多时间去接触泥人娃娃，并收集全班幼儿的泥人娃娃，让幼儿欣赏到更多不同的泥人娃娃。

教师：我认为可以根据泥人娃娃这个主题，在班级里进行多种形式的活动，其中包括各大领域的相关知识。

③形成共识

A. 幼儿美术欣赏活动不仅仅是教师带着幼儿去欣赏，而是能够引导幼儿自发找到他们感兴趣的话题。

B. 教师要注重全体幼儿的发展水平，在活动环节出现等待较长的情况，老师应该思考如何去转换形式。

C. 教师应将活动延伸到幼儿园每一个区域和家庭活动中，让这个活动有效开展下去，而不是幼儿刚感兴趣就结束，没有延伸下去。

D. 在欣赏材料方面，老师选择了春节放鞭炮的泥人娃娃形象，幼儿见到后感到心情愉悦，容易使他们感受到喜庆、幸福、吉祥的节日氛围。

## (2) 二研

执教教师在"一研"后对"泥人张"作品进行了进一步学习，了解到"泥人张"彩塑具有鲜明的现实主义艺术特色，能真实地刻画出人物性格、体态，所以"二研"中教师选择了一组贴近生活的泥人娃娃，并且泥人娃娃手里有道具（如糖葫芦、空竹、风筝、鼓等），更能展现泥人生动逼真的姿态，并且在数量上保证每个孩子人手一个。

活动目标依然是：

☆ 感受泥人娃娃生动、逼真的姿态，表达对民间泥塑的喜爱。

☆ 运用肢体动作及表情模仿泥人娃娃，体验其造型美。

①**活动片段实录**

教师：今天，程老师给小朋友带来很多泥人小娃娃，你们来认识认识他们吧，快到前面来看一看。

（幼儿看着、摸着泥人娃娃，有的幼儿拿在手里一直看，还兴奋地交流着）

幼儿：小娃娃拿着糖葫芦啊！

幼儿：这个小娃娃拿着蝴蝶风筝。

幼儿：小娃娃在喝奶呢。

幼儿：他在玩灯笼。

幼儿：他在打鼓呢。

教师：请你选一个小娃娃和你做朋友吧（每个幼儿高兴地拿着自己喜欢的泥人娃娃）

教师：每个小朋友都选了一个自己喜欢的泥人娃娃，谁来说一说你的泥人娃娃在做什么？

幼儿1：它在玩老虎枕头。

老师：那他的表情是什么样的？

幼儿1：（张大嘴）很高兴的。

教师：那你能学一学它的动作吗？

幼儿1：做出双臂环抱的动作。

教师：谁还想和我们分享你的泥人娃娃在做什么？

幼儿2：我的小娃娃在放风筝呢！

教师：你觉得他的表情是什么样的？

幼儿2：很开心。

教师：那你能学一学它的动作吗？

幼儿2：（伸出小手）做出拉风筝线的动作。

（教师依次请了几名幼儿分享她的泥人娃娃，请他们说一说小泥人做什么动作，它的表情是什么，模仿泥人娃娃的动作）

②**研讨**

乔杨老师：这次，程老师采用了"实物情景创设"方式，帮助幼儿带入欣赏氛围，大家觉得效果如何？

执教教师：我觉得布置这样一个泥人娃娃的场景挺好的，一下子就吸引了幼儿的目光。小班幼儿的认知特点是具体形象思维，我想还是以实物作为欣赏对象，让幼儿直观、近距离地去看一看、摸一摸，这样是最好的。

教师：这次泥人娃娃的数量也增多了，各种姿态的泥人娃娃也多了，这样可以保证班上的每个幼儿都可以欣赏到各种各样的泥人娃娃，解决了"一研"时有的幼儿接触不到泥人娃娃的情况。

教师：这种"实物情景创设"的策略巧妙地把幼儿带进了欣赏主题和氛围里，教师也很自然地参与其中，作为幼儿的同伴，一起摸一摸、看一看、说一说。这种欣赏形式很和谐，打破了固有的传统、呆板的教育方式。

执教教师：这个环节是不是解决了我们"一研"存在的问题？

教师：我认为解决了，但有一个小建议：幼儿欣赏泥人娃娃的时候有点拥挤，可以充分利用班级空间，多摆几张桌子，再分散一下泥人娃娃的摆放，这样更利于幼儿欣赏。

教师：是的，这样方便幼儿进行多角度欣赏。

乔杨老师：幼儿在欣赏环节，如何让孩子们欣赏到更多不同姿态的泥人娃娃，而不是单单看到自己手里的泥人娃娃？

教师：在幼儿欣赏泥人娃娃的环节，我感觉形式太单一了，幼儿只是介绍自己的泥人娃娃，别的幼儿在分享时，幼儿也是在看自己的泥人，没有达到欣赏不同姿态的泥人娃娃的目的。

执教教师：小班幼儿应以游戏性欣赏为主。

乔杨老师：如何欣赏可以让幼儿与泥人娃娃建立情感？

执教教师：小班幼儿的肢体动作表达更强烈，比如请两个小朋友各选择一个小泥人，先模仿自己的小泥人动作，然后可以互相交换模仿，你学我的，我学你的，让幼儿感受更多的泥人娃娃的生活形象。

教师：我觉得这样很好，还可以轮流和其他小朋友交换，这样幼儿感受的泥人娃娃就更多了。

教师：说到游戏情景，我觉得可以加上音乐，比如《找朋友》，找啊找，找到一个小泥人，幼儿就做一做小泥人的动作，然后再跟着音乐，找到下一个小泥人。游戏氛围能让幼儿更放松，还能多次体验不同泥人娃娃的生动形象。

③形成共识

A. 泥人娃娃是"天津泥人张"的具有代表性的作品。泥人娃娃俏皮可爱、形态逼真，适合幼儿欣赏。在选择欣赏作品时，我们挑选了形态不同的泥人娃娃，如各种姿势（站着的、坐着的、躺着的、抬着胳膊的）和拿不同物品（风筝、糖葫芦、奶瓶、鼓）的泥人娃娃。

B. 应注重以游戏情境引导幼儿欣赏，如创设泥人娃娃游戏场景，和泥人娃娃做朋友，跟着音乐扮演泥人娃娃等，让幼儿在和谐的、宽松的氛围中感受欣赏的作品。

### （3）三研

在"二研"过后，执教教师反复观看教学活动录像和教研活动记录后，将引导幼儿运用多种感官去欣赏作品，建立与欣赏物的情感，作为"三研"欣赏重点。为此，进一步完善了活动目标：

☆　感受泥人娃娃生动、逼真的姿态，表达对民间泥塑的喜爱。

☆　运用肢体动作及表情，模仿泥人娃娃的形态，体验其造型美。

### ①活动片段实录

教师：刚才有小朋友跟我说了，乔老师要给我们变魔术是吗？

幼儿：是。

教师：乔老师这有一块大红布，你们猜一猜红布下面会有什么呢？

幼儿1：橡皮泥。

幼儿2：橡皮。

幼儿3：铅笔。

幼儿4：我觉得是礼物。

幼儿5：我觉得是彩笔。

教师：小朋友说了这么多的东西，接下来乔老师会告诉你们：这里面到底是什么？咱们一起来数1——2——3——

（教师掀开红布）

教师：是一群小娃娃。小朋友们，这些小娃娃可爱吗？

幼儿：可爱。

教师：每个泥人娃娃都在做不同的动作。小朋友们仔细看一看、说一说你最喜欢哪个泥人娃娃。

（幼儿指着自己喜欢的泥人娃娃，说着喜欢的理由）

教师：有的小朋友说喜欢打着小灯笼的，有的说喜欢抖空竹的、放风筝的，现在小朋友来选一个你最喜欢的泥人娃娃。

（幼儿选择好自己喜欢的泥人娃娃，拿回座位后和自己的同伴交流起来）

教师：每个小朋友可以和你的伙伴说一说：你选的泥人娃娃在做什么？

（幼儿开始互相介绍）

幼儿1：（主动找老师进行介绍）

幼儿2：（捧在手里仔细看）

教师：小朋友们都选了最喜欢的泥人娃娃，你拿的泥人娃娃在干什么？

幼儿1：我这个泥人娃娃在敲鼓呢！

教师：对，它在敲鼓，我们来学一学它的动作吧！

（幼儿做敲鼓的动作）

教师：果果拿的泥人娃娃在干什么？

幼儿：它在看书。

教师：泥人娃娃看书是怎么看的呢？我们来学一学。

幼儿：安安静静地看。

教师：看看璇璇的泥人娃娃在做什么呢？

幼儿：开车。

教师：我们来学一学它的动作。

（幼儿模仿开车，其他幼儿也一起做相同的动作）

教师：看看思思的泥人娃娃在做什么？

幼儿：喝奶。

教师：学一学它的动作吧。

（幼儿做喝奶的动作，嘴里还发出喝奶的声音）

教师：它喝得香不香？

幼儿：香。

教师：再请一位小朋友说一说她的泥人娃娃在做什么？快看一看，这个小泥人娃娃可不一般，它在干什么？

幼儿：它这有一个小东西。

教师：什么东西呢？

幼儿2：它那个东西像水桶。

教师：它这个是什么呀？我们来看一看。

（教师拿着泥人娃娃转一圈给幼儿看）

幼儿：老虎。

教师：它抱着一个小老虎玩具，它的表情是什么样子的？

幼儿：开心。

教师：它在干什么呢，是不是好像在想一些事情呢？

②研讨

乔杨老师：有趣的魔术引入，是否使本次活动更加具有神秘感，吸引幼儿的兴趣，更符合小班幼儿年龄特点呢？

执教教师：比较前两次活动，本次活动开始具有神秘感的引入，吸引了幼儿的兴趣，幼儿能够集中注意力。活动也适合小班幼儿注意力集中时间较短的年龄特点，教师能够抓住每一次机会对幼儿进行兴趣的提升。

教师：我觉得本次引入环节更有趣，更适合小班幼儿，以游戏贯穿活动，丰富幼儿经验，实现了目标价值。

教师：本次活动神秘感很好，引入部分很适合小班幼儿，更有趣味性。

乔杨老师："三研"活动结束，通过活动目标体现的价值都有哪些变化？

执教教师：经过三次研究，幼儿通过对泥人娃娃的初步了解，到最后能够运用多种感官去表达自己的感受。

教师：幼儿能够运用自己理解的方式去表达对小泥人的喜爱，也是幼儿在欣赏活动中年龄特点的体现。

教师：教学方法更适宜小班幼儿年龄特点，但是在提问过程中需要进行强调或者追问，从而使幼儿能够对小泥人从情感表达方面突出自己的感受。

③形成共识

A. 本次活动结合小班幼儿年龄特点，运用适宜的"猜一猜"的小游戏引入，增加神秘感，引导幼儿开展美术欣赏活动。

B. 要根据幼儿的年龄特点，结合本次活动，从幼儿观察、表达、动作等方面，循序渐进地带动幼儿欣赏泥人娃娃，让幼儿能够感受泥人娃娃的不同造型，以及运用自己喜欢的方式进行表达和表现。

C. 结合"三研"，通过教师同伴间观摩、共同思考研究，使本次欣赏活动既能够实现教学目标，又符合孩子的年龄特点。

至此，这节美术欣赏活动的"一课三研"结束了，反思这个过程我们深知，善于发现问题以及对解决问题的精心设计，对于一节欣赏活动至关重要。

①聚焦真问题。关注幼儿的行为表现，分析幼儿的行为原因。在本次活动中，结合小班幼儿年龄特点，开展美术欣赏活动。小班幼儿结合自己的体会进行表达、表现，从最初的视觉感知到肢体语言的表达，能够体会到小班幼儿对于"小泥人"的观察和理解。通过幼儿运用自己的肢体进行表达和表现，我们能够体会到欣赏活动给幼儿带来的乐趣和美好。

②研讨真策略。寻找支持幼儿发展的策略，对问题进行思考，由浅入深层层递进，启发了幼儿从自身出发对作品进行理解、表达、表现。从形式的多样性进行思考，由单一到丰富，由表象到内涵，促进了幼儿对作品的感知、感受。"三研"活动中每一次的碰撞都能够激发教师在活动中真研究，从物品的摆放、有趣的引入、幼儿的表现等各方面都细心揣摩，挖掘出欣赏活动的教育价值。

③实现真发展。小班幼儿处于初期欣赏阶段，要运用合理的方法促进幼儿审美发展。从三次研究活动中不难看出，幼儿从单一的观察到肢体表现，能够体会到幼儿在欣赏过程中不断发展以及变化。

总之，教研要善于思考，通过"一课三研"的模式，教师相互沟通、思考将活动进行完善，从而将教育价值体现在幼儿身上，目标明确，促进了幼儿在欣赏活动中的发展。教师在"一课三研"的模式中，不断研究出方法、策略、问题，同样得到了成长。

北京市佳华安琪幼儿园　吴美霞

中国人民大学朝阳幼儿园　程　明

北京市朝阳区堡头幼儿园　乔　杨

# 第二节　中班幼儿美术"心赏"集体教学活动研究案例

## 1. 案例一　幼儿美术欣赏活动——春又至（中国画）

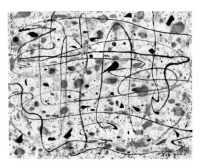

图 4-3　《春又至》

（图片来源：http://www.baozhenart.com/goods.php? id=41425）

冬去春来，季节的更迭让幼儿感受到春暖花开、万物复苏的一派生机。在幼儿园中，孩子们成群结队地来到户外吹着和暖的春风，感受着春天的美好。美术欣赏活动——《春又至》结合时令特点，通过引导幼儿将自己丰富的审美感知经验迁移到作品《春又至》之中，从而能够进一步理解作品，体悟春天的美与情趣。

参与本次"一课三研"活动的吴宪丽老师、王连萍老师以及王坤老师对国画名家吴冠中先生的作品《春又至》进行了欣赏与分析。首先，大家感受到画家运用各种形态的点、线、面及其组合而形成了画面韵律之美。其次，《春又至》在色彩运用方面也非常富有变化与美感。作者运用了三原色、三间色以及中国画特有的浓、淡、干、湿等墨色，表现画面中景物的丰富色彩与虚实关系。最后，三位老师还发现《春又至》构图想象力丰富，非常适宜幼儿进行美术欣赏。因此，三位老师通过对作品的理解，以及对中班幼儿的年龄特点、生活经验的把握，设立了活动目标，并展开幼儿美术欣赏的"一课三研"集体教育活动的研讨。

## （1）一研

基于对幼儿美术欣赏活动的理解以及对《春又至》作品的赏析，并结合中班幼儿审美及语言发展的年龄特点，教师们将活动目标定为：

☆ 通过欣赏作品，体会春天大自然中的美，愿意用美的语言大胆表达。

☆ 欣赏作品中点、线、面组合变化带来的韵律美。

☆ 了解作品内容，体会美术作品能够反映现实生活。

为此，教师在活动中主要通过"问题引导"的教学方法，即用"你们觉得里面有什么样的点和线"的提问，来引导幼儿对作品欣赏的表达。

### ①活动片段实录

教师：你们觉得里面有什么样的点和线，谁来给我们指一指你看到了什么样的点和线？

（幼儿右手指尖朝上，腰挺直，身体稍稍前倾）

教师：你来说一说。

（幼儿走上前，看着屏幕上的画作，找到画作右下角位置的一条线，伸出右手食指，沿着线从右往左画着）

幼儿：我看到这儿有一条线。

教师：是的。然后呢，它去哪里了呢？我们可以来画一画。

（幼儿伸出右手食指，沿着刚才那条线继续平移，来到画的左侧，沿着线往上画一段，然后踮起脚尖，开始往右下方画线）

教师：（跟随幼儿的动作，抬起右手从上往下移动）这个线是什么样子的？

幼儿：就像弯的。

教师：（蹲下身，拉住幼儿右手，和孩子一起看画作）

教师：这幅画给你什么感觉？

幼儿：感觉（停顿）感觉（停顿）弯弯曲曲的。

教师：哦，感觉弯弯曲曲的。

### ②研讨

王坤老师：我们先说一说在吴老师的欣赏活动中有哪些值得学习的地方？

执教老师：我能够结合目标来进行本次欣赏活动的开展和实施。孩子们在整个活动中能够积极与我互动，整个活动氛围轻松，孩子们也能够通过多种形式对作品进行欣赏。

教师：吴老师在活动中特别有亲和力，尊重幼儿的表达和表现。

教师：吴老师从幼儿的实际经验出发，利用幼儿自己的照片来感知春天的特点，为接下来的欣赏活动打下了一个良好的基础。

教师：吴老师不仅利用大屏幕为幼儿提供集体欣赏环境，而且采用分组形式让孩子们欣赏小图，这样不仅让孩子们可以近距离欣赏图片细节，也给幼儿提供了一个自主、轻松的欣赏氛围。

教师：吴老师能够让幼儿大胆表达他们看到的点和线，并且由他们上前指出，这样的方式激发了幼儿参与活动的热情，表达欲望得到加强，更加贴近教学目标。

王坤老师：对于吴老师的这次欣赏活动，我们还有什么可挖掘的地方？

老师：在教师的提问中，关注了点和线，但对于中班幼儿来说，这个问题是否有些简单？如果增加一些提问内容，如"点和线像什么"，这样能充分调动幼儿的已有经验，使他们能够大胆想象。

教师：王老师提出的这个问题，能够反映出教师对这幅作品的解读是否充分。教师需要充分了解作品，这样才能更好地把握幼儿欣赏活动中出现的各种情况，从而提升幼儿的欣赏能力。

执教老师：我觉得两位老师帮我分析得特别到位，尤其是"点、线在哪儿"这个问题的提出过于简单，如果让孩子通过联想去想象"点和线像什么"，就能够让幼儿结合自己的生活经验，充分地理解《春又至》这个作品的意义，提高幼儿的欣赏效果和审美能力。

**③形成共识**

A.《春又至》这幅作品的欣赏内容和其中的美术元素都给人一种春天生机勃勃的感觉，幼儿在现实生活中感受过春天的季节特点，教师可以让幼儿联系生活经验，激发他们表达和想象，通过经验迁移对画作产生共鸣。

B. 教师要提高对作品的赏析能力，查阅作品赏析资料，整理总结《春又至》画作中适合幼儿赏析的美术元素，助力幼儿的主动欣赏。

C. 欣赏活动不仅要对《春又至》作品进行直观鉴赏，更重要的是让幼儿通过对作品的联想，生成自己的想象。提问时既要有针对性，又具有开放性，促进幼儿主动思考，加深对作品的理解。

**（2）二研**

通过"一研"出现的不足，教师对《春又至》作品进行深入赏析，感知点、线、面在作品中传递春天生机勃勃的寓意，并结合欣赏活动开展的意义，对教学活动目标调整为：

☆  通过欣赏作品，体会春天大自然的美。

☆  愿意尝试用联想、想象的方式，欣赏作品中的点、线、面带来的情趣和意味，并能用语言大胆表达。

☆ 了解作品的内容，带动幼儿将画面与自身经验相结合进行联想，激发幼儿自主审美的愿望。

**①活动片段实录**

教师：你们觉得这些点和线像什么？

幼儿：迷宫。

教师：还有吗？谁再来说说？

幼儿：像五彩缤纷的……

教师：像五彩缤纷的什么东西呢？

幼儿：嗯，像大树。（举手站起来说）

教师：来，你到前面来指一指？

幼儿：这，大树。（走向前去，右手指着画面上一个绿色的点）

教师：哦，你觉得这个点像大树。还有小朋友说说吗？

幼儿：那个黑色的像蝌蚪。

教师：来，你也发现了，到前面来指一指。

幼儿：这个地方，这个地方，都像蝌蚪。（用手指着画面中黑色的点）

教师：哦，这些黑色的点儿像一个个小蝌蚪。还有吗？

幼儿：我觉得横着的那个地方像一棵大树。

教师：来，到前面来指一指。

幼儿：这里和这里。（伸出手，指了线的两头）从这儿一直到这儿。

教师：哦，从这儿到这儿这条线，像一棵大树。（教师沿着幼儿一起比画）

幼儿：这里像大树的根。

教师：哦，这里像大树的根，你观察得真仔细。（重复幼儿动作，指向那个点）

**②研讨**

王坤老师：王老师提出的"你们觉得这些点和线像什么？"这个问题，你们觉得提得好不好？哪里好？

教师：我觉得问题提得很好。《春又至》这幅作品的画面以点和线的组合交织而成，是作品欣赏中最为重要的内容，但是对于正处于形象思维的中班幼儿来说，《春又至》作品的内容，孩子不能一目了然。采用这种提问的方式，更加激发孩子们参与作品欣赏的兴趣，所以，在这个问题的回答当中，孩子们非常主动，幼儿表达的氛围宽松，而且他们将自己的经验融入想象当中，进一步激发了他们欣赏的主动性。

教师：我觉得这个问题的设计能够看出王老师非常地用心。将《春又至》抽象的点和线，与孩子的自身经验相结合，把画面具体化，通过让孩子们对画面的联想的方式，将他们自己对春天的理解，对美的理解融入《春又至》这个作品当中去，在作品欣赏的同时，积极表达、大胆联想，丰富了幼儿的经验，也加深了幼儿对《春又至》作品的理解。

王坤老师：针对王老师这节欣赏活动，大家觉得有哪些可以再提高的地方？

教师：如果能够让幼儿欣赏时将联想到的动态内容进行肢体表现，会更增加活动的游戏性和趣味性，还能够吸引更多幼儿参与和表达。

执教老师：我也特别赞同吴老师的想法。当时吴老师让孩子去指一指看到的点、线时，孩子们特别感兴趣。我觉得如果能够进一步让孩子用多种感官去表达，一定能够提升幼儿对美术作品的欣赏意愿，加深他们对审美的理解。

教师：我觉得，对于孩子的联想部分还是要回归到《春又至》作品本身，这样才达到欣赏作品的目的。比如：孩子说像蝌蚪后，我们可以将孩子的想象迁移回这个画面，问一问幼儿："这里为什么像蝌蚪？""你觉得这里的小蝌蚪在做什么？"从而提高幼儿对《春又至》这幅作品的理解。

③形成共识

A. 针对《春又至》这幅作品表达出来的春天勃勃生机的寓意，老师为孩子们提供充分欣赏、自主表达的宽松氛围，激发幼儿大胆表达、感受、发现作品的美。

B. 在《春又至》这幅作品中，以点、线、面所形成的韵律美为重点欣赏目标。老师先让幼儿看作品，然后给幼儿看春天景物照片，从抽象到具体形象，提高了幼儿对作品的理解。通过这个方式，我们也认识到幼儿的想象是借助实际生活中的感知经验以及理解之后而形成的，不是凭空想象的。所以，要给幼儿提供对应的直观的欣赏内容，然后再进行想象。

C.《春又至》这幅作品用点、线以及其不同叠加组合的方式来表现春天的美景，它不是一幅写实风格的作品，而是较为抽象的。结合幼儿美术欣赏的心理特点，欣赏这样的作品较有难度。教师可以在欣赏的过程中融入更多游戏性和趣味性的活动，鼓励幼儿运用多种感官去看一看、说一说、指一指、摸一摸，来丰富幼儿欣赏的方式，从而进一步提升幼儿对作品中点、线、面形成的意象的理解。

### （3）三研

通过"二研"，教师们进一步开展幼儿美术欣赏专业理论学习，并根据幼儿身心发展特点，将活动目标做了调整：

☆　感受作品中点、线交织组合而生成的形式美。

☆　鼓励幼儿结合生活经验，大胆地运用语言、肢体动作等方式，充分表达对于作品的理解与情感。

①活动片段实录

教师：你看到了什么？

幼儿：有小蝌蚪。

教师：蝌蚪在哪里？请你到前面来指一指。

幼儿：这个。（幼儿走上前，用手指指向画中的一个黑色的点）

教师：哦，这个黑色的点像小蝌蚪，小蝌蚪游泳的时候是什么样子的？（鼓励幼儿用动作模仿）

（有的幼儿双手在身后并拢，摇摆着身体，用小碎步走起来。有的幼儿蹲着低下头，把自己蜷缩成一个球）

教师：大家还看到了什么？

幼儿：鸟，有一只鸟落在了树枝上，下面还有它的影子。

教师：小鸟和它的影子在哪里？请你来指一指。

（幼儿走上前，指着画面中间的一条线和线上的一个黑色的点）

教师：那小鸟停在树枝上是什么样子的？

幼儿：这样。（幼儿蹲下仰着头）

教师：我们一起变成小鸟，也找一个树枝停一停。

（有的幼儿坐在椅子上张开双臂。有的幼儿离开座位蹲下来，双手叉腰模仿小鸟的动作）

②研讨

吴宪丽老师：请大家思考，王坤老师在"三研"中有哪些优点？

教师：我认为王坤老师能够在活动中依据调整后的目标实施教学方法，拉近幼儿与作品《春又至》的距离，激发了幼儿已有的生活经验并产生美好的情感，效果很不错。

教师：嗯，我同意王连萍老师的意见。王坤老师在引导孩子理解作品的同时，请幼儿边说边运用肢体动作进行表现，这个符合幼儿年龄特点，孩子们用动作协助语言，表达出更多的理解与感受。

执教教师：谢谢两位老师对我的评价！但是我感觉在活动中，当我问小朋友"你们觉得这幅画美不美"时，有的幼儿说："不美，我感觉太乱了。"当时，我接纳并重复了他的看法，却没有及时抓住这个教育契机，运用有效的教学方法进行适时的深入引导。在这方面，我感觉到自身对于作品形式美的理解还不够深入，并且也非常需要加强幼儿美术欣赏教学专业理论知识的学习。

教师：您说得对，在这方面大家都需要进一步的提升专业水平和对作品的鉴赏力。

王连萍老师问：王坤老师，您在活动中选择了哪些欣赏方式？小孔成像的方式是否适合幼儿欣赏《春又至》？为什么？

执教老师：在活动中，我主要采用了三种欣赏方式；第一种是幼儿坐在椅子上集体欣赏画作，当幼儿第一次接触画作时，这样的方式利于幼儿集中注意力，聚焦于作品。第二种是站起来走近作品，拉近幼儿与画作之间的距离，这样"一静一动"欣赏画作，会让幼儿保持对画作的新鲜感，也会引发幼儿思考，去对比"坐着"和"站立"欣赏画作的区别。第三种欣赏方式是用一次性水杯底部打孔方式去欣赏这幅作品。这种方式为幼儿提供了一种新鲜的视角，保持幼儿对画作的关注度，我感觉更利于幼儿关注画面中的点与线，并引发他们产生联想。

王连萍老师：在活动中王坤老师用了多种形式去欣赏作品，其中用一次性水杯底部打孔方式去欣赏这幅作品，这是否能够达到预期欣赏效果？为什么？

教师：当幼儿通过小孔去欣赏这幅作品时，他们特别兴奋。他们积极探索这种工具的使用，并能专注地欣赏。但是应注意这幅画是通过点、线、面及其组合来激发想象之美的。

教师：我也和吴老师有同感，用杯底小孔去观赏具有聚焦的效果。幼儿虽然能够通过小孔细致观察，但只能看到画的局部，这样会影响幼儿对整幅画的感受，也不利于幼儿根据生活经验引发丰富的联想。

执教老师：我同意老师们的意见。在欣赏作品时教师投放辅助材料一定要结合欣赏作品的特点，而不是照搬以往的经验盲目操作。针对《春又至》这幅作品，还是鼓励幼儿从整幅画面进行联想与想象，从而达到更加理想的欣赏体验，纸杯小孔成像的欣赏方式确实不太适宜这幅作品。

③形成共识

A. 教师在开展幼儿欣赏活动前，首先要对作品进行深入了解与分析。对作品中点、线、色彩等表现形式做到心中有数。同时，教师还要对幼儿在美术欣赏方面的发展特点和规律进行认真学习。只有这样，才能保证幼儿美术欣赏活动目标的达成。

B. 正确分析《春又至》的风格与特点。《春又至》是一幅水墨作品，具有墨色浓淡干湿的特点，以及运用色彩中原色与间色的搭配而表现色彩斑斓、生机勃勃的一派春色。本幅作品中点与线的交织组合，使画面非常灵动、富于变化，从中可以联想到许多与春天动植物相关的画面。中班幼儿还是以具体形象思维为主，容易理解写实性强的作品，教师应为他们创设宽松的教学环境与氛围，支持幼儿大胆地运用语言、动作等多种感官表达内心的感受，从而激发丰富的联想和想象。

C. 教师通过集体欣赏，能够让幼儿获得同伴间相互学习的机会。性格开朗的幼儿勇于表达自己的想法，性格内向的幼儿能够在开放的氛围中打开心扉，轻松自如地参与到欣赏活动中。教师要抓住幼儿集体美术欣赏的优势，结合幼儿的年龄特点和美术欣赏水平，鼓励他们进行师生互动，幼儿之间的互动。让《春又至》作品在大家的头脑中"活"起来、"动"起来，真正感受到美术欣赏活动的乐趣。

至此，《春又至》幼儿美术欣赏活动的"一课三研"结束了。三位老师通过研究《春又至》作品和学习实践幼儿美术欣赏活动的相关知识，感觉在这个过程中获得了教学能力的提升。通过三次研讨活动，每位教师自我反思、自我学习和自我完善，让教学设计更加具有专业性，更加符合幼儿的年龄特点与欣赏水平，更加有效促进幼儿审美能力的提升。同时，教师们在研讨中相互分享、帮助，在共同促进中获得教学研究的快乐和成就感。结合《春又至》"一课三研"活动中幼儿的行为表现以及教师的感受与反思，我们梳理了以下几点收获。

①肯定教师在美术欣赏活动设计实施中的引导地位，能够不断挖掘出活动中有待完善的关键点。每次活动结束后老师们要回看视频，反复研磨交流，评价优势与不足，彼此交换意见之后进行调整，达成共识。比如：教师在活动中应该如何设计有效提问，引导幼儿感受《春又至》作品中隐含的美丽景致；如何运用对话，激发幼儿对《春又至》作品产生审美意愿等。

②教师在"一课三研"的过程中，发现并弥补自身专业理论知识的不足。当有位幼儿感受《春又至》作品"不美"时，教师现场引导不够充分。大家针对这个现象进行了重点分析与反思。首先，肯定了执教老师在活动中尊重和接纳幼儿的想法。其次，三位老师反思自身在美术专业素养方面有待提升。只有当教师能够深刻理解作品以及领悟其中美的意境，才可以有效引领幼儿走进作品，感受艺术家的审美意境。因此老师要不断研究美术作品以及相关的专业知识，使我们的教育行为依托于正确的理论指导，才能够及时把握教育契机，实施有效的指导策略。

③教师在研讨中，逐步细化活动目标。针对本次美术欣赏《春又至》"一课三研"内容，三位老师在每次活动后，针对目标进行讨论。比如为了达到"围绕幼儿的发展水平，结合作品的审美特点制定活动目标"，肯定了"一研"活动中吴老师提供春季游玩图片，为幼儿迁移自身经验与画作建立联系搭建了很好的桥梁。在"二研"活动中提供每人一份《春又至》作品欣赏图，以便幼儿彼此间的交流。另外，在"三研"活动目标上增加了肢体表现部分，让幼儿能够多途径去欣赏和表现《春又至》作品中的点、线以及它们之间的关系，从而提升幼儿的欣赏能力以及审美感受。活动目标经过不断完善，层层深入，不仅优化了欣赏活动目标，引导幼儿更加自主、多元地进行感知和表达，也开阔了设计思路，让作品欣赏不再单调无趣，而是充满了生命力。

④引发教师深入思考，以"问题引领"的方式层层递进，扬长避短。三位

教师在研讨过程中不断发现问题、剖析问题，达成共识。如王坤老师使用"纸杯小孔观察"教学策略适宜性的问题，引发大家思考，并通过追问"为什么不适宜"激发教师深入探寻问题的本质。

北京市朝阳区惠新里幼儿园　王连萍<br>
北京市朝阳区清友实验幼儿园　吴宪丽<br>
北京市朝阳区劲松第二幼儿园　王　坤

### 2. 案例二　幼儿美术欣赏活动——鸢尾花（西洋画）

图 4-4 凡·高《鸢尾花》

（图片来源：http：//blog.sina.com.cn/
s/blog_af5e9bf60101bzbd.html）

五月里春光明媚，公园里、路边的花坛中随处可见盛开的鸢尾花，它们在春风里摇曳着紫色的身姿，小朋友们对于这美丽的花朵喜欢之余又充满好奇，所以我们将这幅凡·高的《鸢尾花》带到孩子们的面前。

《鸢尾花》远远地就能吸引人们的目光，它色彩丰富，线条细致而多变，整个画面充满节奏律动及和谐之美，洋溢着清新的气氛和活力。鸢尾花是平凡的植物，但凡·高赋予它们精彩的形象、色彩，以及勃勃的生机。这是一生都在痛苦与挣扎中的凡·高对大自然的赞美，对美好生活的向往。

许多年来，鉴赏家们争相评论《鸢尾花》，那究竟什么才是我们引导孩子们欣赏的目标呢？最终我们根据中班幼儿的认知水平、理解能力、表达特点等，把目标定为：感受画面活力和积极向上的美，体验作品中线条所展现的不断向上生长的勃勃生机，用多种方式表现画面的动态美。

### （1）一研

教师在参观画展、查阅资料、参加理论讲座等自主学习的基础上，根据中班幼儿欣赏目标及对作品的分析，结合春天万物复苏、鲜花盛开的景象，将活动目标定为：

☆　欣赏凡·高作品《鸢尾花》，感受画面的活力及积极向上的美。

☆　通过对作品的观察，体验作品中细致而多变的线条所展现的不断向上生长的勃勃生机。

☆　让幼儿感知画面的动态美，乐意用多种方式表现出来。

为此，教师在活动中主要通过"问题启发"的教学方法进行，即通过问题引领，逐步加深幼儿对作品的理解。

### ①活动片段实录

（幼儿通过看PPT图片，观察和比较图片上的鸢尾花和作品《鸢尾花》的不同）

幼儿：哇！

教师：我听到有的小朋友发出了惊叹声，为什么呢？（PPT画面停留在凡·高的画作《鸢尾花》上）

幼儿：因为这幅好看。

教师：怎么好看呢？

幼儿：花很漂亮，颜色也好看。

教师：那你观察到这幅作品和刚才的两幅鸢尾花照片一样吗？

幼儿：不一样。

教师：有什么不一样呢？（教师边说边播放之前展示的两张鸢尾花照片）

幼儿：这幅画我感觉是用画笔画的，那两张照片都是拍照的，而且，远处没有这么多花。

幼儿：其他图里没有农夫，这幅画里有农夫。

教师：这里有农夫？农夫在哪里？

幼儿：那儿！白色的！看不清楚，所以我觉得它有点儿像农夫。

幼儿：是稻草人儿，白色的稻草人儿。

教师：我有一个好办法，你可以走近来看看这幅画，那个白色到底是什么？

幼儿：那是一朵白花儿。

教师：我把这幅画放在这儿，咱们一起来欣赏它。

（教师放轻音乐，幼儿集体欣赏并讨论）

幼儿：在鸢尾花的花园里为什么有朵白花呢？

幼儿：不会有这么多白花儿的，那朵白花太大了，像是假的一样。

教师：请第一排小朋友轻轻地走过去看看，第二排……

（有的幼儿走近画作仔细观察；有的用手抚摸画面，感受笔触；有的伸出食指描画线条；有的幼儿一边欣赏一边感叹：这肯定是画的，这幅画好好看啊!)

　　教师：这幅画的名字叫作"鸢尾花"。

　　幼儿：(齐声说) 鸢尾花!

　　教师：请你来说说，当你走进这幅画时你看到了什么，你的感觉是怎样的？

　　幼儿：我看到了一大片鸢尾花，感觉这是个花园，在这个鸢尾花园里还有一朵白色的花，他们都很美丽，看到这幅画我很开心。

　　幼儿：看这幅画的时候我是笑的，感觉是很开心的。

　　幼儿：白色的那个，我不知道是人还是稻草人，我一看这个白花好像我们吃的一种东西。

　　教师：是花、水果还是别的什么？

　　幼儿：蘑菇？

　　幼儿：不是蘑菇，就是之前我们在幼儿园吃的那种白白的。

　　幼儿：百合!

　　幼儿：对，我感觉这朵白花很像百合。

　　教师：你觉得这朵白色的花像百合花还是像吃的那种百合？咱们吃的百合是长在土里的。

　　幼儿：百合花。

　　教师：我觉得有可能是你们说的那种百合花。

　　幼儿：在我们家附近有个花店，就有和这个很像的花，很好看。

　　教师：大家都觉得它很漂亮，让我们来看一看这是什么季节的花呢？

　　幼儿：是春天。

　　幼儿：是夏天。

　　教师：现在鸢尾花正在盛开，那么现在是什么季节啊？

　　幼儿：(齐声说) 是春天。

　　教师：你们说对了，这是一幅春天的画。小朋友们，春天的花是怎么生长的？你们可以试着来模仿一下。

　　幼儿：(双手十指交叉握着) 刚开始的时候是一个圆圆的种子，(双手慢慢从胸前向上) 小种子长出小苗苗，(双手举到头部时变成两个手掌相对) 慢慢长大、长高了，(双手指尖向左右两侧斜上方向打开，高过头顶后双手打开) 开出了一朵美丽的花。

　　教师：乐乐不但用身体模仿了，还说出来了。(教师重复小朋友的动作和语言)

　　②研讨

教师：通过教师提问，幼儿对《鸢尾花》这幅作品有充分的感知吗？

教师：通过幼儿对画作的表达，我认为还没有充分感知。

教师：我认为感知的层次不够清晰，都是浮于表面的，通过提问还可以深挖幼儿对作品的进一步理解。

教师：从幼儿的表达来看，对作品的理解仍旧是看花说花，欠缺对于笔触、色彩等的细致观察，幼儿对作品缺乏充分的交流和共鸣。

教师：孩子们为什么没有能够充分地感知作品呢？

教师：由于现场只呈现了一张作品，孩子们不能进行细致观察。另外幼儿的座位安排使得后排的小朋友有被忽视的感觉，这样的安排不便于幼儿观察感知。

教师：我认为在师幼互动时，教师对幼儿想象的激发不够，没有基于作品内涵设计提问。

教师：反思这节课确实存在以上问题，两位老师提出的建议也都非常中肯，而且具体可行。接下来我介绍一下这节活动的设计思路。在活动的准备期间，我充分了解了作品背景，还看了介绍凡·高生平的动画片《至爱凡高·星空之谜》，通过了解凡·高的生活，感受他被疾病折磨的痛苦、不被人理解的悲伤和孤独，甚至是绝望。我觉得让孩子了解画家痛苦的人生太过于苦涩和悲伤，作为老师更希望孩子们看到的都是美好的，所以在上课的时候我引导孩子们观察鸢尾花生长的线条，希望孩子们能感受到植物旺盛的生命力和勃勃的生机。

教师：那我们如何让幼儿更充分感知画面？

教师：第一，可以提供多张绘画作品，如每人一张；第二，多角度欣赏《鸢尾花》作品，如放大局部，或把作品放到花丛中、阳光下等；第三，灵活安排幼儿座位，如幼儿可以随意走动，或把画放在一起，让画面呈现出不同的组合变化。

教师：凡·高《鸢尾花》的创作背景，也许孩子不能理解，但老师对这些要有积累，要结合中班幼儿的兴趣和年龄特点做出有针对性的提问和引导，激发幼儿感受、体验和表达。中班小朋友比较关注色彩和线条的变化，教师在活动中应引导幼儿关注作品的色彩和形态，感受植物旺盛的生命力，这样这节活动的目标和儿童发展特点就是吻合的。

教师：我们可以通过提问，让幼儿感知画面中向上生长的线条，如花是什么样子，茎是什么样子，让幼儿用线条甚至是身体创造性地去模仿，感受生命的成长。

教师：这里还可以有一个总结，比如提问"鸢尾花是怎么长起来的？怎么长成现在的样子？"通过这幅作品，结合幼儿关于植物生长的经验，引导幼儿了解生命成长的历程。此处还可以播放一段大自然的背景声音，让幼儿想象鸢尾花正在阳光雨露的滋润下不断生长。

教师："二研"可以做哪些调整？

教师：首先从座位安排上，可以调整为马蹄形；中班幼儿喜欢和同伴一起游戏、分享，可以让几个小朋友一起欣赏一张画；营造美的环境氛围，让幼儿在美的空间进行欣赏活动。

教师：拉长幼儿感知的部分，不要刚开始就问幼儿感觉怎么样，可以给孩子一段时间去看，仔细观察之后才会有感受。提问要循序渐进，如：你看到了什么，你看到它会想到什么，你看到之后有什么感受。先解决看到的是什么，再让幼儿表达心情怎么样。

教师：让幼儿对画面进行感知不要仅仅停留在语言表达上，中班幼儿的特点是形象思维，活泼好动，可以试着让他们用肢体动作表达对画面的感受。

③形成共识

A. 给幼儿一段观察时间，让他们在轻音乐中静静欣赏这幅画，沉浸其中，展开想象。

B. 整节活动的提问设计要有层次，要符合幼儿美术欣赏的发展特点和教学目标。

C. 教师要充分利用环境，创造条件，让幼儿深入感知画面，真正建立和画面的联系，与画面产生互动。

## （2）二研

执教教师在"一研"后进一步研究作品，了解到《鸢尾花》是凡·高去世前一年所画。画面丰硕的蓝紫色花瓣，大面积绿色的尖尖长叶向上伸展，星星点点的花蕊，加上在一旁衬托的万寿菊，还有花丛下砖红色的土壤，形态各异又浑然一体，给人以勃勃生机的感受。

教师将"一研"活动目标进行了调整，"二研"活动目标定为：

☆ 感受作品中细致灵动的线条所展现的动态美、造型的节奏美，使幼儿乐意用多种方式表现出来。

☆ 通过观察，让幼儿体会作品中传递的勃勃生机与枳极向上的情感。

①活动片段实录

教师：你看到了什么？

幼儿：小花、小草。

幼儿：我看到了花丛。

幼儿：我看见了蓝色的花，紫色的花。

幼儿：像枯萎了一样，感觉弯曲了。

教师：你看到这幅画有什么感受？

幼儿：感觉像在花丛里。

幼儿：我感觉心里很温暖。

幼儿：我想做这朵花。

幼儿：我觉得这朵花很美。

教师：你觉得哪儿美？从哪儿看出来的？

幼儿：那朵白花很漂亮。

幼儿：花瓣卷卷的，很美。

幼儿：我感觉那朵花好像枯萎了，很干，都弯曲了。

教师：如果把这幅画想象成一首钢琴曲，用声音的大小和节奏的快慢表现画面，你觉得节奏是快还是慢？声音是大的还是小的？为什么？你能用声音或动作表现一下吗？

（用板子分三次遮挡了画面。第一次遮挡画面上方三分之一）

幼儿：我觉得是大的，因为声音小了就听不见了。

幼儿：我觉得是不快不慢的，因为这里的花儿不多也不少。

教师：哦，因为这部分花朵大，所以声音也比较大；因为花不多也不少，所以节奏是比较均匀的。

（第二次遮挡上方三分之一和下方三分之一）

幼儿：快的，因为这里的花很多、很密。

幼儿：声音是大的，因为这里有一朵白色的大鸢尾花。

幼儿：声音是小的，因为中间的花很小。

教师：大家都觉得节奏是快的，因为花多又密。有的小朋友关注的是大朵的鸢尾花，觉得声音是大的；有的小朋友关注的是小朵的鸢尾花，觉得声音是小的。

（第三次遮挡下方三分之二）

幼儿：是小的、轻的、快的。

幼儿：因为这里的花很茂密，但都是小小的，在后面，远远的。

教师：下面请小朋友用你的手或声音，表现出你对这个画面的节奏感。

（幼儿边看画面边拍手表现画面的节奏美）

②研讨

教师：这次刘老师采用了"用肢体表现画面节奏"的方式，帮助幼儿表达对画面的感受，大家觉得效果如何？

教师：我觉得这个形式挺新颖的，孩子们在表现节奏韵律的过程中感受到鸢尾花的生命力，感受到画面构图的节奏，以及线条的变化，也感受到画家对大自然的赞美，对美好生活的向往。

教师：我感觉孩子们在过程中的表达好像不太充分。

教师：刘老师加入节奏表现的目的是为了让幼儿充分感知画面，我们通过幼儿的表现，这个目标有没有达成？

教师：我觉得这个过程的时间可以更长一些。从幼儿的表现上看，有的幼儿是在模仿同伴的行为，有的幼儿是在感受画面。

教师：从幼儿个性化的表现来看，孩子们对节奏的理解有差异，如快、慢的速度，声音的大小也不一样。

教师：为什么会有这样不同的表现？

教师：因为幼儿对这种表达的理解有些抽象。

教师：我们可以如何调整、优化这个环节？

教师：在前期经验准备上，开展一些欣赏活动，帮助幼儿建立身体节奏与画面节奏的联系。

教师：可以让幼儿用肢体动作表现鸢尾花生长的动态，这样的方式更具体。

### ③形成共识

A. 《鸢尾花》中的花朵没有一个整齐的生长方向，每朵花都有着自己的姿态，这些向四面八方开放的花朵，占据了画面的绝大部分。特别引人注目的那一朵大大的白色鸢尾花，不是被众星拱月地包围其中，而是选择像个局外人一样，孤单悄然地开放。画面中重点表现那片蓝紫色鸢尾花，后面的万寿菊离鸢尾花有一段距离，起到衬托的作用，显得格外生动和俏皮。这些构图特点，可以让幼儿在充分感知画面的基础上进行想象，用肢体动作表达自己的情感。

B. 除了作品的构图，《鸢尾花》的色彩美也是非常值得赏析的。画面近处的鸢尾花花瓣是蓝紫色，叶子是并不明亮的蓝绿色，花丛下的土地是砖红色，远处温暖的绿色夹杂着星星点点的万寿菊。这种冷暖对比的颜色，呈现出了一种层次丰富的美，也使得近处的鸢尾花显得静谧而和谐。在欣赏活动中要留给幼儿充裕的欣赏时间，感受画面中色彩的和谐与变化。

C. 《鸢尾花》中丰硕的蓝紫色花瓣，大面积绿色的尖头长叶向上伸展，星星点点的黄色花蕊，加上在一旁做衬托的万寿菊，形态各异却又浑然一体。根据这些特点，教师可以围绕中班幼儿具体形象思维的特点，从这个角度深入欣赏。

### （3）三研

"二研"后，执教教师反复观看了教学活动录像和教研活动记录，将自主学习研究与建议结合起来，进一步完善活动目标：

☆ 感受画面的活力和积极向上的美。

☆ 通过对作品的观察，体验作品中细致而多变的线条所展现的不断向上生长的勃勃生机。

☆ 感知画面的动态美，鼓励幼儿用肢体表现出来。

①活动片段实录

片段1：给幼儿充裕的时间欣赏，表达自己对画面的感受。

教师：你觉得这幅作品哪儿美？

幼儿：我觉得颜色很美。

幼儿：我觉得它的花瓣形状很美。

幼儿：我觉得花瓣卷卷的很漂亮。

幼儿：我觉得那朵白色的花最美。

幼儿：我觉得要是五颜六色的花就更漂亮了。

幼儿：我觉得花都枯萎了。

教师：你是从哪儿看出花枯萎了？

幼儿：（走近画面，用手指着）我觉得花瓣很干的样子，边缘都弯曲了，所以看起来像是枯萎了。

片段2：用身体表现鸢尾花的生长动态。

教师：如果你是这朵小花，你会怎样生长？用手或身体表现都可以。

幼儿：可以这样。（离开椅子，一跃而起）

幼儿：可以这样。（双手合十在胸前，逐渐向上，直至超过头顶）

幼儿：还可以这样。（蹲下身体，慢慢地起身，手跟着一直向上，直至踮起脚，手伸至最高点）

教师：可以和同伴表现一组花吗？

（两个幼儿面对面手拉手，由蹲着慢慢地起身，直到双手超过头顶；有的三个人一组，身体直立，双手合十由胸前慢慢向上升起；有的五个人一组，身体蹲下，手拉手逐渐向上升起）

教师：怎样表现小花绽放？

幼儿：可以把手打开。

幼儿：身体可以向后弯曲。

幼儿：可以让拉手的圈圈变大。

幼儿：也可以跳起来。

教师：让我们一起来试一试吧！（指着作品中鸢尾花的根部）

幼儿：（有的蹲在地上，有的站立不动，有的手臂收起，有的双手缩回）

教师：（指着作品中鸢尾花的中部）

幼儿：（在原来的动作基础上都有所变化）

教师：（指着作品中鸢尾花的花朵）

幼儿：（有的跃起，有的小手打开，有的身体弯曲打开，有的把拉手的圈圈变大了……）

（这样的游戏反复进行了多次）

②研讨

教师：比较前两次活动，在这次活动中幼儿有哪些突出的表现？

教师：幼儿对画面的观察更加细致，敢于将自己的观点表达出来，情真意切。有的幼儿说"我感觉在花丛里跟花在一起"，有的幼儿说"要是五颜六色的花就更漂亮了"，还有的说"花都枯萎了"。

教师：从幼儿的表现上可以看出他们的情感更热烈了，参与度更高了，还出现了与同伴一起组合表现的方式，他们自愿与同伴用身体表现鸢尾花的动态，相互欣赏，都很投入。

教师：教师把作品"拆分"来欣赏，分别指着鸢尾花的根部、花茎和花朵，让幼儿观察和感受后用肢体来表现，使幼儿更加充分感受到了线条密集、舒缓的状态以及鸢尾花在生长的过程中积极向上的生命力。

教师：对于郭老师的这节活动，大家认为还可以优化吗？

教师：经过三次研究，幼儿对鸢尾花活动进行了语言、身体、肢体的感知，还可以给幼儿提供一些美术创作方面的机会，可以是制作，也可以是绘画，让幼儿选择。

教师：对幼儿动作、言语、表情的呼应，教师应及时支持、肯定、带动、延展，使他们的情感能够逐渐释放。

教师：展示更多勃勃生机、有生命力的美术作品供幼儿欣赏，让幼儿的情感在美术欣赏活动中得以延展。

③形成共识

A. 美术欣赏活动不仅用眼睛看，还可以通过多种体验方式来表达、表现。

B. 受生活环境的影响，每个幼儿对于美的理解都不同，比如在活动中有的幼儿提到"花儿都枯萎了"，因为他看到了卷起的花瓣，便联想到生活中看到过凋谢的花的样子，所以在美术欣赏活动中没有对与错，尊重每个幼儿的感受，让他们敢于表达自己的想法才是最重要的。

C. 通过不断调整与完善，教师们体验到美术欣赏活动中各种丰富的形式，调动了幼儿参与活动的积极性；教师们思路更加开阔，不再抵触大师作品，让大师作品成为孩子们的日常学习素材，不再是陈列在美术馆里的"名画"。

在"一课三研"过程中，教师从刚开始的想当然、目标不明确到后来关注幼儿表现，分析幼儿年龄特点，针对其发展水平和身心发展规律制定活动计划，教学过程紧紧围绕教学目标开展，突出重点，巧破难点，完成教学目标。总结其中的经验主要有以下三点：

①聚焦真问题。一节美术欣赏活动，最重要的是使幼儿与作品建立联系，只有让幼儿的视角、呼吸、感受与作者同频，幼儿才能够真正与作品产生对话和共鸣。如何做到呢？我们通过对作品的分析、解读以及幼儿在三次美术欣赏活动中的不同表现，尝试了观察画面局部、用声音和节奏模仿画面特点、用肢体表现植物生长等多种方式感受作品。

②研讨真策略。寻找支持幼儿感受、理解、表达的策略，从提问内容方面进行层次性思考，由浅入深启发幼儿理解作品。从座位安排、游戏组织形式方面，充分考虑孩子的欣赏特点，促进了幼儿对作品的感知，使他们能够积极参与到欣赏活动中去。

③实现真发展。"一课三研"的过程充分体现了幼儿美术欣赏活动价值的深入挖掘，使得教研活动能够植根教学现场，对接幼儿特点，剖析教学问题，解决教师困惑，最终落脚于教学实践，落实到了教师和幼儿的共同发展上。

北京市朝阳区光华路幼儿园　郭　娜

北京市朝阳区小金星幼儿园　刘　毛

北京市朝阳区定福家园幼儿园　陈海娟

# 第三节　大班幼儿美术"心赏"集体教学活动研究案例

## 1. 案例一　幼儿美术欣赏活动——草编昆虫（民间艺术）

图 4-5　草编昆虫　　　　　　　　　图 4-6　草编昆虫

图 4-7 草编昆虫                图 4-8 草编昆虫

图 4-9 草编昆虫                图 4-10 草编昆虫

日常生活中幼儿对各种各样草的颜色、形态有着浓厚的兴趣。本次活动，教师选用草编这一艺术表现形式，引导幼儿听一听、闻一闻、摸一摸、做一做，通过多感官认识和感知草编昆虫的造型美，体验生活的乐趣。教学活动以游戏贯穿于自然景观的营造、"捉昆虫"情境的创设、草编操作体验中，充分调动幼儿的多种感官，帮助幼儿多形式、多角度地了解、认识草编昆虫。为此，大班美术欣赏活动"草编昆虫""三研"活动目标定为：

☆ 明确幼儿美术欣赏教育内涵，树立正确的美术欣赏教育价值。

☆ 探索大班幼儿美术欣赏教学要点，促进教师教学实践与反思的主动性。

## （1）一研

教师在自主学习、参加理论讲座的基础上，根据大班幼儿欣赏目标以及对中国民间工艺——"草编"艺术的理解与热爱，激发幼儿对中国传统文化的兴趣，将"一研"活动目标定为：

☆ 感受草编昆虫栩栩如生、富有灵动的造型之美。

☆ 观看草编艺术丰富的编织技法，体验编织创造的快乐。

☆ 感受民间艺术家用自然物品进行创作的生活情趣。

为此，教师在活动中主要通过"开放式问题引领及追问"的教学方法进行。

**①活动片段实录**

教师：你们喜欢这个草编昆虫吗？

幼儿：喜欢！

教师：你手里的这只草编昆虫在做什么呢？

幼儿：我觉得蜻蜓在高高兴兴地飞。

幼儿：我的小蚂蚱在爬。

幼儿：我的小螳螂正在打仗。

教师：它为什么在打仗呢？

幼儿：因为它伸着两个拳头，高高地举起来，像在跟别人打仗。

幼儿：我觉得我的小昆虫正在躲避坏人。

教师：为什么在躲避坏人？

幼儿：因为它的腿一前一后，感觉在跑，所以在躲避坏人。

幼儿：我的昆虫在给宝宝喂食物。

教师：你为什么这么想？

幼儿：因为它在飞，好像在寻找食物，要给宝宝带回去。

幼儿：我的昆虫在拐弯飞。

教师：你是从哪儿看出来的？

幼儿：因为它的身体往一边倾斜了一下。

教师：哦，在拐弯的时候，身体是会倾斜的，所以你感觉它在拐弯飞。

幼儿：我的昆虫在跑。

教师：你是从哪儿看出来的？

幼儿：从它的姿态看出来的。

幼儿：我的蝉在喝水。

教师：你是从哪儿看出来的呢？

幼儿：因为它的嘴是低着的。

幼儿：我的蝎子一边跑一边在打仗。

教师：为什么呢？怎么看出来的？

幼儿：它的钳子高高地举起来，腿还往后蹬，像跑的姿势。

幼儿：我这只蝎子感觉在滑行。

教师：你是怎么看出来的？

幼儿：它的尾巴上有一个钩子是翘起来的，感觉能钩住东西，然后再滑，像荡秋千一样。

　　教师：你观察得真仔细，连尾巴上翘起来的钩子都观察到了，说得真好！

　　②**研讨**

　　教师：在这节集体教学活动中，幼儿对于作品进行了几次集体欣赏？

　　教师：共有三次集体欣赏。第一次是对编织材料——棕榈树叶的多感官欣赏；第二次是对草编昆虫的欣赏；第三次是对草编昆虫编织过程的欣赏。

　　教师：你认为哪次最能激发幼儿的想象力，为什么？

　　教师：我认为是第二次欣赏，即对草编昆虫的欣赏过程最能激发幼儿的想象力。因为幼儿能够在昆虫原有造型的基础上将其故事化、拟人化，例如有的幼儿认为昆虫在打仗，有的幼儿认为昆虫在飞等。

　　教师：你认为是什么原因促使幼儿在此环节展开丰富的想象？

　　教师：通过开放式的提问及进一步地追问。

　　教师：每一位幼儿都进行了充分地想象吗？

　　教师：我认为不是。

　　教师：我也觉得不是。因为教师提出问题后，只有5、6名幼儿给予了反馈，但实际上参加活动的幼儿共有30人，大部分幼儿对于老师的提问及进一步追问都没有回应。

　　教师：怎么才能让每一位幼儿在集体美术欣赏活动中都能够充分想象并进行表达呢？

　　教师：首先，我觉得开放式的提问以及进一步的追问是一种很好的策略。

　　教师：但是我发现幼儿在回应教师提出的问题时，内容比较简单，形式也很单一。

　　教师：我也发现了，其实教师可以引导和鼓励幼儿运用多种方式进行表达。

　　教师：我觉得也是，大班幼儿虽然具有一定的语言表达能力和词汇量的积累，但大班幼儿的思维能力以及想象力也在发展，所以仍会出现语言不足以表达自己想法和感受的现象，出现这种状况也很正常。

　　教师：除了用语言进行表达以外，还可以引导幼儿用哪些方式进行表达呢？

　　教师：可以用肢体语言帮助幼儿进行表达。

　　教师：我也这么认为。我觉得空间也是局限幼儿想象力和表达能力的主要因素之一，比如此次活动中桌椅的摆放以及座位的安排局限了幼儿肢体动作的表现。

　　③**形成共识**

　　A. 幼儿美术欣赏活动能够发展幼儿的想象力、语言表达能力。

B. 在实施幼儿美术教育活动过程中，可以通过"开放式问题引领及追问"的策略充分激发幼儿的想象力。

C. 教师要调整与幼儿之间的距离，增强亲近感，为幼儿创造轻松的氛围。

D. 根据幼儿的不同发展水平，鼓励幼儿运用多种方式，例如语言、动作等表达自己的想象及情感。

## （2）二研

执教教师在"一研"后，首先撤去了桌子，将椅子调整为扇形摆放，便于教师关注到每一名幼儿，同时能够与每一名幼儿进行交流和互动，为幼儿营造了宽松的氛围。其次在开放式提问及追问的基础上，鼓励幼儿大胆想象，引导幼儿用多种方式进行表达，帮助幼儿与欣赏物建立一定的情感联系，最终形成自己的情感，并进行表达。

### ①活动片段实录

教师：小朋友可以选一只你最喜欢的小昆虫，拿回座位上欣赏。

教师：你拿的是什么昆虫？

幼儿：（自由欣赏讨论）我拿的是螳螂；我的是独角仙；这个是假的啊！这个有一股草的香味呢！这里面有铁丝；我的螳螂在抓东西吃；我的这只螳螂尾巴是向上翘的；我的蜻蜓还会飞（随即把胳膊举高）。

教师：你能猜一猜你的小昆虫在做什么吗？

幼儿：我觉得我的小昆虫在树上找食物。

教师：你的是什么昆虫，在做什么呀？

幼儿：我的这个昆虫在看月亮。

教师：你的想法可真美。

幼儿：我感觉昆虫在地上睡大觉。

教师：为什么你感觉它在睡大觉？你能给大家看看它的样子吗？

（小朋友走到前面，向大家展示自己的昆虫）

教师：你的昆虫在做什么？

幼儿：我的螳螂在捕猎。

教师：螳螂的姿势是什么样子的？你能学一学吗？

幼儿：这样。（边说边用双手做出螳螂的样子）

教师：螳螂腿是什么样子的？它捕猎的动作是怎样的？你们能来学一学吗？

幼儿：（所有小朋友都起立，站在自己的椅子前面开始模仿了起来）

教师：你的小蜻蜓在做什么？

幼儿：我的小蜻蜓在树林里玩。

幼儿：我的也是小蜻蜓，它在巡逻呢。（边说边用手中的草编昆虫比画起来）

教师：那你能学着它巡逻的样子，走回到座位吗？

（其他小朋友也都站起来，学蜻蜓巡逻的样子）

教师：还有没有小朋友想介绍一下自己的小昆虫？

幼儿：我的小昆虫在飞。

教师：他是怎么飞的？

幼儿：（将胳膊缩起来，只有手学着飞行的样子）

教师：你为什么要把胳膊缩起来呢？

幼儿：因为我的小昆虫翅膀是短短的。

②研讨

教师：撤去桌子并将座椅调整为扇形后，在与幼儿进行互动的过程中，你有什么直观的感受？

教师：拉近了教师与幼儿之间的距离，有助于教师更直观、更全面地关注到每一名幼儿的动作及表情。

教师：从幼儿的表情中可以感受到他们的状态更加积极，同时也能关注到同伴的表达。

教师：我注意到在这一次活动中，教师除了提问、追问以外，还引导幼儿用动作去模仿。

教师：在备课阶段，我把活动中涉及到的关键问题先问了自己一遍，当我提出"她是怎么飞的"这个问题时，我脑子里其实是有飞的画面的，但是不知道用怎样的语言去形容。于是我想到了幼儿，我比他们的词汇量丰富多了，但是我都不知道怎样去形容，更何况是孩子。"动作"也是一种语言，一种没有障碍的语言，于是在追问之后我提出建议"你可以学一学"，引导幼儿用动作去表达。

教师：当你提出"你可以学一学"后，幼儿有什么反应？

教师：不仅是回答问题的孩子会学一学，坐在椅子上的很多幼儿都跟着一起做动作，就连平时并不善于表现自己的幼儿都开始动了起来，而且我发现他们每一个人的动作都不一样。

教师：我觉得撤去桌子、调整座椅摆放形式在空间上帮助了幼儿用动作去表达。

教师：是的。撤去了桌子，重新调整座椅后，空间变大了，幼儿做起动作来也非常方便。

教师：而且我发现扇形的座椅摆放便于教师与幼儿之间的互动，也方便了幼儿与同伴之间的互动，起到了促进学习的作用。

③形成共识

A. 调整桌椅摆放的位置，将幼儿放在"正中央"，以幼儿为活动主体开展幼儿美术欣赏活动。

B. 活动设计中多思考大班幼儿的特点、需求，明晰美术欣赏活动的内涵与目的。在实施过程中，引导幼儿用多种方式进行表达，如语言、肢体动作等，不局限于单一的语言表达。

C. 注重给予幼儿充足的时间进行想象和表达，为每一名幼儿提供表达的机会，多欣赏作品的形式美，感受草编昆虫的特点，鼓励幼儿表达自己的情感等。

D. 营造与幼儿生活经验紧密相连的情境，激发幼儿对于作品的想象力。

### （3）三研

回看前两次活动实录时，我们发现"一研"中的问题引导及进一步追问、"二研"中调整座椅摆放方式以及引导幼儿多形式表达，的确有效地激发了幼儿的想象力，大部分幼儿能够对教师的提问予以回应，有的使用语言表达，有的则用动作进行表达。但是回顾两次活动，总令人感觉缺少了些童趣，从孩子们的言语动作中也感受不到草编昆虫栩栩如生、富有灵动的造型之美。昆虫的灵动源于它独特的行走方式——"蹦蹦跳跳"，孩童时期最有趣的事情莫过于穿梭于草木之间去捉到那个若隐若现的小昆虫，如果能够在活动过程中还原自然，再现情景，或许会有不一样的效果。

#### ①活动片段实录

（活动前，教师借助多媒体展示出蓝天、绿地的背景画面，利用幼儿园楼道中、班级植物角中的盆植以及木质长椅营造了一个微型自然景观，并将形态各异、栩栩如生的草编昆虫摆放在植物之间，或挂在植物的枝条上；将有的昆虫站立摆放；将有的昆虫一半埋进土里一半露在外面。欣赏活动开始，教师带领幼儿进入教室）

幼儿：哇，真漂亮啊！

幼儿：有好多好多植物。

幼儿：还有好多昆虫。

（教师和幼儿席地而坐）

教师：今天我请来了很多又调皮又可爱的昆虫朋友们，你们发现了吗？

幼儿：发现了。

教师：你们看到什么昆虫啦？

幼儿：我看到了一个威武的大蝎子。

幼儿：我看到了一只落在植物上的小蜻蜓。

幼儿：我看到了三只小知了。

教师：哦，你能说说这三只小知了是什么样子的吗？

幼儿：它胖胖的，落在小叶子上。（幼儿一边形容一边做动作）

教师：还有小朋友想分享吗？

幼儿：我看到了一只厉害的大螳螂。

教师：你能跟我说说它是什么样子的吗？

幼儿：他是一只红眼睛的螳螂。

教师：小朋友们看到了这么多昆虫，我想问问，以前你们有没有捉过昆虫呢？

幼儿：有。

教师：那你们都是怎么捉昆虫的？有什么要注意的吗？

幼儿：要轻轻地，不然会把昆虫吓跑。

幼儿：要注意安全，别被昆虫咬到。

教师：那咱们一起去捉一捉昆虫吧。

（幼儿一起上前，走到布置好的景观处，开始捉昆虫。有的幼儿从地上轻轻拿起一只昆虫；有的幼儿用手拨开植物的叶片从土里拿起一只昆虫；有的幼儿直接趴在地上，一点一点挪动身体靠近板凳上的昆虫。等到每名幼儿都捉到一只昆虫后，老师让他们回到原来的位置坐好）

教师：我看到每个小朋友捉到的昆虫都不一样，请跟你旁边的小朋友说一说你捉到的是什么昆虫？你在哪儿捉到的？

（幼儿开始跟自己身边的小朋友进行交流，有的是两个人互相说，有的是三五成群坐在一起，一边摆弄昆虫一边交流）

幼儿：我跟你是一队的，你看我的昆虫多厉害，它能够飞起来，你的飞不起来，你的是蝎子，只能在地上。

幼儿：嘿！我打败你啦！我的飞起来啦！

（一名幼儿拿起自己的昆虫走到布置好的景观处，把它放在植物的叶片上）

幼儿：我的是在这里抓到的，他趴在植物的叶片上，我以为它睡着了，结果一走过去，它就飞了起来，然后我伸手用力把它握在了手心里。

②研讨

教师：你是怎样想到在此次集体教学活动中创设自然微景观的？

教师：在观看"二研"活动实录时，总觉得整个活动少了些童趣，但是又不知道问题出在哪里，也没有很好的解决办法。有一天，我跟孩子们到小花园散步，小朋友的一个举动给了我灵感。散步的时候，有一个小朋友发现了一只蚂蚱，他大喊了一声"有蚂蚱"，所有的小朋友都跳进菜园子开始捉蚂蚱。有的小朋友动作迅速，有的小朋友蹑手蹑脚，都特别有意思。我突然联想到了这节活动，草编昆虫的灵感就是源于生活在草木之间的这些昆虫，让这些昆虫

"活"起来，孩子们也就"活"了。

教师：观看活动录像会发现，你不仅仅营造了物质环境，还创设了"捉昆虫"的游戏情境，你能再详细地说说你的设计构思吗？

教师：可以的。你说得没错，物质环境的营造只是其中一个方面，我还创设了"捉昆虫"的游戏情景。首先，这些植物都是来自班级植物角的植物，之所以选择自己班级中的植物，是为了排除因植物的变化对幼儿造成不必要的干扰。其次，在摆放草编昆虫时，并不是随意摆放，而是赋予了它们"生命"，有的是趴在叶子上的，有的是藏在泥土里只露出半个身子等，这样也是为了更好地激发幼儿的想象力。最后，创设"捉昆虫"的游戏情景，让每一位幼儿参与到游戏中，感受其中的快乐。

教师："捉昆虫"的游戏情景，实际上是还原了生活中的场景，是真的和孩子们做游戏，但是这毕竟是一节美术欣赏活动，你不担心会收不回来吗？

教师：说不担心是假的，但这不也正是孩子的天性吗？

教师："二研"中，老师对座位的摆放进行了调整，并撤去了桌子。"三研"中，你把椅子也撤掉了，幼儿直接席地而坐，请问这是有意设计还是无意所为？

教师：其实这是经过仔细考虑的。感受民间艺术家用自然物品进行创作的生活情趣，这是本次活动目标之一。在回看"二研"活动实录时，总感觉教师在中央，幼儿排成扇形坐在椅子上的场面不够生活化，教师与幼儿之间仍有距离感。回忆自己小时候，最快乐的时光就是与小伙伴三五成群地席地而坐，侃侃而谈。于是就有了这样的想法，也想试一试。

教师：我觉得这样的形式特别好，老师就像是他们的小伙伴，而且这样席地而坐，不仅拉近了老师与幼儿之间的距离，也拉近了幼儿与幼儿之间的距离。当她们捉到昆虫之后就迫不及待地与身边的小伙伴进行交流和分享。

教师：我也发现了，这样席地而坐，孩子们交流的密度是不一样的。每一个人都有交流的对象，可以是老师也可以是同伴，每个人都有交流的机会和充足的交流时间。

教师：同伴之间进行交流和分享时产生新的"火花"，再一次激发了幼儿的想象力。

③形成共识

A. 在欣赏草编昆虫形式美的基础上，创设生动的自然场景，通过视觉直观地感受草编昆虫的灵动之美。

B. 创设"捉昆虫"的情景，每位幼儿到草丛中"捉"一只昆虫，并运用多种感官，看一看、摸一摸、闻一闻等方式了解草编昆虫的原材料，欣赏草编昆虫的精美工艺。

C. "席地而坐"不仅拉近了教师与幼儿之间的距离，也拉近了幼儿与幼儿之间的距离，进一步地激发幼儿想象力。

这节幼儿美术欣赏活动的"一课三研"结束了，在整个研讨过程中，更加清楚如何有效激发幼儿的想象力。我们将其收获总结如下：

①充分欣赏草编昆虫的形式美。

通过对草编昆虫以及编织过程的欣赏，让幼儿全方位了解草编昆虫这类艺术作品。

②开放式的提问。

教师的提问非常关键，问什么，怎么问，直接影响着幼儿的思考方向。例如"一研"中教师问"你觉得这些昆虫在做什么"，这就是一个非常具有开放性的问题，幼儿会拥有很大的想象空间。

③启发式的追问。

追问是在继一个问题提出之后，幼儿给予了回应，教师又一次进行提问。追问不同于提问，它更具指向性，同时也更具启发性。例如"二研"中教师提问"你觉得他在做什么?"当幼儿回答"它在飞时"，教师马上进行追问，"你从哪里看出来的，它是怎么飞的?"幼儿马上做出"飞"的动作，其他幼儿也随着做出各种"飞"的造型。

④合理的空间设置，营造轻松、自由的氛围。

无论是成人还是幼儿，只有在轻松、自由的氛围下才能更好地激发想象。合理的空间设置有助于营造轻松、自由的氛围。例如"二研"中撤去桌子，将座椅调整成为扇形；"三研"中，将座椅撤去席地而坐，更加拉近了师幼、幼儿之间的关系。

⑤为幼儿提供多种形式的表达机会。

由于受幼儿的年龄特点及能力发展水平所限，会出现现有的语言表达能力跟不上想象力的情况。在这个时候，通过多种形式，如动一动、学一学、演一演等，可以有效弥补语言表达的不足。

⑥生活化情景的创设。

幼儿的想象是源于生活却又超越生活的，每一件艺术品也都是源于生活而又高于生活的，因此，将草编昆虫回归于自然生活并赋予一定的游戏情景，能够有效地激发幼儿的想象力。"三研"中自然微景观的创设以及"捉昆虫"的游戏情景创设，有效帮助幼儿打开思维，展开想象。

"草编艺术"这种中国传统艺术似乎离孩子们的生活比较远，但是当这些栩栩如生的草编昆虫出现在孩子们面前时，她们非常惊奇，猜不出是用什么材料制作而成的。通过对草编艺术进一步欣赏、了解，孩子们发现草编艺术离他们的生活并不遥远，比如草帽、草编筐、筐箩、盖帘儿等生活用品都是草编工艺品。在美术欣赏活动中通过观看草编艺人编织视频、还原生态微景观、捉昆虫等欣赏环节，孩子们感受到了草编艺人的精湛手艺，感受到了草编艺术的灵动之美，也为孩子们的生活增添了一份自然之美。

北京市朝阳区松榆里幼儿园　高雅菲

北京市朝阳区劲松第一幼儿园　朱　宁

北京市朝阳区安华里第二幼儿园　李欣欣

## 2. 案例二　幼儿美术欣赏活动——蛙声十里出山泉（中国画）

随着天气变暖，有的小朋友将小蝌蚪带到幼儿园中，小朋友们像发现宝物一样，每天都会去观察小蝌蚪的变化：小蝌蚪在干吗，小蝌蚪为什么喜欢一起游，小朋友们还用绘画的方式记录着小蝌蚪的变化。当看到小朋友们的绘画虽然形象但是缺少生趣的时候，我们想到了齐白石先生的水墨画《蛙声十里出山泉》。这幅画作构思巧妙，摇曳着小尾巴的小蝌蚪从乱石、激流中游过，蝌蚪们不知道离开了青蛙妈妈，还活泼地戏水玩耍。因为画面大面积的留白，能够给予人们无尽的遐想，使人仿佛听到远处的蛙声正和着奔流的泉水声，真是诗中有画，画中有诗。

大班幼儿愿意对自己喜欢的事物展开联想，同时在欣赏时喜欢用多种感官去感知，表达对事物的喜爱之情。因此我们开展了《蛙声十里出山泉》水墨画欣赏的"一课三研"活动。

图 4-11　《蛙声十里出山泉》

（图片来源：http://sh.qihoo.com/pc/97aec380d2edaae3c？cota＝1）

### （1）一研

齐白石先生的《蛙声十里出山泉》这幅水墨画，充满了童趣，幼儿非常喜欢。如何让幼儿在集体教学活动中主动欣赏、感受这幅画的美，提升幼儿主动审美能力，是我们要研究的问题。

**①活动片段实录**

教师：请你们听一听这是什么声音？

幼儿：（所有）青蛙叫和流水的声音。

教师：青蛙在哪里唱歌？

幼儿：（所有）青蛙在池塘里唱歌。

（教师播放《蛙声十里出山泉》动图，以及青蛙叫和流水的声音）

教师：这幅画你看到了什么？

幼儿：小蝌蚪在水里面。

教师：还看见了什么？

幼儿：我看见了石头。

教师：石头在哪里？是画面的上面、下面，还是两边？

幼儿：上面和两边都有。

教师：看见了什么？

幼儿：小蝌蚪。

教师：小蝌蚪在哪里呢？

幼儿：在水里，从上面游下来。

教师：这是山中的泉水，我们叫它山泉水。小蝌蚪在泉水里做什么呢？

幼儿：在找妈妈，做游戏，游泳。

（教师打开《蛙声十里出山泉》静图）

教师：小蝌蚪的心情会是怎样的呢？

幼儿：伤心；开心；快乐。

教师：在这幅画中，画了山、山中涌出的泉水，小蝌蚪在水中自由自在地向下游去，这种景象多美呀，我们也来做一只在泉水中的小蝌蚪吧！

（幼儿分散，做出小蝌蚪在泉水中游动的样子）

教师：泉水从哪儿流下来的？会流到哪儿去呢？

幼儿：泉水从最上面流下来，从石头的中间流下来的，流到下面很远的地方。

教师：是啊，泉水会流到很远的地方去。这些小蝌蚪是从哪里来的呢？为什么要顺着泉水往下游呢？小蝌蚪会游到哪里去呢？

幼儿：水往下流，小蝌蚪就被水冲下去了，小蝌蚪去下面玩，小蝌蚪要找妈妈。

②研讨

安老师：哪位老师来分享一下你发现的点睛场景？

教师：首先是水墨画的意境美，还有就是老师的提问，让幼儿感受到小蝌蚪的灵动性。最后的环节中，老师让幼儿来体验蝌蚪在水里游的样子，建议说成"咱们来把你刚才说的蝌蚪在水里游的状态表现一下"，让幼儿充分感知小蝌蚪灵动的样子。

教师：教师在引导的时候要注意细节，比如教师可以提示说"看看画面里的小蝌蚪，这只小尾巴是往这边摆的，那只是往那边摆的"，让幼儿回归画面充分欣赏。

教师：画面很有意境，但是有些小，可以做成喷墨作品，方便幼儿观赏。

安老师：老师提问的层次是怎样的？

教师：小蝌蚪在干什么？小蝌蚪是什么心情？你是怎么看出来的？

安老师：老师采取了什么方法让孩子参与到活动中？

教师们：（齐声回答）让孩子说，让孩子学一学。

安老师：在师幼互动中，老师做得好的地方还有哪些？

教师：幼儿回答说画面中的石头时，教师指着画面给予说明。

教师：当幼儿指着画面的时候，教师把幼儿的语言又进行了复述。

安老师：在描述画面的这个过程中，你发现孩子有什么特点？

教师：他们会结合自己的经验产生联想。

安老师：这个时候老师做了什么？

教师：充分让孩子去感知。

教师：教师问题的设计符合幼儿发展特点。

教师：老师与幼儿一起感受小蝌蚪在泉水里的灵动，教师用语言和肢体动作与幼儿互动。

③形成共识

A. 让幼儿充分感知动静结合的欣赏特点，创设不同的情景，引导幼儿充分感知画面。

B. 在对画面整体欣赏过程中，可以让幼儿分角色体验画面中的事物。

C. 采用不同的距离欣赏画面，先是远距离欣赏，再到近距离欣赏。在近距离欣赏画面时，采用小孔成像的方式供幼儿欣赏。

## （2）二研

执教教师在"一研"后对作品进行了深入研究，了解了更多齐白石先生创作《蛙声十里出山泉》时候的故事。齐白石在画面中大面积留白，表现得恰到好处，给予人们无尽的想象力。教师认为，这样一幅充满联想的作品，应该给予幼儿更多的欣赏和情感表达。于是在"二研"中，教师将活动目标定为：

☆　感受山涧、青石与湍湍激流形成富有动静对比的构图美。

☆　通过欣赏，联想到画面外有青蛙在鸣叫，感受作品的巧妙构思。

### ①活动片段实录

教师：老师给你们带来了一个神奇的东西，猜猜这个怎么用？

幼儿：纸杯。这是咱们美工区的纸杯。你看杯子下面有一个小孔。

教师：有人发现了这里有一个小孔，接下来我们要用一种不一样的欣赏方式来欣赏这幅画。请你们拿着纸杯，透过小孔来看看这幅画，看看和刚才有什么不一样。（教师发放纸杯）

幼儿：（站起身，着急找老师要杯子，迅速地透过小孔看向作品）

教师：请你们起立，站在小椅子前面，透过小孔看看这幅作品。你看到了什么？有什么感觉？和刚才看的有什么不一样？

幼儿：我看到了大山。

幼儿：我看到了泉水，泉水很急，里面还有小蝌蚪。（一直重复说自己看到的内容，头上下晃动）

教师：现在请你们再向前一点，站在舞台下面。这次你看到了什么？有什么感觉？和刚才有什么不一样？

幼儿：我看到了泉水，还有很多的水纹，就那样流下来了。

幼儿：我好像看到了字，蛙声什么看不太清楚。

幼儿：我知道"蛙声十里出山——"，但那个字念什么我看不清楚。

幼儿：我看到了好几只小蝌蚪。我也看到文字了，是毛笔写的文字。

幼儿：我知道那个念什么……

（幼儿们着急地抢占位置，和旁边的小朋友挤来挤去。有的站着看，有的蹲在前面看，有的拿着纸杯左右上下晃动着看，有的拉着旁边的小朋友分享自己的发现）

教师：现在请你们再向前一步，站在舞台上面这个位置，这次请你们再说一说你看到了什么？有什么感觉？和刚才有什么不一样？

幼儿：我看清楚了，那个是"蛙声十里出山泉"，我认识那个字。

幼儿：我也看到了，感觉更清楚了。

幼儿：我看到了山石，好大的石头啊，一块一块堆在一起了。

幼儿：我看到了小蝌蚪，好像在水里游泳呢，感觉像是游到舞台上面了。

幼儿：我看到了水，好多细细的水纹。

（幼儿们着急地分享自己的发现，有的幼儿和旁边的小朋友挤在一起，有的幼儿欣赏的时候头上下左右晃动，有的拿纸杯和别的幼儿交换欣赏）

教师：现在我们欣赏时间结束，请你把纸杯放在地上，坐到小椅子上，分享一下你刚刚看到了什么？有什么不一样的感觉？

幼儿：我看到了好多字，我都认识那些字，蛙声十里出山泉，用纸杯看的时候我看到的。

幼儿：我也看到了那些字，我也告诉玥玥了。

幼儿：我看到了小蝌蚪在泉水里游泳，走近的时候就感觉小蝌蚪好像从水里游出来了一样。

幼儿：我看到了好多水纹……

教师：那你们知道这幅画叫什么名字吗？这幅有趣的画叫《蛙声十里出山泉》，是齐白石老爷爷的一个好朋友叫他画的。那天他们在一起看书，看书的时候他的好朋友看到一句古诗：蛙声十里出山泉，于是就让齐白石老爷爷画出这个画面。齐白石老爷爷想了很久，最终画出了这幅画。你们觉得齐白石老爷爷的画符合他朋友的要求吗？为什么？

幼儿：我觉得符合他朋友的要求，因为有山泉了。

幼儿：我觉得不符合他朋友的要求，因为朋友说的是蛙声十里出山泉，但是这幅画里面都没有画出青蛙，所以不符合要求。

幼儿：不是这样的，是因为藏起来了，青蛙藏起来了所以看不到……

教师：哦，我也发现了，这幅画并没有画出青蛙，但是通过画面你们能感受到青蛙在周围大声鸣叫，这就是这幅画有趣的地方。

②研讨

安老师：在活动中幼儿主动审美的表现有哪些？

教师：我觉得教师问幼儿"看到了什么？还有什么？"这种追问是在促进孩子自主审美。

教师：在开始欣赏作品的时候，孩子们积极表达自己的发现，边说边用手做出动作，这些都是幼儿主动审美的表现。

教师：小朋友拿小纸杯去看这幅画的时候特别积极，有的孩子说看得更清楚了。当老师说"再往前走的时候"，孩子们急切地往前走，有站着的，还有蹲在那里看的。

教师：小朋友在欣赏画面时和旁边的小朋友交流，说"画面更清晰了，水流变快了，小蝌蚪就像游出来了一样"，这一段是幼儿自主欣赏的表现。

教师：孩子的情绪状态，以及通过动作语言来表达自己的感受，这些属于孩子的自主审美。

教师：幼儿拿到纸杯的时候特别着急，左右来回地看，这种着急的状态都是自主审美的积极表现。

教师：在欣赏过程中，孩子们都想要看到这幅作品，有的孩子出现了拥挤，但是孩子们自己解决了冲突再次投入到画面欣赏中，这也表现了孩子们自主审美的心理需求。

教师：最后教师让孩子们回到座位的时候，孩子们没有直接回去，而是还在讨论着。

教师：在讨论画作名字的时候，有的孩子认为青蛙可能是藏起来了，所以符合"十里蛙声出山泉"这个名字。我觉得这个环节也表现了孩子们的自主审美，因为他们把自己看到的和想象的都联想到了一起。

教师：我觉得活动刚开始的时候，有个小朋友说小蝌蚪游动的姿势是开心的，有的小蝌蚪是不开心的，因为他们对水流的感受不一样，是孩子们自主审美后的情感表达，我觉得这也是孩子们自主审美后产生的感受。

教师：老师随后又进行了追问"你觉得开心是因为什么？你觉得不开心又是因为什么？"小朋友说因为感觉水流得很快，很害怕。有小朋友说开心，是因为觉得小蝌蚪要回家了，所以很开心。

教师：老师提问"你在生活中见过小蝌蚪吗？它是什么样儿的？"这个时候孩子们的回答很凸显自主审美，因为孩子们很生动地介绍了自己的生活经验，在表达的时候也十分生动。

安老师：在活动中，你觉得孩子们获得了什么样的体验？

教师：我觉得有自我认知的体验，与同伴有互动，就会产生自我认知。

教师：还有审美的体验。

教师：孩子们说小蝌蚪游得很快，是结合自己的生活经验在说，他们觉得小蝌蚪就是在游戏，很开心地游戏。

教师：孩子们在表达的时候就是自我认知的表现。

安平：如果没有教师的提问，孩子会有主动审美状态吗？

教师：只要孩子们喜欢，也会去交流自己的想法。

教师：孩子们急切地想去观看画作，在教师还没有提问的时候就已经开始表达了，特别有表达的愿望，说明孩子们这个时候是有自我认知体验的，知道自己是可以的，所以愿意和大家进行分享，进行交流。

教师：教师给孩子们赋予了一种探索和挑战的机会，这很适合大班孩子的学习特点。他们说小蝌蚪游出来了，水流变快了，这些是孩子们视觉上的想象，刘老师抓住这句话进行追问，帮助孩子们进行了提炼。

③形成共识

A. 要为孩子创造欣赏情境而不是情景，不是看一张画，而是全面、多角度、多感官整体欣赏。例如：由远及近地观看画面，幼儿能够从多角度欣赏到画面的外部轮廓，又用小孔纸杯欣赏了画面的局部。

B. 教师具有开放性、启发式的提问，能更好地激发孩子们的自主审美。

C. 应具备抓住重点回答进行提炼、总结的能力。孩子自然流露的情感往往是最真实的，教师应从中发现并提炼后再反馈给幼儿，帮助他们增进自我认知经验，例如当幼儿说自己在生活中观赏过鱼的游动，因此联想到小蝌蚪的游动方式，教师应及时给予总结，让幼儿感受到小蝌蚪的灵动性。

D. 要注重引导幼儿与作品的互动，以及幼儿之间的互动。

E. 要加强美术素养，不仅要对作品的形式美进行理解和欣赏，而且要对作品所蕴含的人文情怀，及其在人类文明史中的价值有所了解和认识。在给予孩子一个知识点的同时，教师要准备孩子们可能会迸发出更多新的知识点，这需要我们教师有所准备，才能及时给予回应。

## （3）三研

在"二研"后，我们一起反复观看了教学活动录像和研讨的内容，将自主学习与教师们的建议结合起来，完善活动环节和提问的针对性、开放性的设计，将幼儿自主欣赏的时间延长至 18 分钟，增加了小朋友自由谈论的环节。我们希望在《蛙声十里出山泉》这幅作品欣赏的过程中，通过教师的提问和积极的回应能够进一步促进幼儿主动审美。

本次活动的重点就是教师的积极回应能够激发所有孩子主动感知画面，在师幼互动中促进幼儿自我认知。

### ①活动片段实录

（幼儿拿起带孔的小纸杯到画作前面欣赏）

教师：你们看到了什么？

幼儿：蝌蚪、水、字。

教师：还看到了什么？

幼儿：山石。

教师：山石是什么样的？

幼儿：黑黑的。

教师：山石在哪儿？

幼儿：这边、上面。

教师：哦，上面还有啊！水流从哪儿流出来的？

幼儿：也是从上面流出来的。

教师：它是怎么流动的呢？

幼儿：这样，快速地。

教师：快速地流动，咱们模仿一下。（教师边说边和幼儿一起模仿水流的动作）它会发出什么声音呢？

幼儿：哗啦啦，哗啦啦。

教师：哗啦啦，哗啦啦，流到下边它会是怎样的呢？

幼儿：慢慢地。

教师：哦，它慢慢地流会发怎样的声音？

幼儿：（小声）哗啦啦，它没有坡了。

教师：哦，没有坡了，声音就变小了，让我们学一学水流从上面流下来，再到没有坡的地方流动的样子。

（教师和幼儿一起学水流的样子，并根据水流位置不同，发出不同的哗啦啦的声音）

教师：咦，看看水流中还有什么？

幼儿：小蝌蚪。

教师：小蝌蚪是什么样子的？

幼儿：小蝌蚪的尾巴是一条线，（幼儿摇摇自己的身体）是黑色的。

教师：哦，小蝌蚪的尾巴像一条线摇来摇去，身体是黑黑的。它们在做什么？

幼儿：在玩追人的游戏。

教师：哦，在玩追人的游戏啊，还在玩什么游戏呢？

幼儿：在赛跑。

教师：哦，在赛跑，下面的两个小蝌蚪在干什么呢？

幼儿：在比赛跑。

幼儿：在玩两人三足。

教师：哦，它们在玩两人三足！你是怎么看出来的呢？

幼儿：有在前面的，有在中间的，有在后面的，有快的、有慢的，还有两个挨着的。

教师：哦，它们有的前，有的后，有的并排在一起，所以它们在玩两人三足比赛游戏。

教师：它们要去干什么呢？

幼儿：找妈妈。

教师：它们要去找妈妈啊！

幼儿：边赛跑边去找妈妈。

教师：它们找到妈妈了吗？

幼儿：没有。（幼儿摇头叹息）

教师：它们没找到妈妈是什么样的心情啊？

幼儿：很伤心。（低下头）

教师：小蝌蚪伤心地游动是什么样子的？

（幼儿扭动身体）

教师：哦，是这样游动的。小蝌蚪的妈妈是谁呀？

幼儿：青蛙。

教师：青蛙妈妈在哪里呢？快拿着你的小纸杯看一看。

幼儿：没看见。

教师：没看见呀，再仔细看看，青蛙妈妈在哪里？

幼儿：我看到了，在石头那儿。

教师：哦，在石头的后面，它在做什么？

幼儿：在石头后面给蝌蚪做饭！

教师：哦，青蛙妈妈在石头后面给小蝌蚪做饭，青蛙妈妈还可以做什么呢？

幼儿：可以抓吃的。

教师：哦，可以给小蝌蚪们抓小虫子吃。

教师：青蛙妈妈看到小蝌蚪游啊游啊，游远了，青蛙妈妈的心情是什么样的呀？

幼儿：很担心

教师：很担心、很伤心，你怎么感觉出来的呢？

幼儿：因为它们的孩子都游远了。

教师：哦，游到很远的地方去了，妈妈害怕它们丢失了。青蛙妈妈怎么叫的呢？

幼儿：呱呱，呱呱。

教师：咱们学一学青蛙妈妈。

（幼儿和教师一起学青蛙妈妈的叫声）

教师：小蝌蚪怎么说的呢？

幼儿：我在这儿！

教师：妈妈，我们在这里。我们变成小蝌蚪去找妈妈吧！

②研讨

安老师：大家描述一下，促进幼儿主动审美体现在哪些方面？

教师：教师提问"小蝌蚪去干什么，你是怎么看出来的？"

教师：幼儿通过观察回答"小蝌蚪正在玩两人三足的游戏"。

安老师：在老师的引领下，孩子呈现出主动审美的状态有三个标准：第一，兴趣，特别积极主动；第二，能够联系作品产生丰富的想象；第三，能够表达自己的体验和想法。

安老师：在幼儿表达欣赏感受时，令你最想不到的答案是什么？

老师：小蝌蚪找妈妈。

安老师：如果你组织这个环节，你会怎样回应"两人三足游戏"？

教师：可以让孩子们学一学。

安老师：学一学的目的是什么？

教师：感受画面小蝌蚪游动的灵动之美。

教师："两人三足游戏"在配合的时候，既有自己的游动，又会有一种挣扎。

安老师：那么，周老师当时的回应是什么？

教师：她问小朋友"你是怎么看出来的？"

安老师：小朋友是怎么回答的？

教师：有在前面的，有在中间的，有在后面的，有快的、有慢的，还有两个挨着的。

安老师：然后老师怎么回应的？

教师：它们要去干什么？

安老师：老师对孩子的回答有回应，回应的类型基本是语言上的，有鼓励式的回应（你是怎么看出来的），有重复性的回应（一个在前、一个在后），也都激起了孩子的审美兴趣。这之后孩子有主动审美的表现吗？

教师：有，他们在主动联想，如两个小蝌蚪一起游泳比赛等。

安老师：如果在你的教学中出现"小蝌蚪在比赛"这个情景，你会怎样进行回应？

老师：在哪儿比赛？

安老师：为什么这样问？

教师：感受画面的美，每个问题要与目标相链接。

教师：为了产生联想。

教师：可以问怎么比赛的？怎么游的？

张迪老师：如果是我遇到幼儿说出"两人三足"或是"游泳比赛"的情况，我会不做出回应，而是给幼儿自己交流的时间，教师可以在一旁倾听、记录，并梳理总结。

安老师：教师的回应要切合情景，切合孩子的发展。回应应该多种形式，不能总是一种类型重复。当孩子需要有整体画面感的时候，教师就要梳理，梳理本身也是一种提升，是帮助孩子在原有水平认知上进行提高。请老师们将此案例记录下来，在实践中去感受，看看谁的问题更适合，让幼儿感受到教师的关注，感觉到想象的美好。齐白石老人如果听到孩子们的表述，一定很开心，这才是童真童趣的表现，也是本节活动最闪光的点。

③形成共识

A. 教师应首先和画面建立情感，只有教师自身先感受到画面中小蝌蚪的灵动之美，才能够启发幼儿与自己的实际生活经验相结合，欣赏到画中的童真童趣。

B. 幼儿美术欣赏活动中，教师应关注幼儿的情绪，给予积极的回应。例如：幼儿在用带孔的小纸杯欣赏画面时，说出小蝌蚪在做"两人三足"游戏时，教师的积极回应会激发幼儿更大胆的想象和表达。

C. 在活动中，教师应善于梳理总结，及时提升幼儿欣赏认知。例如：当幼儿说"从山上流下来的水流很急，到下面就很缓慢"的时候，对这种动静交替的美感，教师应对幼儿的回答进行总结，提升幼儿已有的认知经验。

D. 教师的回应要开放，不应设限，随机应变能力应增强。在欣赏活动中，老师运用了很多诸如"你是怎么看出来的"问话，对幼儿之前的回答给予了积极的回应，启发了幼儿进一步地思考。

E. 教师的回应要切合幼儿发展需要，以幼儿为主体，做到适时、适度、适宜，促进幼儿主动审美。例如：幼儿给画面起名字时，教师请幼儿充分表达，再进行提炼、概括，这种方式就是以幼儿为主体，使幼儿既表达了自己的想法，又在原有水平上有所提高。


至此，这节活动的"一课三研"结束了，达到预期目标。反思教研组织的过程，关键在于核心经验的把握。只有把握了核心经验，才能把它更好地运用到教学活动的组织与实施中。

①问题引领促教师把握核心经验。

三次教研的核心经验是促进幼儿主动审美。为了巩固教师对核心经验的理解和把握，三次教研活动中，都在运用"问题的引领"，如：在活动中幼儿的主动审美表现有哪些，你觉得这是主动审美吗，你是怎样看出来的。不仅是教研活动中教师间的互相切磋，还是教师对幼儿提问的设计，都是以幼儿为主体，有效促使他们积极感知画面，激发他们的审美兴趣。

②理论联系实践，促教师掌握核心经验。

对于核心经验的理解，有些教师只流于表面的意思，并不理解真正的含义。为了使教师们能够深入理解，并得以运用、拓展，我们运用了理论联系实践的方法。在活动过程中，对某一环节进行研讨，集思广益，讨论用什么方式、方法更利于幼儿审美经验的提升，根据大家的建议，形成思路，并运用到下一次的实践教学中。

③专家的引领，对核心经验的把握起到画龙点睛的作用。

有时候教师间的研讨会局限于常用的方式、方法，方向比较一致。当专家进行点拨后，可能会产生新的思路，如：在两人三足的问题上，大家都考虑怎样用问题引导幼儿表达时，张迪老师的回答"如果是我，我会不做回应"，立刻点醒了教师，使大家领悟到可以从不同的思路来考虑回应的方式、方法。

④及时记录、梳理、总结，能够促进教师对核心经验的把握。

每一次的教研活动，我们对每位教师提出的新观点进行记录，综合大家的建议形成共识，在下一次的活动中加以运用，并及时记录效果。经过反复的梳理及实践，我们寻找更多的支持幼儿主动审美的方式、方法，促进了教师对核心经验的把握。

　　总之，教师美术素养以及对核心经验的把握，不是一朝一夕就能达到的，需要我们在不断研究、实践中得以提升。因此，"一课三研"的教研方式，在提升教师专业能力、促进幼儿的发展方面都是非常有效的。

北京市朝阳区定福家园幼儿园　周天放
北京市朝阳区定福家园幼儿园　刘宇轩
北京市朝阳区定福家园幼儿园　周晓燕

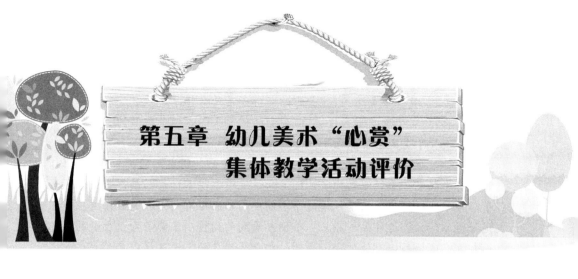

# 第五章 幼儿美术"心赏"集体教学活动评价

《纲要》指出:"教育评价是幼儿园教育工作的重要组成部分,是了解教育的适宜性、有效性,调整和改进工作,促进每一个幼儿发展,提高教育质量的必要手段,是教师运用专业知识审视教育实践,发现、分析、研究、解决问题的过程,也是其自我成长的重要途径"。美术"心赏"教育评价作为幼儿美术教育过程中的重要环节,是教师反思自己教育行为、科学认识教育活动的重要途径,具有导向、诊断和激励意义,对科学实施和完善美术教育、促进幼儿发展具有现实意义和作用。

## 第一节 幼儿美术"心赏"集体教学活动评价的意义

**活动案例**

当我们在做幼儿美术欣赏活动《大碗岛的星期天下午》的课后反思时,有教师说"本次美术欣赏活动内容适宜……",教学管理者及时追问:"是与什么适宜?请您具体说明如何得出'适宜'这个评价的?"该教师有些难为情地回答:"这节活动是我从书上找的,书上教学反思就是这样写的。"

反思是评价的一种形式。教师并不明确为何要开展幼儿美术欣赏集体教学活动评价,也没有意识到开展评价对儿童的发展和自己的专业能力提升有哪些帮助。

(北京市朝阳区定福家园幼儿园 陈海娟)

**活动案例**

在组织中班幼儿水墨活动《春》中,教师首先带着孩子们到操场上发现春天的各种迹象,如小草绿了、树上有叶子了、花儿也开了等。回班后,老师请小朋友们说一说自己的观察。有一个小朋友说:"我看到咱们操场上的树都长出小叶子了。"教师于是追问："长出的新叶子是什么样子？什么颜色的？树枝是怎样生长的？"小朋友形容道："我看到的树大大的，树干粗粗的。树枝是向上生长的，叶子是小小的绿色……"

老师让每个小朋友把观察到的树画下来，有个小朋友画的树枝是横着的，这时就有小朋友举手说他画错了，还有的说他观察得不仔细，画得不好看。老师听后却不这样认为，而是评价这个小朋友的作品很有创意，并且请这位小朋友说一说为什么会这样画。原来，小朋友看到的树枝确实都是向上生长的，但是他却没有这样画，而是把每一条树枝都画得横着的，说这样小鸟站上去就不会掉下来，不会那么危险了。听完了这个小朋友的表述，老师称赞了他的想法，其他的小朋友听完后也改变了自己之前对他作品的评价。

作为组织活动的教师，我们应该对幼儿的作品有评价、会评价，并学会用科学的评价方式去评价孩子的美术作品和创作过程，从积极、包容的角度分析孩子的创作思路，努力发现孩子思维中的闪光点并加以肯定和放大。我们也应该注意到这些内容背后的含义，不要只看表面就否定孩子的作品，我们也可以通过最后的评价环节，加深对每个孩子的了解程度。

（北京市朝阳区泛海幼儿园　余碧洋）

从以上两个案例可以了解到，对幼儿美术"心赏"集体教学活动做出科学、客观的评价并不简单。对于教师来说，做好评价这个环节，对于实践幼儿美术欣赏集体教学活动，具有非常重要的指导意义。

## 1. "导向性"——帮助教师形成正确美术教育观念

美术欣赏评价的标准很大程度上反映了教师的美术教育观，并为整个美术欣赏教育活动指明了方向。如果以幼儿美术技能发展为导向，教师在活动实施及评价过程中会高度关注能力方面的指导，而会忽视对幼儿情感和自主性的培养。因此，教师应明确评价标准，首先要树立正确的美术欣赏教育观念，深入了解幼儿，以促进幼儿审美及全面发展为根本目的和出发点，科学设计并开展活动，进而达成活动目标，避免教育观念偏差产生的误区与欣赏活动的形式化。

### 活动案例

在"幼儿美术'心赏'集体教学活动评价表"中关于欣赏内容的评价标准分别是：①内容健康、积极，弘扬真、善、美，体现对自然、对生活的热爱与向往。②美术语言具有较强的艺术感染力，在美术史发展中有代表性。③欣赏作品品质为高清大图，色彩还原度高。资料全面，便于教师查找。④贴近幼儿认知水平和知识经验，关注幼儿发展关键期。⑤表现形式丰富，开阔幼儿视野，促进幼儿对中国文化的传承和对世界多元文化的认知。

我在选择小班欣赏活动内容时，以此为导向选择了黄永玉先生的《苏曼殊诗意图》。①这节集体教学活动旨在感受、欣赏枝杈纵横交错，花朵层层叠叠盛开的春天景色，以及体验作品的色彩美，表达对春天的喜爱之情。它符合作品主题积极正面，引发幼儿对美的享受和美好生活的向往。②此作品表达了黄永玉先生对香港回归的殷切期待，传达出浓浓的爱国情怀。③这幅作品有较高的艺术鉴赏价值和重要的历史意义。正是因为这些原因，这幅作品有较全面的资料，幼儿能欣赏到高清大图以及了解作品之外的故事。④画面鲜艳的颜色对小班幼儿有强烈的吸引力，能够激发幼儿对事物的兴趣和探索的欲望。绘画对于小班幼儿来说是一种游戏，这幅作品上的彩墨就像是小朋友们在画画时甩上去的，贴近儿童生活，符合幼儿的身心发展规律。⑤此作品形式是彩墨中国画。20世纪的中国画受到西方绘画的影响，逐步形成"彩墨画"这种新的画种。这幅作品正是在这样的背景下创作的，作品标志了美术的发展和变革。

正是在"评价"的导向下，我们才找到了这样一幅适宜的作品，从内容到画作背后传递的情感，均符合小班幼儿发展目标。

（北京市朝阳区定福家园幼儿园　陈海娟）

## 2. "诊断性"——促进教师反思自身美术教育行为

美术欣赏教育评价作为一种诊断和反馈机制，能帮助教师反思教育行为。通过自评，教师依据评价标准查找教育教学中存在的问题与不足，关注活动过程中的幼儿表现，挖掘影响教育效果的因素，发现自己在材料提供、内容选择、活动组织方式等方面的欠缺之处。同时，通过他评，教师能获得他人的客观评价，全面、理性地认识自己的教育行为是否适宜，加强与他人的交流和学习，获得更好的教学经验。

**活动案例**

我带孩子们一起欣赏凡·高的《星月夜》，首先用轻音乐导入，随后展示《星月夜》图片，然后问孩子们："你们感觉怎么样？"糖糖说："我感觉好想睡觉啊？"我问："为什么啊？"糖糖说："我想睡在美丽的夜晚下。"瑞瑞说："感觉好美啊，我想飞到天上去！"蒙恩说："我感觉这是个凉爽的夜晚，都想开飞机在天上飞了。"芊芊说："那个月亮好大啊，我想吃月饼了。"孩子们的生活经验不同，想象五花八门。然后我把音乐关闭，请孩子们继续欣赏："你们看到了什么啊？"果果说："我看到了月亮、星星，好亮、好亮啊！"子轩说："我

看到了黑色的高山，那么高，比房子都高。"雨儿说："我看到了龙卷风！"说着还不忘用手比画着。涵涵说："我看到了白色的城堡！"孩子们根据自己的第一感受说出了这幅画在他们眼中最突出的部分，说明每个孩子的审美都有不一样的角度。我继续问孩子们："你们想在这个美丽的星空下做什么啊？"果果说："我想去登上高山，到山顶欣赏星空。"湉湉说："我想和妈妈在小房子里睡觉。"恩琪说："我想和好朋友在草地上跳舞！"我请有想法的小朋友依次上前来展示自己想要做的事情。在孩子们展示的时候，我发现有些小朋友自始至终都没有发言，于是我随机组织上前展示的小朋友回到座位跟旁边的小朋友交流感受。我仔细观察那些没有发言的小朋友，他们在其他小朋友的带动下也开始表达起来。从孩子们的笑容中我看到了满足，最后我告诉孩子们这幅画是油画，画的名字为《星月夜》。

**评价要点**

①发现自身专业知识的不足。通过这次与孩子们的互动，我发现孩子的想象力是无法预测的，要想让孩子欣赏效果达到最佳，教师需要预设很多场景，并准备充足的展示材料。不仅如此，教师对作品要有充分的了解，例如构图、风格、颜色、寓意等，还要了解作品的创作背景以及画家的基本资料。有了这些支撑，才能够把这节活动做得更好。

②教学方法应新颖，能吸引幼儿眼球，使其能够持续性学习。

**调整完善**

①教师应注重自身美术修养的培养和提升，多阅读美术史，多去看画展、雕塑展、摄影展等。

②尝试运用多种教学方法，以及丰富的游戏带动幼儿的学习兴趣。

③在欣赏过程中，以作品中人物、风景的内涵为核心，对幼儿进行情感教育。

（北京市朝阳区朝花幼儿园双合西园　吕明欢）

## 3. "激励性"——推动美术欣赏教育活动不断完善

评价是为了更好地教学。通过观察、记录幼儿表现，解读幼儿作品以及分析美术欣赏教育活动评价结果，激励教师全面了解活动内容、活动目标、活动过程以及活动延伸是否科学合理，通过剖析自身教育言行，适当调整和改进教学，丰富教学策略，更科学地引导幼儿，推动美术欣赏教育活动逐步完善。

**活动案例**

今天我和大班孩子们一起欣赏法国著名画家杜布菲的作品《mêle

moments》。刚一看到作品孩子们就哄堂大笑，我问："小朋友们，这幅作品给你什么感受？"依依说："我觉得这幅作品乱七八糟的。"笑笑说："这里面好乱，颜色很多。"于是我鼓励孩子们深入欣赏："你们说得很对，这幅作品用色大胆，好像是小朋友的涂鸦作品，其实这是杜布菲爷爷在向我们小朋友学习！在这幅作品里你发现了什么？"大霖说："我发现了城堡。"乐乐说："我发现了人，但是这些人很奇怪，是很多图形变成的人。"美美说："我发现了很多图形，还有很多我也不知道是什么东西。"这时美美问我："老师，杜爷爷画这样的画怎么能成为画家呢？"我说："因为他是一位很有个性的人，喜欢用生活中常见的花草、沙子等自然物品，用粗犷的线条和浓厚的色彩进行艺术创作。想要成为著名的画家，你就需要和杜爷爷一样具有自己独特的绘画风格才行。"为了让幼儿能够使用多种感官参与到欣赏活动中，我和孩子们在活动前一起收集了叶子、花瓣、果壳和水粉颜料。在活动中，孩子们能够根据自己拼出来的形状大胆的想象，感受杜布菲自由创作和大胆用色的乐趣。

**评价要点**

在活动前，我做了充足的准备，选择适宜大班幼儿欣赏的作品，并且作品具有较强的代表性，可以给孩子们带来视觉冲击。首先我收集了杜布菲不同时期作品的照片，针对他的艺术创作的特点进行深入的学习。在欣赏活动中我能够认可孩子的不同感受和想法。当孩子说出不同感受时，运用鼓励的方式推动欣赏活动继续深入开展，并且在过程中加入动手操作的环节，调动幼儿多种感官进行欣赏，使欣赏活动紧紧围绕目标不断深入。

**调整完善**

①在欣赏中增加背景音乐，为幼儿营造宽松、有趣的欣赏氛围，鼓励更多的孩子大胆表达自己的想法。

②因为画面内容较多，十分丰富，可运用多媒体放大和聚焦的功能，将作品分成几部分分别进行欣赏；或者将作品打印，人手一份。结合大班幼儿的学习特点进行小组讨论，为幼儿创造更多表达机会。

③老师可以模仿杜布菲的创作风格制作一个作品，让幼儿摸一摸、看一看，通过触摸感受到作品的独特魅力。

（北京市朝阳区松榆里幼儿园　韩剑杰）

总之，科学的美术欣赏教育评价具有重要意义，能够促进幼儿、教师及美术欣赏教育活动的共同发展。作为教师，我们要树立幼儿为本的教育观念和科学的评价观，以标准规范教育行为，加强反思，不断改进，启发幼儿的丰富审美、促进其全面发展，推动幼儿成长及教师自身的专业进步。

# 第二节 幼儿美术"心赏"集体教学 活动评价的原则

很多教师在进行美术欣赏活动评价的时候，从活动来源、活动内容的选择、活动准备到活动过程，如此持续十分钟的自评，就如流水账一般，只是把之前的整个活动过程用语言复述一遍。那么到底如何进行自评，应该遵循哪些原则呢？

## 1. "正确理念为先"原则

### （1）树立科学评价观，体现评价的动态化和过程性

评价作为教育活动的重要组成部分，对于反思和调整教育活动具有不可替代的作用。评价并非简单的评定对与错，而应以幼儿的年龄特点和需求为依据，以促进幼儿发展、挖掘幼儿潜能为根本，结合过程性评价和结果性评价等不同方式进行教育活动的反思。我们要树立正确的评价观，不仅关注结果，更要关注过程，将评价贯穿于教育的整个过程中，在教学中进行观察和评价，在评价中完善和调整教学。活动前，教师要进行诊断性评价，客观了解幼儿的已有经验和心理准备状态，激发幼儿的活动兴趣；在教学实施过程中，将美术活动指导与评价结合起来，广泛收集幼儿在美术活动中的表现以及美术作品等信息。活动结束后，根据幼儿的个体差异性，分析其优势与不足，淡化幼儿间的相对评价，注重幼儿的个体差异评价，关注幼儿的内心感受，帮助幼儿正确地认识自我，并提出个性化的改进建议，促进幼儿发展。同时，教师也应不断反思自身教育行为，依据幼儿表现改进教学，树立并践行正确教育观，促进自我专业成长。

### （2）坚持科学的幼儿美术欣赏教育价值观，促进幼儿艺术素养提升及全面发展

美术欣赏教育对幼儿艺术素养的提升及其全面发展具有重要作用。一方面，活动应关注幼儿的兴趣及需求，选择适宜的、具体形象的、贴近幼儿生活或体现地区美术文化特色的艺术素材以及优秀的艺术作品，引导幼儿观察并欣赏色彩、线条、作品构图和作画方式，丰富幼儿的艺术及审美感受，提高他们的艺术素养。另一方面，美术欣赏教育活动应开阔幼儿的视野、激发幼儿的求知欲、想象力和创造力，培养幼儿的自信心和对美术欣赏活动的热爱，最终帮

助幼儿学会发现、感受和欣赏美，并能用自己的方式表现和创造美，促进幼儿认知、技能、情感以及个性等全面发展。

**活动案例**

在带领大班幼儿欣赏《清明上河图》时，由于整幅画画面很长，内容较多，因此我们选择了孩子们最感兴趣的部分画面进行局部欣赏。欣赏时，我问孩子们："桥中间有一个人正在往下抛缆绳，他想干什么？船上的人都在做什么？"孩子们纷纷举手回答："我觉得桥上的那个人是想救下边船上的人。""我觉得是桥上的人想把绳子扔下去，让下面的人顺着绳子爬上来。""我猜桥上的是一个特别聪明的人，他想帮助下边的人渡过河。"孩子们你一言我一语，各有各的想法。于是我又问："那你们看桥上的人都伸着脑袋冲着下边好像在喊些什么，你们猜猜他们会说什么呢？"妮妮站起来开始学桥上的人喊："喂，下边的人，你们船上的杆子要碰到桥梁了，危险，小心！"壮壮也站起来边招手边表演："下边的人，接住绳子，小心船上的桅杆。"最后，我告诉孩子们，这是因为船上有一根高高的桅杆，这艘船到桥的下面，桅杆就会和桥梁发生碰撞，所以桥上的人想让船上的人用缆绳把桅杆放倒，使船顺利地通过。

**评价要点**

《清明上河图》，是中国传世名画之一，因此本次活动我带领孩子们欣赏并了解它。在教师的引导下，孩子们能运用已有的美术知识，对画面的点、线、面进行欣赏，从而了解当时人们的生活情景以及心理活动。在这个过程中，孩子们能够充分发挥想象力和创造力，大胆表达自己的想法和感受，很多小朋友甚至大胆表演、模仿画面上的人物动作。此次活动既使幼儿了解我国古代这段历史画面，又能使其感受到古典作品内容的丰富有趣。

（北京市朝阳区泛海幼儿园 余碧洋）

## 2. "幼儿发展为本"原则

### （1）深入了解幼儿年龄特点和发展水平

不同年龄阶段的幼儿，美术欣赏能力发展水平不同。3～4岁的幼儿开始萌发审美心理，建构审美心理结构的雏形以及初步的审美态度、偏爱敏感性及相应的审美体验。4～5岁的幼儿具有明显的审美偏爱，他们喜欢色彩鲜艳、具有夸张和拟人等特点的艺术作品，以及能带来美好体验的自然风光和景物。5～6岁的幼儿开始具备审美标准，有明显的个性倾向，但容易受外界影响。因此，针对不同年龄的幼儿，教师应了解他们的审美发展阶段，根据其不同水平提供不同层次的美术欣赏作品、制定不同的审美目标，如针对3～4岁的幼儿，教师应引导他们喜欢参与欣赏活动，鼓励他们大胆地表达自身的审美体验；对 5～6 岁的幼儿，则应引导他们主动参与美术欣赏活动，简单了解作品背景，尝试表达自己对作品的理解。

### （2）充分尊重幼儿个性表达及想象创造

幼儿生活经验及认知发展等方面的不同导致他们的欣赏和表现能力存在差异，教师应深入了解幼儿，支持幼儿的探索及想象，鼓励幼儿发表自己的想法，用多种方式表达自己的审美感受，尊重幼儿的个性表达。同时，美术欣赏活动要避免教师"独角戏"或结果程式化，要强调教师与全体幼儿的共同参与，注重幼儿主动性的发挥。教师作为支持者和引导者，应创造性地开展美术欣赏活动，启发幼儿关注审美对象的结构和形式，激发幼儿的想象与创造，促使幼儿从不同角度进行感受和欣赏，并以自己特有的方式进行艺术表达。

**活动案例**

我组织大班幼儿欣赏徐悲鸿的作品《奔马图》。幼儿在欣赏作品时，我问道："小朋友们，这幅作品哪里最吸引你？"有的小朋友大声回应道："这马画得真好看！看，那匹马一看就跑得特别快，它身上的毛都竖起来了！"有的幼儿说："我最喜欢这匹马高高大大的样子。"轩轩小朋友突然把手举高，用期待的目光紧紧盯着我，我示意他回答，他不说话却让我走到他身边去。当我走到他跟前时，轩轩捂着嘴巴，凑近我的耳朵说："范老师，这匹马我不喜欢！跑得肯定不够快！你看它脚下根本就没有烟！跑得快的马，脚底下都会有烟的。"听了他的话，我把食指放在嘴边告诉其他幼儿："嗯！轩轩有个秘密告诉了我。"这时乐乐站起身，双手快速支撑在地面上，整个身体呈"拱形"前后摆动，大声喊："看！这匹马肯定像我一样，腿特别用力向后蹬。"有的小朋友也模仿乐乐的样子，用肢体动作表现他们欣赏《奔马图》后激昂的情绪。我对孩子们运用不用的方式来表达对作品的感受给予了及时的肯定，现场的气氛一下子轻松、活跃起来，孩子们的参与度越来越高。

**评价要点**

在欣赏活动中，每位幼儿都有其独特的、自我表达的方式，他们有的喜欢用语言、有的喜欢用肢体动作、有的喜欢与伙伴或成人单独沟通，有的则喜欢把想法藏在心里。教师在面对幼儿个性化表达时，可以在欣赏活动前多做些"预设工作"，针对本班幼儿的年龄、行为特点、幼儿会感兴趣的内容等，进行前期的梳理和预判，从而更好满足不同幼儿个性化表达与想象。

**调整完善**

①对于幼儿个性化的表达，教师应给予及时的鼓励。如案例中幼儿大胆运用动作表达欣赏的感受时，教师不应制止，要给幼儿个性表达的机会，也可以让全体幼儿都来用动作表达一下。

②在集体欣赏活动中，当幼儿提出或示意教师：我只想和喜欢的伙伴或老师单独表达时，教师要尊重幼儿。对于不愿表达的幼儿，教师要注意不应强迫，鼓励他用喜欢的方式表达出来即可。

（北京市朝阳区和平街幼儿园 范 稳）

## 3. "客观真实"原则

有效的评价应以"标准"为准绳、以事实为依据，尽量规避评价者的主观因素或外界因素的干扰与影响，防止评价过程掺杂个人偏见，以保证公正、客观。这就要求评价者在客观观察的基础上进行评价。针对同一评价对象或现象，不同的观察者可能会得出截然相反的结论，这主要是由于他们的经验、背景知识、思维方式、理论基础和评价标准等不同所造成的。因此，观察法运用得好坏主要取决于观察者自身的专业素养。观察者应充分、准确地认识教育目标和评价标准，客观而不抱任何偏见。在观察过程中，要有针对性地收集客观、可靠的资料。同时，还要运用自身的专业理论和实践经验，依据评价标准，对观察结果做出科学合理的推论和解释，以判断幼儿言行背后的需求和发展，反思自身的教育行为，进而不断调整教育行为，因材施教，因时施教。

**活动案例**

在与幼儿共同欣赏《鸢尾花》的时候，我问道："你们觉得这幅画美吗？"孩子们几乎异口同声地说："美！"我接着问："你们觉得这幅画哪儿美？"尚尚说："我觉得这些花的颜色很美。"佳佳把手举过头顶说："我觉得花瓣的形状很美。"跳跳也跟着说："我觉得花瓣卷卷的，很漂亮。"只有安哲安静地看着这幅作品，我问道："安哲，你觉得这幅画美吗？"安哲说："我觉得一点儿都不美。"我问："为什么？"安哲走近画面，指着一片花瓣说："我觉得花瓣很干，边缘的花瓣也都弯曲了，看起来像是枯萎了的样子。""哦，原来你是这样想的，我们再听听其他小朋友的想法好不好？"……

**评价要点**

通过这个案例，我们可以看出每名幼儿对画面的感受都是不一样的，当老师看到安哲沉默的时候，老师关注了他，并给了他表达的机会。当他说出画面不美的时候，老师没有用个人的主观意愿去引导幼儿，也没有否定幼儿对画面的理解，其实这是一种尊重和接纳。但是老师虽没有否定他的想法，也没有积极回应他，而是选择了规避。老师此时应该做的是用专业知识，对幼儿所观察的结果做出更科学合理的解释。

**调整完善**

在安哲回答完以后，教师要给他更充分的肯定，同时鼓励其他幼儿也把自己内心的真实想法表达出来。面对幼儿的回答，教师要用专业知识来帮助幼儿解释。

老师的提问要更开放，如这般提问"你觉得这幅画美吗"容易往一个方向引导幼儿，而是应该这样问幼儿："你觉得这幅画给你带来什么感受？"如果这样，教师或许能够听到幼儿更多内心的想法，也许他们的感受不仅仅停留在"美"与"不美"，可能还会有更加丰富的内容出现。

（北京市朝阳区光华路幼儿园　郭　娜）

# 第三节　幼儿美术"心赏"集体教学活动评价的内容

幼儿美术"心赏"集体教学活动评价的内容包括四个方面，一是评价的主体——幼儿的表现，二是评价的客体——欣赏的作品，三是活动目标，四是活动过程。

教师在活动后对幼儿的评价往往比较模糊，有些方面甚至是"自由发挥"，如在评价幼儿表现时，有的教师注重看最后的"成品"。如果幼儿的作品用色鲜艳、画面整洁，往往就会判定这个小朋友认真画了，但如果作品是"乱糟糟"的，或是颜色单一，往往就会觉得这个小朋友没有认真完成，这些问题的产生其实是源于不明确评价内容。为此，"朝阳美之佳"通过对教师困惑问题的总结分析，对教师教学的研究，确立了以幼儿表现为主线，以教学过程为结构，对应"情境——体验式"教学方式，依托教师实践问题的评价内容，包括幼儿表现、欣赏内容、活动目标、活动过程四大方面和 27 个要点（见附表）。其中"幼儿表现"是活动评价的逻辑起点，以此引领教师围绕幼儿表现展开，以幼儿为本，进行客观、真实、科学的评价。

## 1. 对幼儿表现的评价

幼儿作为美术欣赏活动的主体，其表现是活动开展有效性和目标是否达成的重要衡量标准。一方面，教师要通过多种方式进行引导和支持，促进幼儿的探索与体验。另一方面，教师要注重对幼儿态度、语言和行为方面的观察和记录，并通过与幼儿交谈，了解他们的态度和能力，进而更好地反思活动目标、内容选择以及自身的教育教学是否适宜、有效，为调整自身言行和提高自身专业性指明方向。

**评价要点**

①幼儿对活动感兴趣，能专注投入欣赏。

②幼儿能积极主动与人、欣赏对象互动。

③幼儿在审美体验、自我认知体验、同伴交往体验、文化体验、创造体验上获得有效学习。

**活动案例**

欣赏活动——康定斯基和音乐

**活动目标**

①感受康定斯基作品中点、线、面、色与音乐的奇妙联系。

②通过对画作的欣赏，体会抽象艺术强调主观感情与个性的自由表现。

在活动过程中，老师播放了三首音乐——《拉德斯基进行曲》《小夜曲》《龙骑兵进行曲》，幼儿在听的过程中，有的闭上眼睛，有的摇头晃脑，有的跟随音乐打拍子，还有的站起来随音乐动起来。音乐结束后，幼儿说："第一首很严肃；第三首的节奏像马儿跑，一顿一顿的；第一首也像第三首，第三首马在走平平的线，第一首是马休息后直接跑；第一首雄壮，马儿在跑，又像海浪在翻滚，像海啸；第二首像乌龟在爬。"

在幼儿创作前，老师播放乐曲《单簧管波尔卡》，幼儿听完后说道："摇来摇去欢快的感觉；高兴，像要过圣诞节；马儿跑一会儿就睡着了，很欢快……"老师追问："如果让你画出来，你想用什么线条、什么颜色来表现这首音乐？"幼儿说："我会用锯齿线；黄色的波浪线，红色的圆圈；我要画许多粉色的爱心；我要画许多圆圈，红色、绿色、黄色，还要画大大的波浪线……"

**评价要点**

①幼儿能积极主动与人和欣赏对象互动。

幼儿听音乐《拉德斯基进行曲》《小夜曲》《龙骑兵进行曲》时，他们的多种感官被调动起来，听觉、视觉、手的动作、身体的动作与内心的感受融为一体，激发了他们丰富的想象力。欣赏的音乐中没有具体的场景、形象，他们却似乎看到了马儿的奔跑、马儿悠闲地溜达，大海的波涛汹涌……他们能从音乐中感受到生动的形象与故事。幼儿对这次活动非常感兴趣，能专注投入欣赏，与老师、作品保持积极的互动。

②幼儿在审美体验、自我认知体验、同伴交往体验、文化体验、创造体验

上获得有效学习。

在听到音乐《单簧管波尔卡》时，幼儿都做出快乐的表情与动作，有的哈哈大笑，有的愉快地拉起手来，有的随音乐双手画圈圈。优美的音乐把幼儿带入美好的意境之中，他们入神地听着、想着，音乐的节奏变成了一条条自由的线条，有长有短，有快有慢。画面中的线条又似音乐中的节奏，传递着幼儿快乐、开心的情感。幼儿在创作时，有的随着音乐挥洒自如，有的谨小慎微，还有的身体随着画笔动来动去。他们不合逻辑的构思，夸张的造型，主观想象的色彩，随意安排的空间构图等，都是他们打破常规的、独特的表现，展现出大胆的想象力和神奇的创造力。

**附作品如下**

图 5-1

鸭子和小马在玩耍，小鸭子听着音乐张开翅膀欢快地跳舞，他转啊转啊，把小马都给转晕了，他们开心极了。

图 5-2

鱼妈妈带着小鱼在大海里追逐游戏，它们冲过一个接一个的浪头，小鱼们一点儿都不害怕，非常勇敢。

图 5-3

这是一个五彩的爱心，四周长满了爱心树。

听到好听的音乐，小树笑了，小花儿开了，太阳出来了，彩虹也出来了。

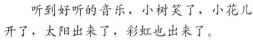

图 5-4

这是个多彩的世界，有许多许多的爱心，小朋友们快乐地跳舞。

图 5-5

**调整完善**

①在听音乐时，可以为幼儿提供足够的空间，让幼儿随音乐动起来。通过身体动作更深入地理解音乐，为自己的绘画丰富情感体验。

②为幼儿提供多种材料，如：彩色线、毛线、绒球、彩泥等，让他们可以选择自己喜欢的材料自由创作，充分表达内心的情感。

（北京市朝阳区泛海幼儿园　杨丽杰）

**活动案例**

欣赏活动——吹短笛的少年

这是中班幼儿的一节美术欣赏活动，欣赏法国画家马奈的作品《吹短笛的少年》。首先我请幼儿欣赏短笛吹奏的乐曲，孩子们有的闭着眼睛倾听音乐，有的模仿演奏乐器的样子，有的开心地笑着。

当我出示马奈的这幅《吹短笛的少年》作品时，孩子们都瞪大了眼睛。我问小朋友们："你们都看到了什么？"有的幼儿说："看到了黑笛子，看到了笛子上的按钮，"有的幼儿说："看到了笛子是一根黑黑的管子。""我还看到了一个小男孩穿着红裤子。""他戴着一顶漂亮的帽子。"我继续追问："你们还看到了什么？"幼儿回答："他手里有两个笛子，一个黑色、一个金色。"

图 5-6　《吹短笛的少年》
(图片来源：https：//0x9.me/Nt60w)

有的幼儿还模仿起小男孩吹笛子，很神气的样子。在欣赏作品之前，幼儿对短笛这个乐器进行了认知，当看到作品时，孩子们马上就注意到画面中小男孩手持的就是短笛。通过孩子们的回答，能感觉到他们对这幅画很有兴趣，能仔细观察画面，能关注到画面的细节，如笛子上有"按钮"，甚至观察到画面中还有"金色的笛子"。

我继续问道："这个小男孩在做什么？"有的幼儿回答："吹笛子，"有的幼儿说："在演奏，他在学习，可是感觉他并不开心，他都不笑，"有的孩子直接站起来，模仿小男孩吹笛子的样子，一只脚还摆出"稍息"的动作。孩子们的回答非常有趣，他们能够观察到画中小孩的表情，结合自己的经验，猜想他是在学吹笛子，这都说明幼儿能够充分观察画面，并结合画面进行想象，大胆表达自己的想法，甚至有的幼儿用肢体动作来模仿画面中的男孩吹笛子，积极主动地与画面进行互动。

我继续问幼儿："男孩穿的衣服是什么样子的？"幼儿大声地回答："红裤子、黑衣服，衣服上有很多的扣子""他肩膀上挎着一条白色的布，布上有一个圈""他穿着黑皮鞋，是黑白鞋""这衣服像我们幼儿园升旗手的衣服"，孩子们的参与度都非常高，活动气氛达到了一个小高潮。

**评价要点**

美术欣赏活动可以提高幼儿对艺术的兴趣，培养幼儿的审美创造力，发展幼儿的想象力、思维能力。本次欣赏活动的美术作品主题鲜明、内容简单，贴近幼儿并能够给幼儿以想象的空间，适宜中班幼儿欣赏。

**调整完善**

①可以请幼儿欣赏短笛，感受短笛悦耳的声音。

②让幼儿了解画面中的故事和作者的背景。

③可以和幼儿聊聊画面中的故事，并说说自己长大了想做什么。

（北京市朝阳区丽景幼儿园　杨红如）

## 2. 对欣赏内容的评价

幼儿美术欣赏活动是幼儿通过对美术作品进行无拘无束地探索，不断加深对美的理解，逐步提高审美意识和审美敏感性，进而更积极主动、更有信心地投入学习和生活。因此，幼儿美术欣赏活动内容的选择，既要依据幼儿的兴趣和已有经验，选择适宜幼儿探究和欣赏的、能激发幼儿内心感受、丰富其想象的艺术作品，又要关注内容的广泛性和前瞻性，充分利用名人名作或社会公认的、有艺术欣赏价值的作品。作品内容应以动植物、风景以及幼儿生活题材为主，能够迁移幼儿的生活经验。如凡·高《向日葵》符合幼儿喜欢自由、不受约束的特点，颜色鲜艳、贴近幼儿生活，具有很好的欣赏价值，容易为幼儿所接受和学习。

**评价要点**

①内容健康、积极，弘扬真、善、美，体现对自然和生活的热爱与向往。

②具有较强的艺术代表性和艺术感染力。

③欣赏作品资料全面、品质较高、色彩还原度高。

④贴近幼儿认知水平和知识经验，关注幼儿发展关键期。

⑤表现形式丰富，开阔幼儿视野，促进幼儿对中国文化的传承和对世界多元文化的认知。

**活动案例**

春节将至，我在选择美术欣赏作品的内容时选择了"杨柳青"年画《连年有余》。活动过程中教师提问："画面上都有什么？"幼儿回答："有一个小孩儿；有一条大大的鱼；还有荷花、荷叶、莲蓬；小孩儿头上有小辫。"老师接着问："它们都是什么颜色的呢？"幼儿回答："鱼是红色的；荷花是粉色和红色的，还有绿色的荷叶；胖娃娃的头绳和鞋是红色的。"老师继续追问："看到这些颜色，你想到了什么？"幼儿回答："看到红色的鱼想到了过年，窗花和福字周围经常出现鱼的图案；看到了粉色想到了花，感觉很暖和；绿色让我想到了大树和小草。"老师接着说："今天我们欣赏的是年画，就像你们说的，它有红红绿绿的颜色，还有过年的时候你们经常看到的图案，比如鱼、花等。你喜欢年画吗？你知道年画上的这些图案都代表什么吗？"幼儿回答："我喜欢年画，过年了就会贴年画；我喜欢年画，年画很喜庆；年画上的胖娃娃好看，是健康的意思；年画上有漂亮的荷花，是美好的意思；过年就是快快乐乐的，年画上的胖娃娃也是快快乐乐的，所以年画祝福人们快乐。"

**评价要点**

①幼儿能够关注到画面上的人物形象和鲜明的色彩，可以看出作品中的形象造型可爱、富有童趣，能够吸引幼儿观察。作品内容的选择符合小班幼儿关注颜色和鲜明形象的年龄特点。

②幼儿能够根据画面上的颜色大胆想象、表达，可以看出这幅作品的色彩元素具有鲜明的象征意义，幼儿能够联系现实生活进行观察和想象。

③教师能够引发幼儿表达新年感受，体会中国传统新年传递出的美好寓意。

**调整完善**

①现在的孩子们对新年的传统习俗了解并不多，可以让他们看一段记录人们新年贴春联、贴年画、接财神、蒸馒头、扫房子等具有感染力的视频，让幼儿有更为具体的印象。

②可以提供更多的"杨柳青"年画供幼儿欣赏，并在课后将年画贴到幼儿园里或者让幼儿带回家张贴。

（北京市朝阳定福家园幼儿园　陈海娟）

**活动案例**

欣赏活动——格子王国

**活动目标**

①喜欢参加"格子王国"绘画活动。

②能够感受直线与红、蓝色块搭配的和谐美感。

③能大胆地用红、黄、蓝三种颜色进行装饰设计，体验活动的兴趣。

**活动准备**

①经验准备：幼儿体验过使用油画棒、水粉的绘画游戏。

②物质准备：蒙德里安的《红黄蓝构图》，一次性纸盘，红黄蓝三种颜料，棉签，方形空白底图。

**活动过程**

①情境导入，引起幼儿兴趣。

A. 教师创设情境，邀请幼儿到"格子王国"玩一玩。

教师：有一个有趣的王国，我们一起去那儿玩一玩吧！

B. 出示蒙德里安的《红黄蓝构图》，鼓励幼儿自由表达。

教师：你喜欢格子王国吗？为什么？

②进一步欣赏大师作品，感受直线与色块的组合美。

A. 引导幼儿发现画面中直直的"马路"与红、黄、蓝色的"房子"。

教师：请你们指一指马路和房子分别在哪里？是什么样子的？

B. 欣赏蒙德里安的其他相关作品，引导幼儿欣赏感知线条和色块的变化。

教师：格子王国真有趣，又变样子啦！你们看到了什么？哪里变了？

③探索连接直线以及在格子里涂色的方法。

A. 出示空白底图，引起幼儿探索绘画的兴趣。

教师：红色点点和好朋友住在街对面，他们想手拉手去格子王国玩一玩，谁来帮帮她们？（把相同颜色的点连线，降低绘画的难度，增加游戏性，请个别幼儿连一连直线）

教师：从红色的点点开始，用笔将他们连起来走，走啊走，一直走到她的好朋友另一个红色的点点处，走成一条直线。再从蓝色点点开始走，一直走到另一个蓝色点点处。

B. 在"为格子王国刷房子"的情境游戏中，示范在格子里涂色。

教师：用笔蘸上颜料，在一个格子里涂满，小心不要涂到格子外面。涂好一个，可以换一种颜料涂另一个格子。

④幼儿创作

A. 介绍绘画材料，提出绘画要求。

教师：今天我们要用油画棒和水粉笔来画画，用油画棒画线，用水粉笔涂颜色，看看谁像大画家。

B. 幼儿创作，教师指导。

在幼儿创作过程中，教师应提醒幼儿画直线时要用点劲儿，涂色时颜色要尽量在格子线内。

C. 展示作品，体验成功的快乐。

**评价要点**

①教师通过问题引导幼儿欣赏蒙德里安的《格子王国》，并针对图片对幼儿进行提问："通过这幅作品，你看到了什么？想到了什么？"让幼儿大胆说出自己对《格子王国》的想法和感受。

②在欣赏作品内容的时候，尽可能地给幼儿提供多种形式的资料，开阔幼儿的视野，丰富欣赏体验。

**调整完善**

教师在给幼儿欣赏图片的过程中不应该以一种物品图片作为欣赏内容，可以再找一些相关物品图片，比如在盘子上的"格子王国"，"格子王国"在衣服上的样子等，使幼儿开阔视野，能用自己喜欢的材料进行大胆想象与装饰。

（北京市朝阳区朝花幼儿园孙河西园 常天霖）

## 3. 对活动目标的评价

幼儿美术欣赏活动的目标设定，应充分考虑幼儿的发展水平和兴趣，要着重培养幼儿对艺术的积极情感和基本感知，使他们对周围美好的事物和艺术作品感兴趣，喜欢探究并感受作品，初步了解作品的主题、内容和色彩、形状等要素。同时，要注重挖掘幼儿的艺术欣赏潜能，引导他们专注欣赏，并调用已有经验，尝试对色彩、形状、构图等要素进行简单描述。

**评价要点**

①关注幼儿的最近发展区，以发展的角度进行目标表述，呈现幼儿在形式美、内容美等方面获得的发展。

②能够欣赏作品最重要的创作特征，美术术语使用正确。

③目标可监测和评价，表述明确、具体，能通过观察幼儿进行衡量。

**活动案例**

欣赏活动——大碗岛的星期天下午

**活动目标**

①幼儿喜欢欣赏油画作品并大胆讲述自己的想法与感受。

②了解画面的构图、造型、人物的不同形态特点。

③了解点彩画风格的绘画作品及作者在创作中表达的情感。

**评价要点**

我们班幼儿美术欣赏的发展特点：能明确绘画的主题，喜欢欣赏不同油画作品，积极表达自己对作品的理解。为丰富幼儿对油画形式中"点彩画"的了解及画面人物构图比例，我开展了《大碗岛的星期天下午》美术欣赏活动。由于对目标设定过于宽泛，没有体现出幼儿最近的发展区，不能直观地了解幼儿的发展情况，对后续目标监测和评价有所影响。

**调整完善**

①让幼儿了解点彩画的表现形式。

②了解画面的构图、不同人物在画面中的形态，并尝试表现。

③能发现画面中色彩的变化，并大胆说出自己的感受。

（北京市朝阳区安华里幼儿园　胡洋彬）

## 4. 对活动过程的评价

在美术欣赏活动过程中，教师要为幼儿创设自由和谐、宽松愉快的欣赏氛围，做好充分、高品质的物质准备，为幼儿提供适宜的欣赏对象，并通过有针对性的提问引导和积极有效互动，调动幼儿的主动性，促进幼儿与艺术作品之间的对话，使其感受作品的艺术元素以及所要传递的情感和愿望，进而丰富幼儿的审美体验。

对活动过程的评价要点包括以下三个方面：

### （1）情景创设

①教师应通过适当且有感染力的言语、亲切的表情等表达对幼儿的爱与尊重，营造宽松、愉悦的活动氛围。

②教师注重自己仪表和体态的美感。

③教师语言具有感染力。

④欣赏对象品质高，适于幼儿观看、感受。

⑤情景创设方式适宜，能激发幼儿更多想象空间。

### （2）提问引导

①问题的目的性明确，能围绕活动目标提出。

②问题符合幼儿年龄特点和发展水平，能激发幼儿已有经验，能被幼儿理解和解答。

③问题的数量适宜，利于幼儿倾听、理解。

④问题的陈述清晰易懂，简明扼要，表达方式清楚。

⑤提问引导时机适宜，体现公平性和层次性，既面向全体又体现个体差异，利于幼儿思考后回答。

**活动案例**

欣赏活动——春如线

今天和小班的孩子们一起欣赏的是吴冠中的彩墨画《春如线》。

**活动目标**

①喜欢欣赏画家吴冠中笔下的春天。

②了解画家在彩墨画《春如线》中利用点、线绘画的艺术风格。

③能运用多种方式表现生机勃勃的春天。

在活动的过程中，我先请幼儿欣赏有关迎春花、柳树、油菜花等春天植物的视频，让孩子们感受春天的美。之后我问孩子们："你们都看到了什么？"有的幼儿说柳树，有的幼儿说小花。我赶紧追问："它们长长的枝条像什么？"有的孩子说像绳子、有的说像妈妈的头发、有的说像蛇。我又问道："你还看到过春天的哪些景色？"婉儿说："老师，我还看见过粉色的桃花。"曼曼说："还有绿色的小草、柳树。"妮妮说："我去元大都还看见了海棠花，特别漂亮。"

当看到孩子们表露出对春天的喜爱之情后，我马上出示了作品《春如线》及画家照片。我给孩子们介绍画家简介之后追问道："你都看到了什么？长长的线像什么？彩色墨点像什么？看到这幅作品，你有哪些感受？"

**评价要点**

提问引导——问题的目的性明确，能围绕活动目标提出。

通过观看视频后进行的第一次提问，有着引导的作用。教师的提问"你都看到了什么？"具有目标的导向性，为活动目标"①喜欢欣赏画家吴冠中笔下的春天"做好铺垫。教师随后的提问——"它们长长的枝条像什么"，让幼儿将自己的经验形象化，不仅符合小班幼儿的年龄特点，还紧紧围绕着"活动目标①"进行。接下来教师的提问——"你还看到过春天的哪些景色"，进一步突显了活动内容，并容易激发幼儿欣赏与想象的兴趣。教师出示画家吴冠中的作品《春如线》后的提问——"你都看到了什么"，让幼儿直观地看到欣赏的作品，并初步了解大师绘画的艺术风格。接着教师的提问——"长长的线像什么？彩色墨点像什么"，是针对活动目标"②了解画家在彩墨画《春如线》中利用点、线绘画的艺术风格"的具体体现，这两个提问简单、明确，便于小班幼儿思考与想象。但是最后教师的提问——"看到这幅作品，你有哪些感受"，小班幼儿可能不太清楚，这个提问不能够体现目标"③能运用多种方式表现生机勃勃的春天"，目的性也不明确。

**调整完善**

可以将教师的提问——"看到这幅作品，你有哪些感受"改为"你喜欢这幅作品的哪个地方"，这样更具体些，为目标"③能运用多种方式表现生机勃勃的春天"做好铺垫。在这个提问后，教师可以采取游戏化的方式让幼儿体验点、线结合的绘画风格，并可以继续提问："你愿意来画一画你喜欢的春天吗？"

（北京市朝阳区和平街幼儿园　张　建）

**（3）互动生成**

①教师回应时间及时。

②教师的回应能鼓励和启发幼儿感受和思考。

③教师的回应类型应灵活多样，能充分采用言语、动作等不同方式。

④教师回应方式能促进幼儿获得丰富体验，如有指令式、鼓励式、重复式、梳理式、提升式、延展式等。

⑤教师的回应效果能促进幼儿主动审美。

**活动案例**

欣赏活动——风筝

**活动目标**

①通过欣赏风筝图案的特征，感受对称美。

②欣赏不同风筝的样式，了解放风筝的习俗。

首先我请小朋友观赏他们放风筝的图片，孩子们看到自己的照片都非常兴奋，我问孩子们："放风筝的时候有什么感觉？"伯闻说："我特别开心。"乐乐说："风筝特别高的时候，我特别激动。"接着我把之前收集上来的风筝发给孩子们："你们的风筝都来了，谁能告诉我，哪个是你的风筝，它是什么样子的？"孩子们把自己的风筝拿在手里，争先恐后地说："我的风筝是蝴蝶的；我的风筝是三角形的，上面还有很多的颜色；我的风筝是汪汪队的。"孩子们一边介绍自己的风筝，还一边欣赏着同伴的风筝。我接着问："你喜欢你的风筝吗，为什么？"弯弯说："我喜欢风筝上的花纹。"苗苗说："我喜欢它的颜色，五颜六色，特别漂亮。"豆豆说："我喜欢我风筝上的图案，有漂亮的蝴蝶。"

接着我请小朋友放下自己的风筝，欣赏我准备好的燕子风筝图片："你们觉得燕子风筝好看吗，哪儿好看？"谦谦说："这个燕子身上有好多鱼，特别漂亮。"毛豆说："我喜欢中间的大金鱼，颜色特别好看。"宸宸说："我喜欢燕子的眼睛，特别圆。"么么说："我觉得这个燕子的图案特别好看，上面还有小花。"我拿着孩子们的风筝和图片里的风筝对照着问他们："小朋友们，你们看这些风筝有没有相同的地方？"弯弯说："他们都有黑色。"阳阳说："他们都有图案。"我接着问："如果我把它们对折，左边和右边的图案会是什么样子？"孩子们听了有种恍然大悟的感觉，抢着说："一样，它们两边一样。"我接着问："哪儿一样？"伯闻指着图片说："左边有条鱼，右边也有条鱼，两边一样。"我问："除了颜色一样，它们的位置呢？"孩子们异口同声："位置也一样。"我告诉孩子们："这种左边和右边完全一样的美术表现形式叫'对称'"，孩子们跟着我说："对称"。

最后我问："人们为什么要放风筝呢？"乐乐说："因为风筝飞在天上特别漂亮。"悠悠说："春天就要放风筝。"也有的小朋友说："我不知道。"我告诉他们："最开始放风筝是一种迎接新春的习俗，风筝上的图案表示着美好的寓意，比如'四季平安、福寿双全'。老师今天给你们带来的燕子风筝上有很多鱼的图案，它代表年年有余。人们常常用风筝上的图案传递自己对新春的期盼和祝福。"

**评价要点**

在整个欣赏活动当中，老师能够积极地回应幼儿的问题，对幼儿的回答进行适当补充，并通过提问的方式启发幼儿表达对不同图案、样式的风筝的感受。但是，老师回应的语言较为单一，如果能够在适当的时候通过重复、梳理幼儿的回答、提升幼儿的思想、鼓励他们的表达，效果应该会更好。

**调整完善**

①教师在回应幼儿的表现形式上过于单一，可以采用多种方式，如身体接触、肢体动作等方式回应幼儿。

②为幼儿提供具有民间艺术特色的燕子形状的风筝，还可以在幼儿园组织放风筝的活动。活动后进行美术欣赏，对幼儿来说更有直观的感受。

（北京市朝阳区惠新里幼儿园　王连萍）

## 附　幼儿美术"心赏"集体教学活动评价表

### 幼儿美术"心赏"集体教学活动评价表

教师姓名：　　　　活动内容：　　　　　　　　　　　年龄班：

| 项目 | 序号 | 评价内容 | 评价情况 |
| --- | --- | --- | --- |
| 幼儿表现 | 1 | 对活动感兴趣，能专注投入欣赏 | |
| | 2 | 能积极主动与老师、同伴和欣赏对象互动 | |
| | 3 | 在审美体验、自我认知体验、同伴交往体验、文化体验、创造体验上获得有效学习 | |
| 欣赏内容 | 1 | 内容健康、积极，弘扬真、善、美，体现对自然和生活的热爱与向往 | |
| | 2 | 具有较强的艺术代表性和艺术感染力 | |
| | 3 | 欣赏作品资料全面、品质较高、色彩还原度高 | |
| | 4 | 贴近幼儿认知水平和知识经验，关注幼儿发展关键期 | |
| | 5 | 表现形式丰富，开阔幼儿视野，促进幼儿对中国文化的传承和对世界多元文化的认知 | |

（续）

| 项目 | 序号 | 评价内容 | 评价情况 |
|------|------|----------|----------|
| 活动目标 | 1 | 关注幼儿的最近发展区，以发展的角度进行目标表述，呈现幼儿在形式美、内容美等方面获得的发展 | |
| | 2 | 能够欣赏作品最重要的创作特征，美术术语使用正确 | |
| | 3 | 目标可监测和评价，表述明确、具体，能通过观察幼儿表现进行衡量 | |
| 活动过程 | 1 | 情境创设 | |
| | （1） | 教师通过言语、表情等表达对幼儿的爱与尊重，营造宽松、愉悦的活动氛围 | |
| | （2） | 教师注重自己仪表和体态的美感 | |
| | （3） | 教师语言具有感染力 | |
| | （4） | 欣赏对象品质高，适于幼儿观看、感受 | |
| | （5） | 情景创设方式适宜，能激发幼儿更多想象空间 | |
| | 2 | 提问引导 | |
| | （1） | 问题的目的性明确，能围绕活动目标提出 | |
| | （2） | 问题符合幼儿年龄特点和发展水平，能激发幼儿已有经验，能被幼儿理解和解答 | |
| | （3） | 问题的数量适宜，利于幼儿倾听、理解 | |
| | （4） | 问题的陈述清晰易懂，简明扼要，表达方式清楚 | |
| | （5） | 提问引导时机适宜，利于幼儿思考后回答 | |
| | （6） | 提问引导体现公平性和层次性，既面向全体又体现个体差异 | |
| | 3 | 教师积极回应 | |
| | （1） | 回应时间及时 | |
| | （2） | 回应能鼓励和启发幼儿感受和思考 | |
| | （3） | 回应类型灵活多样，能充分利用言语、动作等不同方式进行回应 | |
| | （4） | 回应方式适宜（指令式、鼓励式、重复式、梳理式、提升式、延展式），能促进幼儿获得丰富审美体验 | |
| | （5） | 回应效果能促进幼儿主动审美 | |

# 第六章 幼儿美术"心赏"教育的基础——教师的"心赏"

曾经听有位老师这么说:"因为我不是学美术专业的,不具有欣赏美的素养,所以我没有信心给孩子们进行美术欣赏活动。"那么,是不是只有学美术专业的人才具有审美素养呢?回答这个问题前,我们需要明确审美素养的定义。审美素养不是"美术知识"的代名词,它是指"人所具备的审美经验、审美情趣、审美能力、审美理想等各种因素的总和。"由此可见,审美素养和美术专业没有必然的联系。其实,提高审美素养可以有很多途径:首先,"爱美之心人皆有之",相信心中有一颗美的种子,平时要用积极乐观的生活态度培育这颗美的种子。其次,可以通过阅读、旅游、摄影、绘画、看画展、欣赏画册等多种方式激发自身内在对美的向往与追求,最后需要用心钻研、学习,了解美术史知识,多赏析美术作品等。

# 第一节 教师"心赏"中国画

## 1. 中国画简介

中国绘画是中国文化中不可忽略的重要部分,它反映了各历史时期风土人情、传统习俗、文学艺术、思维方式、价值观念等,是中华民族文化精神的具体体现。

中国画是一种具有中国特色的绘画。曾用名有"绘画""丹青",现用名有"国画""水墨画"。中国画的工具有笔、墨、纸、砚。绘画过程通常将毛笔蘸墨,以勾、皴、擦、点、染等手法进行创作。

中国画的绘画内容多样,表现形式也非常丰富。按其绘画题材来分,分为人物画、山水画、花鸟画;按表现形式来分,大致分为工笔画和写意画。

人物画最早出现在中国画的历史舞台上,也就是说早期的中国画是以人物为主要创作题材。据记载,人物画在春秋时期已经达到很高水准。从出土的战国楚墓帛画中,可以看到当时人物画的成就。人物画,按内容又分为高士画、肖像画、婴戏画、仕女画等。魏晋南北朝时期，人物画在继承汉代绘画传统的基础上有了新的发展，在注重线条造型的同时，更注重人物传神的表达。

到了隋唐，人物画逐渐进入繁荣阶段。隋代有承前启后的作用，唐代逐渐形成时代风格，人物画取得辉煌成就。唐代中期是中国绘画发展史上一个空前繁盛的时代，也是一个出现全新风格的时代，题材内容由宗教向世俗化转变，转向当时的重大政治事件。不同地区的画法融合，中原风格和西域风格相互影响，产生了颇受欢迎的新样式。以阎立本为代表的中原风格的人物肖像画，继承了南北朝时期杨子华和张僧繇的传统，在把握人物造型和气质上有所发展，用笔概括，颜色典雅。以张萱为代表的人物仕女画，从唐代中期的政治事件描绘转向描绘日常生活，造型更加准确生动，在心理刻画与细节的描绘上超过了前代的画家。

之后，人物画的题材更加宽泛，五代时期人物画描绘的主要题材包括：宗教神话、历史故事、文人生活等。在人物画的表现上，传承了顾恺之的"传神写照"，对人物神情和心理的刻画有了更进一步的提高。在绘画技法风格上，逐渐出现了水墨写意的画法。到了北宋，随着城市经济的发展和市民文艺创作的兴起，人们越来越关注身边的人、事、物，将世俗生活搬到纸面上，这个时期的主要表现内容为宗教绘画、人物肖像画、人物故事画和风俗画。武宗元、张择端都是这个时期的代表人物，张择端的《清明上河图》是一幅描写当时城市生活的传世名作。

明清时期的绘画，出现了很多流派，其中"吴门派"画家文徵明、唐寅、仇英，其人物画中文人气息较为浓厚。清代"扬州画派"金农、罗聘等人，他们丰富了水墨写意法的表现力，标新立异，个性强烈，打破了当时的封建正统规则，世人便以"怪"视之，这就是我们所熟知的"扬州八怪"。而清末聚集在上海地区的画家在题材内容和艺术形式都有创新，成为"海上画派"。

山水画较人物画出现较晚，山水画最初是作为人物画的补景出现，如顾恺之的《洛神赋图》和《女史箴图》。在这两幅画中，我们可以看到人物背景有关山、水、石、云的简单表现。目前，被公认为山水画雏形的是隋代展子虔的《游春图》，其第一次将山水风景作为绘画内容的主角呈现在众人面前，之后山水画逐渐发展成为独立的画科。

展子虔的《游春图》是青绿山水的开山之作，到了唐代，以李思训、李昭道为代表的青绿山水在继承展子虔画风的同时，对山水画进一步发展，形成了山水画中具有特色的青绿山水画派。王维是水墨山水画的开山始祖，只用墨色，形成了山水画的新风格。王维的山水画还有一个特色，那便是诗和画的有机结合，他对五代两宋的水墨山水画影响深远。

到了北宋，出现了以李成、范宽为代表的中原画派，二人分别以描绘齐鲁原野和秦岭山脉的自然环境著称。之后因政治格局的改变，山水画形成了北宋院体山水画和南宋院体山水画。因禅文化的影响，文人画逐渐兴起，苏轼最早提出"文人画"概念，直至元明清时期，文人山水画迅速发展，并居于主导地位。因此，院体画和文人画是这个时代绘画的主要特征。

宋代的院体山水画家大多注重写生，深入地观察自然，他们不仅对一木、一石、一山、一水有深切的体验，而且能够在所画对象的形态上取其意。文人山水与院体画不同的是：文人墨客喜欢寄情于山水，主张画中带有文人情趣，画外流露着文人思想。文人山水重神轻形，主张"以形写神，形神兼备"，轻技法重感受，在画法上不拘泥于定法，强调抒发个性、强调笔墨情趣，进而达到"外师造化，中得心源"的艺术境界。文人画对宋代及后世中国画发展产生了极大的影响，凡诗、书、画，皆以尚意为高，强调主观心意的重要性，使绘画艺术从重在表现客观而转向主观心灵。到了元代，黄公望、王蒙、倪瓒、吴镇是最负盛名的四大山水画家，被尊称为"元四家"，其绘画作品有鲜明的个性，诗、书、画、印相结合的艺术形式占据了画坛的主导地位。

"花鸟画"并非字面意义上的以"花""鸟"为创作对象的画。在中国画中，花鸟画是一个宽泛的概念，凡是以植物、动物、蔬果为描绘对象的画，都统称为花鸟画。花鸟画形成于六朝时期，唐代时独立成科。五代是中国花鸟画发展史上的重要时期。以徐熙、黄荃为代表的两大流派，确立了花鸟画发展史上的两种不同风格类型，即"黄荃富贵，徐熙野逸"。黄荃的富贵，指的是他所描绘的事物的珍贵，绘画手法工细，设色浓厚艳丽，画面彰显出富贵之气。而徐熙所画之物多是身边常见之物，画面散发着纯朴闲适之情趣。

同山水画一样，宋代出现院体花鸟画和文人花鸟画。皇帝宋徽宗赵佶喜画花鸟，功力精湛，对院体花鸟画的发展起着举足轻重的作用。院体花鸟画所画事物逼真、生动有趣。以文同、苏轼为代表的文人水墨花鸟派，笔下形象追求笔墨情趣，注重表现画家本人对物象的感受。元代花鸟画受宋代文人的影响，表现出了文人特有的情怀。明代陈淳开创了水墨大写意画法，与后来的徐渭并称"白阳青藤"。徐渭较陈淳更多了一份恣肆汪洋，从他的画中你能感知到那推倒一切的气量与心胸，少了些传统文人画的文雅与内敛。清代的八大山人就是从林良、徐渭中脱胎而来，他的计白当黑，使无画处别有一番意味。陈洪绶的工笔设色花鸟画，受宋代院体画风的影响，伴着强烈的个人风格风貌，画作有着图案化的装饰趣味。清代的"写生正派"、郎世宁的"中西合璧"新样式、另辟蹊径的"八怪"画风和以吴昌硕为代表的海派画家，构成了清代花鸟画的林林总总。晚清花鸟画坛，海派画家们以一种新的姿态顺应市场需求，所画之物贴近市民审美情趣，所画技法讲究金石书法的趣味，开启了近现代花鸟画的先河。

20世纪以来，因文化的交融产生了以齐白石、林风眠、张大千等为代表的一大批杰出画家。无论是在工具材料的使用上，还是绘画风格上都呈现出多元并存的态势：如吴冠中偏向于形式上的探索；刘国松注重工具、技法上的创新；于志学作画用明矾水，突破了不能用墨表现白色物体的问题等。

纵观中国画历史，与其说是绘画史，倒不如说是一部思想史，她就像一个人从懵懂到感知，慢慢有了自己的思想，开始注重表达自己内心的发展过程。中国画以其独特的艺术魅力——"气韵生动"，历久弥新，散发着生命的活力，成为我们伟大民族的精神载体。

（中国人民大学朝阳幼儿园　冯静鹭）

## 2. 中国画欣赏建议

首先，教师要引导幼儿感受画中的意境，通过视觉形象的感知引发幼儿展开联想和想象，通过对话、提问等教学策略将幼儿带入画面中，体会景外之意，意外之妙趣，并引发幼儿间适当的讨论与分享，从而获取审美教育的功效。其次，教师可以通过引导幼儿讲述的方式，使幼儿品味画面中"气韵"与"形神"，借助适当的背景介绍，使幼儿感受中国绘画创作中的意境美。最后，教师要引导幼儿通过讲述、体验等多种方式，体验纸、墨、笔、水、色在中国画创作中的具体应用，构建幼儿进行水墨创作的前期美术核心经验，使幼儿能够将所见、所闻、所感运用于自己的创作中，达到审美与创造的统一。

（幼儿美术教育专家　张　迪）

## 3. 教师"心赏"中国画

### （1）作品名称　中国画——《紫藤雏鸭》

①适宜年龄　小班

图 6-1　《紫藤雏鸭》

（图片来源：https：//0x9.me/2gnzv）

②作品赏析

作为齐白石的弟子，娄师白牢记老师"学我者生，似我者死"的教诲，坚守"胆敢独悟"的理念，矢志创新，凭借对笔墨和生活的理解，独具一格，确立了自己的画坛地位。

《紫藤雏鸭》中的紫藤取法于齐白石，他笔下可爱的小鸭也得自齐白石所画的"小鸡"的神韵。小鸭子生动可爱，配合夏天的紫藤花，颜色艳丽，富有生机，非常适合小班幼儿的审美。

③教育建议

A. 内容由情感而生

幼儿对小鸭子虽然不陌生，但是缺少真切的观察，因此需要让幼儿通过观察图片、观看视频等手段，加深他们对小鸭子的了解。

B. 过程促情感表达

在播放图片和音频的时候，教师给幼儿介绍画家的故事：以前娄师白在生产队里每天看见这些可爱的小鸭子，甚是喜爱，激发了他强烈的创作欲望，因此他画了很多有关紫藤、雏鸭的作品。

C. 结束使情感延展

提问：你觉得紫藤和雏鸭在一起出现的是什么季节？鸭子是什么样子的？有几只小鸭子？你们猜猜小鸭子在干什么？还会做什么事情？你怎么看出来的？你来学一学小鸭子。鼓励幼儿大胆模仿鸭子的形态，并感受画面中小鸭子们嬉戏的快乐。

（北京市朝阳区丽景幼儿园　杨红如）

## （2）作品名称　中国画——《墨虾》

①适宜年龄　小班

②作品赏析

《墨虾》是绘画大师齐白石先生的作品。齐白石画虾尤为精湛，这跟他童年的生活环境有很大关系。幼年的齐白石经常在池塘边玩耍，池塘中的虾给他的童年时光留下了很深的印象。为了画好虾，齐白石在家里也养了许多长臂青虾，每天长时间观察虾的进退、缓急、争斗等形态，然后用毛笔画出来。

《墨虾》画有六只虾，每一只虾的形态都不同，充满了生命力。虾的数目虽多，却穿插有致，丝毫不显杂乱，突出了齐白石先生构图的高明之处。他利用水墨的浓淡变化，使画面具有丰富的层次感，生动再现了每只虾的结构，以及各异的姿态，

图 6-2 《墨虾》

（图片来源：http：//ymzs. top/tlzWCU）

体现了作者对于生活的细致观察和体验，以及运用笔墨的高超技巧和能力。《墨虾》另一个让人惊艳之处在于齐白石先生将虾画出了透明感，使得画中的虾灵动至极。

③教育建议

A. 内容由情感而生

教师或家长可以为小朋友提供透明的鱼缸，放入清水和虾（2～3 只），请小朋友观察虾的形态，感受它们在水中灵活畅游的样子。

播放溪水流动的轻音乐，用投影仪将作品放大。通过声音与影像，将幼儿带入到欣赏情境当中。

提问：这幅画画的是什么？你看到了几只虾？你看到的虾是什么样子的？

B. 过程促情感表达

《墨虾》充满了童趣，适合小班小朋友欣赏。虾是小朋友生活中可以常常见到的生物，这增加了幼儿欣赏的兴趣。欣赏时可以让幼儿采用触摸、模仿的方式，体验虾在水中游动的状态。

C. 结束使情感延展

教师向幼儿介绍：正因为齐白石爷爷对虾的喜爱，以及他童年时常去池塘边玩耍、观察，与虾快乐游戏所留下的美好记忆，我们今天才能欣赏到这么好的一幅画。小朋友也可以将生活中快乐、美好的事物，用绘画的方式记录并保留下来。

（北京市朝阳区启航双语幼儿园　王　玉）

### （3）作品名称　中国画——《洛神赋图》

**①适宜年龄**　中班

图 6-3　《洛神赋图》

（图片来源：https://www.sohu.com/a/109104932_388646）

**②作品赏析**

在《洛神赋图》中，顾恺之以其丰富的想象力和绘画艺术，描绘了三国时代曹植人神恋爱的梦幻之境，抒发了爱情失意的自我感伤，传达出无限惆怅的哀伤情调。

《洛神赋图》是古代壁画的一种表现形式，由多幅作品组成，就像连环画一样。画面中，大量的山水图案作为故事的背景，人物在画中显得小了许多，这是我国古代早期山水画的雏形。

**③教育建议**

**A. 内容由情感而生**

活动前可以让幼儿多欣赏一些著名的中国画，了解其韵味。活动中，可以引导幼儿说一说《洛神赋图》和以往看到的中国画有什么不同，感受古代壁画独特的表现方式。

**B. 过程促情感表达**

这幅壁画由多组作品组成，可以引导幼儿逐一对画面内容进行观察，感受多样的人物形态、自然景物，尝试引导幼儿猜想画面中所表达的故事情节。

**C. 结束使情感延展**

结束时，幼儿可联系画面内容，大胆猜想：你觉得作者为什么要画这幅画，你喜欢这幅画吗，为什么？

（北京市朝阳区华洋紫竹幼儿园　季佳音）

（4）作品名称 中国画——《春如线》

①适宜年龄 中班

图 6-4 《春如线》

（图片来源：http：//news.zxart.cn/Detail/230/113721.html）

②作品赏析

吴冠中，当代著名画家、油画家、美术教育家。在 20 世纪 50～70 年代致力于油画创作，从 20 世纪 70 年代起，他探索将油画的色彩、技巧，如厚涂法、点彩法等，与中国传统绘画进行融合，通过运用中国传统绘画材料、工具和丰富的表现力，展现中国画的现代精神。

吴冠中的许多作品都以"春如线"命题。他曾经说过："春如线"是《牡丹亭·游园惊梦》中的一句唱词——春如线，剪不断，理还乱，这给画家留下了深刻印象。在吴冠中的眼中，这个世界，几乎都变成了线与线的组合。《春如线》通过点、线、面的交织，展现了春天的清新之美，线条流畅、飘逸，充满了春天舞动的气息。

③教育建议

A. 内容由情感而生

活动前开展"春天"的主题活动，引导幼儿欣赏春天的景色，感受春天大自然的美，丰富幼儿对春天美的感受和体验。

B. 过程促情感表达

在幼儿欣赏《春如线》的过程中，可通过播放儿歌、读诗歌的方式，引导幼儿进行欣赏，达到听觉与视觉的互通，感受作品的形式美、意境美。

C. 结束使情感延展

在欣赏的过程中教师要尊重幼儿的表达，以及其对画面个性化的理解，并帮助幼儿连接起生活的经验，使他们充分感受审美的愉悦。

（中国人民解放军总装备部后勤部幼儿园 李 玲）

（5）作品名称　中国画——《群马图》

①**适宜年龄**　大班

图 6-5　《群马图》

（图片来源：http：//ymzs.top/Hvsnfu）

②**作品赏析**

《群马图》是中国现代杰出画家、美术教育家徐悲鸿创作于 1940 年的作品。徐悲鸿擅长画中国画，尤以画马驰名中外。

《群马图》中的四匹马自由、悠闲，没有缰绳的束缚，马的鬃毛和尾巴随风飘起。马的体态整体较瘦，腿脚较长，十分矫健。三匹马遥望远方，一匹马安然地啃食地上的草皮，整个画面给人一种宁静的感觉。在绘画技法上，以中国的水墨为主要表现手段，用墨酣畅淋漓，笔法刚健有力。马的形体结构运用晕染的方法施加，墨色浓淡有致，既凸显马的形体，又突出墨色的韵味，同时该画作将西方的透视法、解剖法融入创作中，马的飒爽英姿被逼真生动地描绘出来。

③**教育建议**

**A. 内容由情感而生**

通过图片、视频等方式，丰富幼儿对马的了解，例如马的结构、特点，便于幼儿在欣赏活动中有针对性的表达。

周末家长可以带着幼儿近距离地接触马，了解马的生活习性，观察马的不同姿态，如奔跑时鬃毛的状态，静止时马的姿态等。

活动前期可以引导幼儿在家收集关于作者的相关资料。

前期幼儿已有水墨画的经历（绘画、欣赏等相关经验）。

**B. 过程促情感表达**

结合时代背景，在欣赏活动前让幼儿了解一些关于战争的内容，帮助幼儿理解作者的创作情怀，如马在战争中的特殊用途。

通过引导幼儿关注水墨画的创作手法，如晕染、浓淡、干湿等，在《群马图》中如何体现马的姿态等细节，感受并理解作者创作时的想法，感受作品传递出来的情感。

**C. 结束使情感延展**

延续幼儿的兴趣，开展"我来画马"活动，引导幼儿大胆展现不同状态下的马。

欣赏徐悲鸿的《奔马图》，感受不同创作背景下，同一题材表达作者不一样的情感。

（北京市朝阳区三里屯幼儿园 刘亚南）

### （6）作品名称　中国画——《汉宫春晓图》

**①适应年龄　大班**

图 6-6　《汉宫春晓图》

（照片来源：https://www.vjshi.com/watch/2934748.html）

**②作品赏析**

仇英（1482—1559），明朝著名画家，擅长画人物，尤其是画仕女，还善于运用各种各样的笔法表现人物不同形态、姿势，其风格特点也各不相同。

《汉宫春晓图》是仇英的绢画作品，被称为"中国十大传世名画"之一，收藏于台北故宫博物院。这幅绢画作品描绘了初春时节古代宫室的日常事件：装扮、歌舞、弹唱、围炉、对镜、观画等，有 115 人。本张图片是作品的局部画面。从画面中可以看出，不管是颜色还是人物形态，都给人一种轻松活泼的氛围，这与作者的用色、构图、笔法等都有很大的关系，十分适合大班幼儿进行欣赏。

**③教育建议**

**A. 内容由情感而生**

在美术欣赏活动前，可以让幼儿欣赏不同风格的中国画，了解中国画不同的表现形式。

引导幼儿在生活中观察人物动作，感受作品中人物的肢体、形态。

节假日的时候，家长可以带幼儿参观故宫，感受古代宫殿的宏伟。

### B. 过程促情感表达

引导幼儿重点欣赏人物的各种姿态、动作，感受作者出神入化的创作手法和细致的观察。

鼓励幼儿猜想画面中所表达的故事情节，深入了解作品，谈谈自己对这幅作品的感受。

### C. 结束使情感延展

引导幼儿感受画面轻松活泼的氛围，如：你觉得这幅画看上去心情怎么样，为什么？画中的人们心情怎么样，为什么？

（北京市朝阳区定福家园幼儿园　刘宇轩）

### （7）作品名称　中国画——《古树归鸦》

①**适宜年龄**　大班

图 6-7　《古树归鸦》

（图片来源：https：//0x9.me/fcgUs）

②**作品赏析**

齐白石，近现代中国绘画大师。他的作品笔墨雄浑，色彩浓艳，造型精简生动，意境朴真。

《古树归鸦》是齐白石老先生48岁时创作的，是《石门二十四景》中创作时间最早的作品，并为此题诗："八哥解语偏饶舌，鹦鹉能言有是非。省却人间烦恼事，斜阳古树看鸦归。"此幅作品最打动人的是那空中的乌鸦，层次分明，正扑腾着翅膀选择合适的落脚点，左下角微微突出的屋顶给人一种归家的感觉。两座山的远近、大小的对比、呼应，突出了作品的意境，给人一种轻松释然的感觉。整幅画中天空处留白，是一种心境开阔的情感抒发。

③教育建议

**A. 内容由情感而生**

对于大班幼儿而言，可以通过故事创编加以引导，感受乌鸦热爱天空的自由自在，体会大自然的美好，从情感上让幼儿感受向往自由的意境。

**B. 过程促情感表达**

通过观察水墨画视频，让幼儿感受水墨在纸张上或深或浅的晕染和黑白对比效果。引导幼儿观察作品中的构图，初步掌握水墨画的绘画布局，体验画水墨画，想象自己落笔形成的图案。

**C. 结束使情感延展**

幼儿尝试画水墨画，体会水墨画挥洒自如的绘画风格，感受水与墨之间的相互融合。教师要懂得倾听幼儿内心对作品的想法，鼓励他们能够将水墨画的艺术形式运用到生活中，与家长一起感受水墨艺术，绘出一幅属于自己的"古树归鸦"。

（中国科学院第六幼儿园　王　璐）

## （8）作品名称　中国画——《石榴八哥图》

①**适宜年龄**　大班

②**作品赏析**

本幅彩墨图上，枝叶茂盛，石榴繁多压弯了枝头，一只八哥站在树梢，让人浮想联翩。不同深浅的颜色呈现了石榴成熟的不同程度，八哥以及树枝的笔墨有干湿、浓淡之分，视觉上让人感到恰到好处。

石榴寓意多子多福，团圆吉祥，它是齐白石老人常画的题材。他所创作的石榴与众不同之处不仅仅体现在画工上，更多地表现在他巧妙的构思上，作品中经常会点缀一只小鸟或其他小动物，既丰富了画面的色彩，又使画面更富有灵动，显得生机勃勃。

③**教育建议**

**A. 内容由情感而生**

由于幼儿园里的两棵石榴树结出了累累硕果，引来了幼儿驻足欣赏。一些

图 6-8　《石榴八哥图》

（图片来源：https://0x9.me/Y7IqK）

幼儿亲手采摘了石榴，品尝了石榴的美味，由此我们想到可以进行一次与此相关的美术欣赏活动。

活动进行时，教师使用 Ipad 将画作细节放大，让幼儿细致观察、赏析。幼儿也可以自己操作，任意放大小作品局部，感受画作中丰富的墨色层次。

### B. 过程促情感表达

让幼儿观察、对比叶子、石榴的色彩深浅变化，深色部分表示果实已经老去或成熟过度，浅色部分则表现较嫩的果实，让幼儿结合自己的实际经验用语言表述果实以及植物的生长变化。还可以通过讨论，猜想树梢上的八哥在做什么，与石榴有什么联系。

### C. 结束使情感延展

在活动后的延伸活动中，请幼儿为作品起名，鼓励幼儿讲述自己的观点与想法，感受这幅作品的有趣之处。还可以让幼儿创作自己心中的石榴图。

（朝阳区劲松第一幼儿园　刘　平）

（9）作品名称　中国画——《蛙声十里出山泉》

①**适宜年龄**　大班

②**作品赏析**

图 6-9　《蛙声十里出山泉》

（图片来源：http://sh.qihoo.com/pc/97aec380d2edaae3c? cota＝1）

　　1951 年夏天，老舍先生到齐白石先生家里做客。老舍先生从书中翻到了清代诗人查慎行一首诗《次实君溪边步月韵》，诗中有一句"蛙声十里出山泉"，引发了老舍先生的兴趣，便请齐白石作画表现出来。齐白石经过几天的认真思考，创作出了这幅《蛙声十里出山泉》。齐白石从文中的"泉"得到启示，画中流水潺潺，灵动的蝌蚪游动其间。虽然没有描画出青蛙，但是巧妙地利用了联想手法，将"蛙声"表现了出来。

《蛙声十里出山泉》是齐白石的一幅重要作品，它是一个文学家和一个书画家对高层次艺术理论共同探讨的成果。齐白石将诗和画巧妙地融为一体，达到了至高的境界。

《蛙声十里出山泉》不仅是水墨作品中的经典之作，而且对我国动画有着积极且重要的影响。我国第一部水墨动画片《小蝌蚪找妈妈》，它的原型正是齐白石老人的这幅水墨名作《蛙声十里出山泉》。

③教育建议

**A. 内容由情感而生**

在活动的过程中，通过小孔成像的方式引导幼儿感知画面形象。

**B. 过程促情感表达**

《蛙声十里出山泉》的妙处在于构思，为此教师在活动中可以引导幼儿通过游动的小蝌蚪，想象青蛙妈妈呼唤小蝌蚪的情景，体验画家巧妙的构思。

**C. 结束使情感延展**

通过反问式的提问："你们认为齐白石爷爷的这幅画符合他朋友的要求吗?"激发幼儿讨论，鼓励幼儿表达自己的观点。

（北京市朝阳区劲松第一幼儿园　朱　宁）

# 第二节　教师"心赏"西洋画

## 1. 西洋画简介

西洋画是对西方绘画体系的总称，简称"西画"。它是从古希腊、古罗马发展起来的，以欧洲为中心。西洋画种类繁多，其中包括油画、壁画、素描、粉笔画、水彩画、水粉画等画种，油画艺术影响最大，最具有代表性。素描，广义上指一切单色的绘画，是绘画的基础；粉笔画，是用特制的色粉笔在附着力较强的纸上绘成的画，又称粉画、色粉画，它是意大利的传统艺术形式；水彩画，是用水调和透明颜料作画的一种绘画方法，简称水彩，画法通常分"干画法"和"湿画法"两种。水粉画是使用水调制粉质颜料绘制而成的一种画，其表现特点为处在不透明和半透明之间，色彩具有艳丽、柔润、明亮、浑厚等艺术效果；油画，是以快干性的植物油（亚麻仁油、罂粟油、核桃油等）调和颜料，在亚麻布、纸板或木板上进行创作的一个画种；壁画是西方艺术中最早的独立绘画形式，一般附着于洞岩穴、岩石、山崖、建筑壁面等。

　　古埃及美术是为法老和少数贵族服务的，追求规模雄伟。在题材和表现方法上严格服从统治者的要求。古罗马和古希腊有着各自不同的艺术风格。古罗马追求写实，而古希腊则追求浪漫主义色彩。古罗马画家热衷表现三维空间，对西洋画的发展起了非常重要的影响。

　　中世纪的画家们开始热衷于画上帝，古希腊原来具有生命力的风格渐失，取而代之的是严格、严肃的基督教主题，因此中世纪艺术也被称为基督教艺术，其极少表达人的生命、气质，而是强调对上帝的敬畏，绘画作品主要是镶嵌在教堂的玻璃上。

　　14～16世纪的文艺复兴时期，"人本思想"觉醒。这种觉醒表现在开始注重人思想的觉醒，表面上表现的是神，其实画的是人情味，这是文艺复兴的第一个核心。文艺复兴的第二个核心："打捞希腊罗马传统"。波提切利的名作《维纳斯的诞生》和《春》，充满柔情的诗意，尽情表达了画家对美好事物的爱恋，洋溢着人文主义的乐观精神。《悲恸像》中的圣母玛利亚好像一个丧失爱子的老太太，不再有非人的沉稳，基督文明在波提切利手中极速坠落，神不是神，只是高级一点的人而已。文艺复兴的第三个核心："文化的再生迅速开花结果，进入文艺复兴黄金时代，肯定世俗繁华与感官享乐，融入基督教的性灵生活，追求精神升华。"

　　随后出现了三杰：达·芬奇、米开朗琪罗、拉斐尔。达·芬奇的《最后的晚餐》以极严谨的透视结构处理画面，耶稣在中央，双手摊开，形成一个金字塔结构，象征永垂不朽的稳定力量；米开朗琪罗的《最后的审判》，是他30岁左右在西斯廷教堂画的祭坛壁画。他虽表现的是基督教为主题的作品，但事实上，他在作品中赋予的精神却是希腊式的，通过神的题材表现人的伟力；拉斐尔为梵蒂冈宫绘制的壁画《雅典学院》，无论从内容还是从形式上来看，这幅作品都标志着人文主义思想在文艺复兴时期的最终胜利。拉斐尔给西斯廷教堂画的《圣母子》，描绘圣母要把小耶稣送往人间经受苦难，没有了高大、庄严、义无反顾和慷慨激昂的气势，反而体现的是作为母亲的悲伤和无奈，是有血有肉、有感情的。

　　15世纪后半期，美术题材从宗教转向了世俗。由于威尼斯气候潮湿，使得壁画创作受到扼制，而画于画布上的油画得到发展。提香，一直被认为是文艺复兴时期最伟大的画家之一。在他的影响下，油画变成了西方艺术主要的表现语言。

　　17、18世纪自始至终涌动着现实主义潮流，它同时与巴洛克、洛可可等艺术流派并存。法国洛可可艺术在18世纪风行一时，它体现了宫廷和贵族享乐主义的艺术趣味。

　　19世纪的欧洲发生了巨大的变革，在文学艺术领域体现为新兴的思潮和运动，如新古典主义、浪漫主义、现实主义、印象主义、象征主义等，其他民族和国家的艺术也对变革有所贡献，例如日本浮世绘的表现手法，促进了印象主义的产生。19世纪写实主义兴起，注重人道关怀与自我觉醒。

　　19世纪后期，印象派出现。印象派让色彩绽放光芒。印象派主张到户外去写生，强调瞬间的印象，努力捕捉大自然的色彩和现场感。在印象派画家中最能体现印象主义理念和技法的是莫奈，他非常擅长光与影的表现技法，其《睡莲》系列最能反映印象派画家对光与色的追求。

　　印象派后期，凡·高是这个时期的代表。他创作了一系列主观情绪强烈的风景画。因为他热烈奔放的性格特点，太阳成为他赞美的对象，太阳的光在他看来是黄色的。他的经典作品《向日葵》中，强烈的金黄色就是它的主色调，黄色的背景，黄色的花瓶，黄色的花有深黄、浅黄、柠檬黄、橘黄、土黄……只用了少量的深绿和草绿画出枝干和叶子，配着天蓝色的花蕊，使黄色发挥出感人的魅力。

　　到19世纪最后30年，绘画艺术在后印象派的基础上再进一步，更加重视绘画语言的表现性、象征性和抽象性，关注夸张、变形美和装饰性效果，这就是立体主义画派。立体主义对现代派美术的发展影响非常大，它是最早违反逻辑和现实世界规律的画派。立体主义先把一切物象加以破坏和肢解，把自然形体分解为各种几何切面，然后加以主观的组合，来表达四维空间。毕加索是立体主义最重要的代表人物，其壁画《格尔尼卡》描绘的是五个成人、一个婴儿、一匹马、一头牛在大轰炸中的情形。画面仅用黑白灰三种颜色，使画面具有强烈的节奏感，紧张、刺激，体现了毕加索鲜明的爱憎和强烈的情感。

　　20世纪以来，艺术创作越来越多样化，已不再局限在传统形式分类中。抽象主义画派代表人物蒙德里安，他认为世界的本质是色彩和形式的和谐，世界上一切造型就是水平线和垂直线构成的。其作品《红、黄、蓝的构成》采用三原色，再以黑色横竖直线间隔，给人以简洁、稳定、冷静的感觉。达达派绘画艺术，以破坏为主要表现形式。达达派画家杜尚将文艺复兴期达·芬奇《蒙娜丽莎》的复制品进行改变，在其神秘的微笑脸颊上添了两笔胡须，可见其极端反传统的态度。

　　现今的西洋画，画风非常复杂多变，其原因离不开时代的背景，它是一个时代人们思想精神状态的直接反映。借用丰子恺先生的一句话：艺术为人的心的表现。人离不开生活的时代背景，西洋画之所以有如此繁多的画派，便是那时那刻那人的精神体现。

（北京市朝阳区海嘉实验幼儿园　赵　璇）

## 2. 西洋画欣赏建议

西洋画因其特有的艺术价值观，多数作品的欣赏性很直观，因此在欣赏的策略上与中国画是不一样的。首先，西洋画往往具备完整的艺术形式，教师容易从一个形式线索入手，推进教学活动的开展，使幼儿能够在较为直白的画面中迅速理解画面内容。其次，西洋画艺术语言系统相对清晰，点、线、面、空间、色彩、光线等艺术语言比较容易辨识，幼儿也容易从直观的情绪体验中获得美感。最后，由于这种明晰的艺术语言逐渐从形与色中剥离，致使视觉形象趋于抽象化，因此循序渐进的欣赏尤为重要。教师在日常欣赏活动时可以采用归类欣赏、对比欣赏等多种教学手法。

（幼儿美术教育专家　张　迪）

## 3. 教师"心赏"西洋画

### (1) 作品名称　西洋画——《几个圆圈》

**适宜年龄**　小班

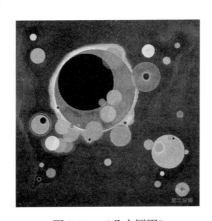

图 6-10　《几个圆圈》<br>（图片来源：http://suo.im/4uSlmq）

**②作品赏析**

《几个圆圈》是康定斯基 1926 年绘画的，作者把色彩、形状、空间巧妙运用，让我们在近乎完美的构图中感受光与色、力与平衡的对比。画面在黑色的背景下，由红、黄、蓝、紫几种颜色组成的圆圈，分散、交错分布，大小不一、远近不同，给人深邃的空间感，让我们体会到抽象的美感，从而感受到作者丰富的思想世界。

### ③教育建议

#### A. 内容由情感而生

运用由远及近的观察方法吸引幼儿欣赏作品。引导幼儿从 5 米外观察画面整体，感受不同颜色、不同大小的圆形自由无拘的漂浮状态；然后到 1 米外观察画面的局部，感受间隔、靠近、交叉、重叠等不同构图的创意，理解美术大师的趣味构图风格。

#### B. 过程促情感延展

结合幼儿生活经验，鼓励幼儿大胆想象圆圈们在玩什么游戏，感受画面带来的自由、愉悦的感觉。小班幼儿对色彩鲜艳的事物比较感兴趣，同时也是认识几何图形的敏感期，《几个圆圈》中的圆形，大小、远近、色彩各不相同，这些都非常容易引起小班幼儿欣赏、想象的兴趣。

#### C. 结束使情感延展

通过体验方式，引导幼儿用圆形的印章、瓶盖等大小不同的圆形创意构图，体验《几个圆圈》的空间感和美感。

（北京市朝阳区定福家园幼儿园　周晓燕）

## （2）作品名称　西洋画——《第十八号》

### ①适宜年龄　小班

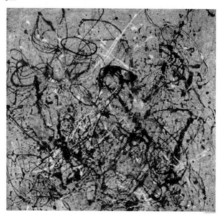

图 6-11　《第十八号》

（图片来源于：http://www.zyzw.com/sjmh074.htm）

### ②作品赏析

《第十八号》是美国画家杰克逊·波洛克创作的，他是抽象表现主义绘画大师。波洛克从形象艺术上转移，开发了一个新的绘画技术，即事先不画草图，用小木棍或笔尖蘸上颜料，滴洒到画布上，组成不一样的线条图案。

波洛克这幅作品主要以红色、黄色、蓝色、黑色、白色为主，用色大胆，只用无数线条组成，代表了大师的独特之处。这幅作品适合小班幼儿欣赏并大胆地进行涂鸦，教师可以引导幼儿运用不同的方法去创作。

③教育建议

教师可以利用家园共育的形式，带着幼儿到小区、公园里拾一些小石头，作为绘画材料，放在酸奶盒、纸箱里作画，感受不同材料、不同作画方式所带来的乐趣。

通过这幅作品可以让孩子们对线条、颜色等展开讨论，如提问："你看到这幅画有什么感受呢？你看到了什么？"鼓励幼儿将自己的想法和感受说出来。

（北京市朝阳区朝花幼儿园孙河西园　常天霖）

### （3）作品名称　西洋画——《大公鸡》

①**适宜年龄**　小班

②**作品赏析**

《大公鸡》是胡安·米罗的作品。他的作品总是充满异想天开的童趣、丰富想象力。这幅作品用色大胆，笔下的大公鸡有着红红的鸡冠，长长的尾巴向上翘，圆溜溜的小眼睛，尖尖的嘴巴，脖子长长的，肚子圆滚滚，身上有五颜六色的毛，两只爪子由红、黄色组成，走起路来一摇一摆，一副了不起的样子。

图 6-12　《大公鸡》

（图片来源：http://u6.gg/sBu9p）

③**教育建议**

A. **内容由情感而生**

教师可以组织幼儿去市场观察大公鸡，或分享大公鸡的图片，让幼儿发现大公鸡的外形、声音等特征。

B. **过程促情感表达**

孩子们有了前期的经验准备，教师可以提问："这只大公鸡的颜色和动作是怎样的？你猜猜它在干什么？它在想什么？"引发幼儿对画面进行联想。

C. **结束使情感延展**

本幅作品色彩鲜艳，可以激发孩子的兴趣和对颜色的关注。发挥幼儿的创造性思维，引导幼儿绘画时大胆创作，用颜色来表现画面。

（北市朝阳区安华里第二幼儿园　耿雨晴）

### （4）作品名称　西洋画——《睡莲》

**①适宜年龄　中班**

图 6-13　《睡莲》

（图片来源：http://dy.163.com/v2/article/detail/DL67PUTS051884BK.html）

**②作品赏析**

莫奈是法国画家，印象派代表人物和创始人之一，他擅长光与影的实验与表现。《睡莲》是莫奈晚年最重要的作品。《睡莲》并不是一幅单独的画作，而是一组画作。《睡莲》系列作品，从 1897 年到 1926 年，莫奈总共画过 181 幅。不管刮风下雨、阴雨绵绵，还是阳光灿烂、微风习习，无论是白天还是傍晚，莫奈总是坐在池塘边，观察自然，感受光线，用画笔记录下来。作者对莲花观察入微，在画作中对光影的把握更是炉火纯青，使得这幅《睡莲》色彩丰富，又分外柔和、均衡。

**③教育建议**

**A. 内容由情感而生**

幼儿每人一幅《睡莲》小图，通过细节欣赏，激发幼儿兴趣。

选取 3 幅形象相似、色彩有差异的《睡莲》作品，引导幼儿观察、比较，感知不同作品中色彩的明暗关系。

**B. 过程促情感表达**

充分引导幼儿欣赏画面，注意细节部分，提示幼儿如："发现画面中有几种不同的绿色，并说说看到这些绿色后有什么感受，"鼓励幼儿表达。

**C. 结束使情感延展**

在欣赏 3 幅不同的《睡莲》作品时，尊重每位幼儿表达的想法，并将他们各种的想法进行汇集、梳理、提升。

（北京市朝阳区奥园幼儿园　芮　静）

**（5）作品名称　西洋画——《沙滩上的人》**

**①适宜年龄**　中班

图 6-14　《沙滩上的人》

（图片来源：http://www.youhuaaa.com/page/painting/show.php? id=55250）

**②作品赏析**

《沙滩上的人》是画家雷诺阿 1890 年创作的布面油画作品。雷诺阿是法国近代绘画史上杰出的印象派画家、雕刻家。雷诺阿早期作品有着明显的印象派风格，喜欢在室外写生，注重捕捉户外光影效果和阳光变化，作品色彩明丽缤纷，笔触果断清晰。1879 年之后几年里的意大利之行，雷诺阿深受文艺复兴时期拉斐尔等大师杰作的感染，绘画风格开始发生改变，画风趋于平实细腻。从 1890 年开始，雷诺阿绘画风格进入成熟时期，转向更加具体的形象表现，擅长女性和儿童的肖像画，作品中女性形象端庄、丰腴柔美，儿童可爱稚嫩、生动活泼，丰富的色彩和人物形象融合在一起，呈现出新古典主义风格。

《沙滩上的人》正是画家风格渐渐成熟时创作的作品。画面中严谨的构图、清晰的轮廓线条和光线色彩融合在一起。沙滩、海面、天空将画面分割成由近及远的三个层次，海岸线处于画面的黄金分割线上，画面结构严谨，比例完美。作品中三个人物之间、女人与狗之间、帆船与人之间都形成了三角结构，让画面看起来更加稳定和谐。站立的女性处于画面正中，她的姿态方向引导着观众将视线移向坐着的人和孩子身上，再被远处的波澜的大海吸引，引发观众对画面中人物行为的联想。从笔法和表现方式上看，人物形象轮廓更加清晰，线条流畅，画家略带旋转的笔触让人物形态更加生动。从色彩上看，画家利用明黄、中黄、棕色、白色和阴影中的蓝灰等颜色，将太阳照射在沙滩上的光感表现得淋漓尽致，与蓝色的天空、海面形成了鲜明的互补色对比。作品最精彩的地方在于每个形象线条简洁，色彩明快，能让幼儿一目了然地理解画面内容。海边游玩情景贴近幼儿生活经验，人物之间有情节性，人物动作和姿态能引发幼儿联想。

③教育建议

A. 内容由情感而生

教师可以请小朋友展示自己在海边游玩的照片或者大海图片，引导幼儿进行谈话活动，说说自己看到的大海和沙滩的颜色，自己在海边游玩的有趣故事，引发幼儿主动感知这幅作品。

B. 过程促情感表达

通过欣赏画家作品，教师可以通过提问引导幼儿感受画面色彩和内容：画面中都有什么颜色，蓝色和黄色在一起给你什么样的感受，远处的小朋友张开手臂，你们觉得他在干什么，站着的女子回过头要说什么等，幼儿根据画面里人物的动作、神情进行想象，丰富画面感受，体会画家构思的巧妙之处；创设情境，教师播放海浪的声音和海浪拍打沙滩出现一只美丽贝壳的视频，引发幼儿想象接下来会发生什么事；为每位幼儿提供水粉画工具及材料，鼓励幼儿画一画自己在海边有趣的故事。

C. 结束使情感延展

幼儿可以和家长一起回忆海边的美好经历，并使用超轻黏土开展亲子手工活动；用小贝壳、太阳伞等造型装饰照片相框；也可以进行添画活动，以沙滩为画面背景，让幼儿通过剪贴、添画，丰富画面，构思情节，发挥幼儿想象力。

（中国人民解放军总装备部直属机关幼儿园　黄舒蓉）


（6）作品名称　西洋画——《向日葵》

①适宜年龄　大班

②作品赏析

《向日葵》是由荷兰画家文森特·凡·高创作的。凡·高是荷兰后印象派画家，出生于 1853 年，于 1890 年去世，他的作品深深地影响了西方 20 世纪的绘画艺术，如法国后期的野兽主义、德国的表现主义，以及抽象派，他们都曾从凡·高的艺术中吸取精华。

图 6-15　《向日葵》

（图片来源：http://www.16pic.com/zhuangshi/pic_5787401.html）

凡·高笔下的向日葵，色彩金黄，生机勃勃，就像炽热的艳阳在天空闪烁着光芒，让人能够看到希望。仔细观赏《向日葵》，那一朵朵金黄色的花，仿佛不甘被这样插在花瓶作为装饰品，它们想要回到那片属于自己的土地，把根扎在土里，享受阳光、雨露的滋润。

凡·高的笔触饱满有力，色彩对比强烈，描绘出了向阳之花的温暖和坚韧的生命力。向日葵代表着凡·高对崇高艺术的追求和对美好生活的向往，从作品颜色上可以看出作者内心燃烧的激情，花朵中暗藏着一种来自生命的力量，这种力量给人强烈的冲击力。

③教育建议

A. 内容由情感而生

教师采用视频形式让幼儿感受向日葵花海的壮阔，配上轻柔的音乐，引导幼儿跟随音乐一起欣赏，花海由远及近，再由近及远，让幼儿充分感受向日葵颜色和形态变化的美感。

B. 过程促情感表达

在过程中，给每个孩子提供一张向日葵的纸质照片，让孩子近距离地观看，与同伴分享自己的感受。

C. 结束使情感延伸

在欣赏作品后，请幼儿用一个简单的词形容《向日葵》这幅画，并说明原因。

（北京市朝阳区朝花幼儿园双合西园　吕明欢）

**（7）作品名称　西洋画——《日出·印象》**

**①适宜年龄**　大班

图6-16　《日出·印象》

（图片来源：http：//suo.im/4YSYbq）

**②作品赏析**

《日出·印象》是莫奈在家乡勒阿佛尔港创作的。绘画的是日出的景象。他用微红色、淡紫色、蓝灰色和橙黄等颜色进行调和，红日的光从波光粼粼的海水中升起，海上有三只小船在迷雾中逐渐变得模糊不清，给人一种神秘感。

该幅作品突破了传统题材和构图的限制，完全以视觉经验的感知为出发点，侧重表现变幻无穷的光线，这是莫奈画作中最典型的一幅，也是日后最具声誉的经典画作，是印象画派的开山之作。

**③教育建议**

**A. 内容由情感而生**

教师带领幼儿利用光的游戏，通过光的变化表现出远近高低，让画变得生动有趣。

**B. 过程促情感表达**

幼儿可以想象在安静的海面上，吹着微微的海风。一轮生机勃勃的红日，拖着海水中一缕橙黄色的波光，一只船隐隐约约地在海面上荡漾。

**C. 结束使情感延展**

提问："你们都去过海边吗？有没有看见过这种景色？"鼓励幼儿大胆表达，感受作品里色彩绚丽的景色。

（北京佳华安琪幼儿园　赵　佳）

**（8）作品名称　西洋画——《教堂中的圣母》**

**①适宜年龄**　大班

图 6-17 《教堂中的圣母》

（图片来源：http：//so.5tu.cn/pic/yfakzpjtzdsmt.html）

②作品赏析

《教堂中的圣母》的作者是荷兰画家扬·凡·艾克。他高超的画技、细腻的表达方式以及为油画技术发展做出的巨大贡献，赢得了众人的欣赏和肯定。他想到使用亚麻油来代替蛋黄调和颜色，使画面变得更富有光泽质感。《教堂中的圣母》描绘了在瑰丽华美的教堂中，阳光透过玻璃静静地洒在地面上，整个画面静谧而又华贵。阳光照在圣母的发丝上，散发着柔和的光芒。圣母温柔地抱着一个襁褓中的婴儿，目光温柔又慈爱。婴儿在圣母的怀抱中，抬头深深地注视着圣母。

③教育建议

A. 内容由情感而生

母爱是幼儿最熟悉的情感，在欣赏这幅作品时，可以以母爱为切入点，请幼儿讨论看到这幅画时感受到了什么，调动他们的丰富情感。

B. 过程促情感表达

鼓励幼儿观察作品中都有哪些人物，人物的动作和表情都是什么样子的。通过观察作品中人物的表情和动作，请幼儿发挥想象力，说一说作品中的人物想表达什么样的情感，并鼓励幼儿说一说自己是怎样表达爱意的。

C. 结束使情感延展

欣赏完作品后，请幼儿制作一份爱的礼物送给妈妈。回家后向妈妈表达自己的爱，帮助妈妈分担一些力所能及的小任务。

（北京市朝阳区朝花幼儿园孙河园 刘 蕊）

# 第三节 教师"心赏"建筑与雕塑

## 1. 建筑与雕塑简介

建筑是人们为了满足社会生活需要，利用所掌握的物质、技术手段，并运用一定的科学规律和美学法则创造的人工环境。

雕塑是造型艺术的一种，又称雕刻，是雕、刻、塑三种创制方法的总称。指用各种可塑材料（如石膏、树脂、黏土等）或可雕、可刻的硬质材料（如木材、石头、金属、玉块、玛瑙等），创造出具有一定空间的可视、可触的艺术形象，借以反映社会生活、表达艺术家的审美感受、审美情感、审美理想的艺术。

## 2. 建筑与雕塑欣赏建议

建筑与雕塑多为户外大型作品，空间感强，欣赏活动会受到限制，所以教师要选择具有典型性的作品，并以恰当方式进行再现。另外，建筑与雕塑作品往往由于题材因素，幼儿在欣赏的时候很难能"读懂"作品。因此，教师在教学活动开始的时候需要进行人文背景方面的准备，通过讲述或影像再现的方式，使幼儿深入地感受作品，并通过同伴间的交流丰富幼儿的想象空间。教学活动中教师可以适时添加实践性活动，加深幼儿对作品的感受。对作品的细节欣赏可以尝试对装饰美的感知与分析，进一步丰富幼儿的审美体验。

（幼儿美术教育专家　张　迪）

## 3. 教师"心赏"建筑与雕塑

### （1）作品名称　建筑与雕塑——三不猴（雕塑）

①适宜年龄　小班
②作品赏析

"三不猴"的造型是由三只小猴子组成的。三只小猴子呈半蹲姿势，模样憨态可掬：一只猴子用手捂着耳朵，一只猴子用手捂住嘴巴，一只猴子用手蒙着眼睛，淋漓尽致地表现出三只小猴子不听、不看、不说的动作。它们也正与论语中的"非礼勿听，非礼勿视，非礼勿言"相呼应，提醒和告诫人们为人处世之道：不该听的不听，不该看的不看，不该说的不说，谨慎行事。

图 6-18 三不猴

（图片来源：http：//suo.im/4Cp0Yt）

③**教育建议**

**A. 内容由情感而生**

欣赏活动前，鼓励家长带着幼儿去动物园观察小猴子。在活动进行时可展现"三不猴"实物摆件，通过近距离观察、触摸，感受"三不猴"的形态、动作、神态。

**B. 过程促情感表达**

在欣赏过程中，幼儿可以通过模仿"三不猴"的动作、表情，猜想他们在做什么事情。教师可以提问："你觉得哪只猴子最可爱？你来模仿一下。猜一猜它为什么会有这样的动作呢？"

**C. 结束使情感延展**

创设情境提问："老师把你变成小猴子，你还会做什么动作呢？请你来做一做。"以此激发幼儿创编各种动作，感受作品的造型美。

（北京市朝阳区新源里第二幼儿园 周 瑶）

**（2）作品名称 建筑与雕塑——巴特罗之家（建筑）**

①**适宜年龄** 小班

②**作品赏析**

"巴特罗之家"由西班牙建筑师高迪设计，以造型怪异而闻名于世，是建筑设计历史上的经典之一。它位于西班牙巴塞罗那市，共 6 层。2005 年被联合国教科文组织列为世界文化遗产保护单位。高迪以童话故事为背景，设计了这座房子。童话讲的是有一只巨龙将一位美丽的公主困在城堡里，英雄圣乔治与巨龙搏斗，用剑杀死了龙，龙的血变成一朵美丽的玫瑰花，圣乔治把这朵美丽的玫瑰花献给了公主，从此公主过上了幸福的生活。结合童话故事背景来看楼顶，像是一只巨龙俯卧在房子上，烟筒的十字架象征着英雄的宝剑，代表着英雄与巨龙搏斗。房子的外墙由蓝色和绿色的陶瓷镶贴而成，像是长满了龙鳞的龙身，整个建筑被巨龙包围。露台的设计像极了被巨龙吃掉的人留下的骷髅和骨头，体现出巨龙的凶猛，同时也让人感受到英雄圣乔治的英勇壮举。

"巴特罗之家"秉承高迪建筑的风格，房子没有棱角，全是柔和的波浪形状，打破了以往建筑的对称形式。走近房屋能够看到很多细节：楼顶的烟筒像孩子们爱吃的奶油冰激凌，屋顶上的四个尖顶既像士兵的武器，又像士兵尖尖的头盔。"巴特罗之家"让人置身于童话之中产生无限的遐想。

③教育建议

A. 内容由情感而生

通过观看视频与图片，让幼儿置身于建筑之中，充分调动各种感官欣赏、观察建筑。运用白板放大功能，帮助幼儿放大建筑图片的局部进行细致观察。

图 6-19　巴特罗之家
（图片来源：美术教育联盟课件）

B. 过程促情感表达

高迪的设计风格主要以曲线和瓷砖镶贴的方式体现，设计大胆又充满童话色彩。老师在带领小朋友欣赏时，可以播放一个充满童话色彩的背景音乐，激发幼儿欣赏的欲望。教师可以讲述"巴特罗之家"设计背后的童话故事，结合提问："你觉得房顶像什么？"激发幼儿大胆想象，引导幼儿深入观察与欣赏。

C. 结束使情感延展

与幼儿一起收集大自然中的石子、贝壳等，鼓励他们运用收集的自然物品进行艺术创作，通过动手制作感受高迪建筑的自然之美。

（北京市朝阳区松榆里幼儿园　韩剑杰）

**（3）作品名称　建筑与雕塑——北京四合院（建筑）**

①适宜年龄　中班

②作品赏析

北京四合院是我国北方四合式民居的代表，"四"是说东、西、南、北四面，"合"是合在一起的，构成一个口字形，这就是四合院的基本特征。四合院规划严整，而且长幼有序，各居其室，作息方便。中心的庭院从平面上看基

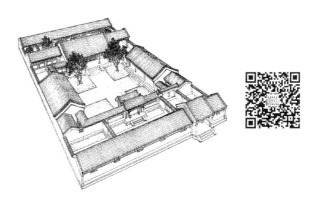

图 6-20 北京四合院

(图片来源：http：//www.sohu.com/a/108722421_118951)

本为一个正方形，院中的东、西、南、北四个方向的房屋各自独立，都拉开了一定的距离，由转角处的游廊和房屋前的檐廊将其串联起来，显得疏朗而不松散，富于变化。

③教育建议

A. 内容由情感而生

在活动时，出示北京四合院的鸟瞰图，引导幼儿感受四合院的"口"字形特点。北京还有很多这样的四合院，到北京旅游的人都可以去看看。

B. 过程促情感表达

北京四合院的精妙之处在于其细部精巧的砖雕装饰，在四合院的大门、影壁、垂花门、廊心墙等部位都可以看到各种砖雕图案。教师可以播放北京四合院砖雕装饰的照片，引导幼儿欣赏观察精细的雕刻技法，以及各种吉祥的图案。

C. 结束使情感延展

请幼儿说一说北京四合院的建筑特点，以及砖雕、彩绘图案代表什么，感受其北京四合院这种建筑带来的和谐、团圆的氛围。

（北京市蓓蕾幼儿园 李 颖）

（4）作品名称 建筑与雕塑——天坛祈年殿（建筑）

①适宜年龄 中班

②作品赏析

天坛是封建王朝时期神圣的祭坛，祈年殿处在天坛的北部，是一座直径32.72 米的圆形建筑，鎏金宝顶蓝瓦三重檐攒尖顶，层层收进，总高 38 米。祈年殿内有 28 根金丝楠木大柱，里圈的四根寓意春夏秋冬四季，中间一圈 12

图 6-21　天坛祈年殿

（图片来源：https://tuchong.com/1133459/t/12818200/）

根寓意十二个月，最外一圈 12 根寓意十二时辰。

远观祈年殿给人一种气势磅礴、辉煌壮丽的感受，像祈年殿这样的大型圆形建筑在我国古建筑中并不多见，而祈年殿作为圆形建筑的设计极为成功，在今天看来依然充满生机。

③教育建议

A. 内容有情感而生

在集体活动前，家长可以带领幼儿一起到天坛欣赏祈年殿的造型、结构、颜色等，丰富幼儿对建筑物的认识，增长对祈年殿的了解，提升经验准备。

B. 过程促情感而生

祈年殿的精妙之处在于它的建筑造型是圆形和对称的，能够吸引孩子们的关注和探索。中班幼儿在对建筑物方面的观察正是最佳的时机，通过对称、叠高、镂空等方法了解建筑物的内部结构，加深对空间、方位、比例等概念的理解。

C. 结束使情感延展

请幼儿用简单的词汇描述自己对祈年殿的感受，加深对这个独特建筑的关注。教师可以出示其他中国传统建筑造型，请幼儿找出和祈年殿一样的圆形建筑，并与同班的小朋友进行分享。

（北京市朝阳区三里屯幼儿园　支辰音）

（5）作品名称　建筑与雕塑——长城（建筑）

①适宜年龄　大班

②作品赏析

长城，又称作万里长城。长城修筑的历史可上溯到西周时期，以秦长城最

图 6-22 长城

（图片来源：https://www.enterdesk.com/download/28273-185503/）

为著名，如今我们所看到的长城多为明长城。两千多年以来，我国古代各个历史时期都有修筑长城，因为它是一项军事防御工程，是一道高大、坚固而连绵不断的长垣，用以限制敌军骑兵的进攻和行动。长城对中国人来说，是意志、勇气和力量的标志，是中华民族坚不可摧的象征。

看到长城的第一眼，那灰黑色的城墙，一块块砖石的砌合，让我们感到长城的坚硬与稳固。再看那一个个垛口，一座座城楼，高低起伏、连绵不绝，仿佛一条巨龙盘卧在群山之中。

③教育建议

A. 内容由情感而生

通过出示长城的全景图与局部图，引导幼儿进行对比，感受长城的绵延透迤与雄伟壮丽。

B. 过程促情感表达

长城的最大特点在于建筑构造以及重要的象征意义，可以引导幼儿观察长城的关隘、城墙、烽火台，配合视频向幼儿讲述古代人们依靠长城抵御外敌的场景和重要意义。

C. 结束使情感延展

通过反问式的提问："你觉得长城像什么？"激发幼儿想象，鼓励幼儿表达自己的意见，加深对长城的认识。也可引导幼儿把自己心目中的长城画下来，激发爱国的意识。

（北京市朝阳区新源里第二幼儿园 周 瑶）

（6）作品名称 建筑与雕塑——埃菲尔铁塔（建筑）

①适宜年龄 大班

②作品欣赏

埃菲尔铁塔是巴黎的标志之一，也是巴黎最高建筑物，高 300 米，天线高 24 米，总高 324 米，相当于 100 层楼高，得名于设计它的著名建筑师、结构

图 6-23 埃菲尔铁塔

（图片来源：https://www.enterdesk.com/download/13073－114039/）

工程师古斯塔夫·埃菲尔。

　　埃菲尔铁塔是为在巴黎举办的世界博览会而修建的，从一侧望去，像倒写的字母"Y"。该塔由 1.8 万余个组成部件和 250 多万个铆钉构成。从远处看去，它四脚立地，拔地而起，呈四方狭长金字塔形，保证了它在结构上的稳定性。

　　③教育建议

　　A. 内容由情感而生

　　在建筑区投放中外不同建筑的图片，让幼儿猜一猜，这个建筑是中国的还是国外的，为什么，猜一猜这个建筑有哪些作用等，充分调动孩子对埃菲尔铁塔的探索兴趣。

　　B. 过程促情感表达

　　通过播放视频，让孩子们能够 360°欣赏到埃菲尔铁塔及周围的环境，引导幼儿感受法国的浪漫风情，了解埃菲尔铁塔在法国人心目中重要位置，感受中国和法国的建筑及文化上的区别。

　　C. 结束使情感延展

　　通过欣赏"埃菲尔铁塔"，使幼儿对这种"镂空"的钢铁建筑有初步的了解。教师可以发挥大班幼儿的创造性和合作性，引导幼儿用身边的拼插玩具、自然材料等，尝试搭建一个自己的"埃菲尔铁塔"，进一步感受这种建筑的稳定性、牢固性和装饰性，加深幼儿理解，丰富幼儿美感体验。

（北京市朝阳区花家地幼儿园　李　聂）


　　**(7) 作品名称　建筑与雕塑——福建土楼振成楼（建筑）**

　　①适宜年龄　大班

　　②作品赏析

　　福建土楼也叫客家土楼，想要了解土楼，就得从"客家文化"说起。相传

图 6-24　福建土楼振成楼

（图片来源：http://t.cn/AiK9kyIy）

在西晋末年，中原地区征战不断，为了躲避战争的侵害，原来在黄河流域的一部分汉人来到了现在的江西、福建、广东北部。为区别于当地居民，他们被称为"客家"。客家人因饱受战乱之苦，又在南迁的漫漫长路中历经流离他乡的种种磨难，使得他们深知同伴的重要。面对这些困难，就更加需要大家团结一致，同心协力，因此，他们每到达一个地方，本姓本家人总要聚在一起，久而久之，形成了一种独特的民居建筑风格——土楼。其中，坐落于洪坑村的振成楼最为壮丽，最具代表性。振成楼由洪坑林氏 21 世林鸿超兄弟等人于 1912 年建造。

振成楼占地 5 000 余平方米，由远及近，其内外两圈的特殊结构映入眼帘，楼中有楼，楼外有楼，一层包着一层，一圈套着一圈，倾注了客家人对和平的向往，他们把这种美好的愿望紧紧地包裹进这一圈圈的建筑中。振成楼的外环楼是架梁式的土木结构，从当地开采生土混合夯筑。置身在振成楼中，则能发现它的内部是不同于外环楼的砖木结构。全楼的设计既有苏州园林的痕迹，又有古希腊建筑的特点，充分展现了客家人民的智慧，是"中西合璧"的智慧结晶。

客家人建造土楼的目的是为了集合本家人合力对抗外敌，因为当时客家人多居住在偏僻的山区，要抵御野外猛兽和盗贼的侵袭，客家人便建造出了这种"抵御性"的住宅，其结实的外墙和复杂的内部结构，充分体现了客家人的智慧。

③教育建议

A. 内容由情感而生

通过播放动画电影《大鱼海棠》片段，引导幼儿观察动画中的建筑，展开想象，说出自己看到的画面，进而引出"福建土楼"主题。

B. 过程促情感表达

造型奇特的土楼可以给大班幼儿丰富的视觉体验。制作简易的土楼模型，带领幼儿走进这栋环形建筑，就像剥洋葱一样，每一层都能激发他们的好奇，对未知的下一层充满想象，从而理解客家人团结一心，渴望和平的情感。

**C. 结束使情感延展**

通过提问:"如果让你来设计土楼的内部环境,你会在里面添加什么呢?"激发幼儿讨论,鼓励幼儿大胆提出自己的设计,以此进一步理解建筑师设计土楼的初衷。

(北京市朝阳区水碓北里幼儿园　李洁菲)

# 第四节　教师"心赏"中国民间美术

## 1. 中国民间美术简介

民间美术,存在于人们的日常生活中,反映劳动人民的思想、情感和美的观念,体现了强烈的民族性和地方性,同时它与宗教、风俗也有着密切的联系。

我国的民间美术,是一个自成体系的美术种类,它是组成各民族美术传统的重要因素。中国民间美术的艺术表现形式多样,它以多种姿态存在于我们的生活、生产中。如民间绘画,其中包括彩陶纹饰、岩画、年画、唐卡、纳西族东巴画等;雕塑有石雕、玉雕、牙雕、木竹刻、泥塑等;还有剪纸、镶嵌、编织、漆器、陶瓷、灯彩、刺绣、染织、纸偶、皮影、服饰等多种制作工艺和表现形式。

中国民间绘画的历史最早可追溯到原始社会新石器时代。那时的技巧虽然笨拙,但已掌握了初步的造型能力,所画内容主要为动植物,用以表达先民的信仰、愿望以及对于生活的美化装饰。民间绘画艺术是民间艺人在特定的物质、文化背景下创造出来的,与普通老百姓的生活习俗、文化心理、审美情趣息息相关。

## 2. 中国民间美术欣赏建议

民间美术作品通常会出现在我们的生活中,与幼儿日常生活有着不可避免的交织,所以相比较其他欣赏内容,相当部分的民间美术作品对于幼儿的原有认知经验更为丰满。在此基础上,教师可以引导幼儿利用原有经验对作品进行整体感受,可以从形、色、装饰图案等任意角度进行切入,在感受的同时鼓励幼儿自发讨论并加以评价。教师适时进行要素的分析,如形式、内容、表现手法等,引导幼儿进行深层次讨论,从造型特点、表现手法、图案装饰等多个角度获取审美经验。此外,教师还要引导幼儿回归作品,讲述作品在民俗中的含义与精神象征,丰富幼儿的人文知识,从而积累美术创作经验。

(幼儿美术教育专家　张　迪)

## 3. 教师"心赏"中国民间美术

### （1）作品名称　民间美术——挂虎（泥塑）

①适宜年龄　小班

图6-25　彩塑挂虎

（图片来源：http://www.naic.org.cn/html/2017/dsys_0913/21230.html）

②**作品赏析**

泥塑，俗称"彩塑"，是我国一种古老民间传统艺术。这幅作品来自陕西省凤翔县的彩绘泥塑，创作于现代时期。创作泥塑作品必须使用当地黏性很强的板土和泥，通过制模彩绘而成。

这幅《挂虎》作品，具有浓郁的乡土气息，表达了较高的中国传统民间艺术和民俗文化。它是一个类似于脸谱的虎头彩塑，以绿色为基色，配合红色、粉色等对比鲜明的颜色，色彩艳丽喜庆、造型夸张、装饰华美。大大的、鼓起来的眼睛和两颗獠牙表现出老虎的威武，粉色点缀的小花结合绿叶的陪衬增添了欢欣、祥和的景象，具有辟邪、纳福的寓意。在虎头的左、上、右三面，围绕着十二生肖中的其他十一个生肖造型，具有较高的美学价值。

③**教育建议**

**A. 内容由情感而生**

先请小朋友闭着眼睛触摸挂虎，猜一猜它是什么，然后采用"犹抱琵琶半遮面"的揭幕方式，引导幼儿从眼睛、嘴巴处先观察，每揭开一处，请幼儿说一说：你看到了什么，你觉得是什么，最后形成一个整体的概念。

**B. 过程促情感表达**

虎头的妙处在于艳丽、鲜明的色彩，请小朋友仔细观察，然后说一说："你喜欢这个作品的什么地方，为什么？"鼓励幼儿用肢体动作表现老虎的动态，并

引导他们："如果让你来创作一个这样的泥塑作品，你想表现老虎的什么状态？"

**C. 结束使情感延展**

教师提问："你还见过其他样子的老虎吗？"激发幼儿讨论。鼓励幼儿收集相关的泥塑作品资料，带到幼儿园来分享，丰富幼儿对泥塑作品的了解。

（北京市朝阳区京师实验幼儿园　马丽卿）

**（2）作品名称　民间美术——小猪（泥塑）**

**①适宜年龄　小班**

图 6-26　彩塑小猪

**②作品赏析**

凤翔彩绘泥塑小猪，睁着圆圆大大的眼睛、支起的粉色耳朵和向上翘起的小屁股，小猪似乎在期盼着什么。黝黑的身体圆滚滚，线条与色彩粗犷、夸张，又简练、概括。大面积的粉色四瓣花朵和对称的绿叶衬托出小猪的憨态可掬，黄色的勾边使身上的花纹显得活泼跳跃。它虽然以黑色为底色，却并不显得沉重和压抑，反而衬托出一种艳丽和喜庆。

**③教育建议**

**A. 内容由情感而生**

可以让小朋友们带来自己家中各种各样的小猪玩具，开展一次小猪展览活动，或者看看有关农场小猪的视频。

**B. 过程促情感表达**

让小朋友们摸一摸这圆滚滚、胖乎乎的泥塑小猪，看一看它与从家里带来的小猪造型的玩具有什么不一样。认真观察泥塑小猪身上的花纹及颜色，向幼儿提问："小猪大大的眼睛看到了什么？你会怎样抱小猪呢？"

**C. 结束使情感延展**

开展美术延伸活动，根据泥塑小猪的色彩和形象特征，组织幼儿进行美术创作——"我为小猪穿新衣"，鼓励幼儿发挥想象力和创造力，绘出自己喜欢的小猪形象。

（北京市朝阳区红黄蓝和平里幼儿园　杨亚红　李　莹）

**（3）作品名称　民间美术——脸谱**

**①适宜年龄　中班**

图 6-27　脸谱

（图片来源：https：//baike.so.com/doc/1161507－1228595.html）

**②作品赏析**

脸谱，起源于原始图腾，后来逐渐演变成为艺术化的戏剧脸谱，分别有：黑脸、红脸、花脸、青脸、蓝脸等。

脸谱的赏析要从不同的色彩入手，不同的颜色代表了不同人物的性格特点。红色表示忠勇、正直，一般体现正面角色，代表人物有：关公、姜维，都是历史上忠心不二的人物；黄色表示勇猛、强悍，代表人物有：典韦、廉颇，作战英勇；黑色一般表示刚毅、果断，也象征粗率、鲁莽，代表人物有：包拯、李逵；白色表示奸诈、阴险，代表人物有：曹操、秦桧；蓝色表示刚直、坚毅、有心计，代表人物有：窦尔敦、马武；绿色表现顽强、暴躁，代表人物有程咬金；在确定主色后，再根据人物的性格特点、特长、命运等配合相关图案，一个个性格鲜明生动的人物形象就诞生了。

**③教育建议**

**A. 内容由情感而生**

教师与家长可以带领幼儿开展京剧或戏曲活动，激发他们对人物脸谱的兴趣。通过观看戏曲表演，给幼儿讲述不同人物脸上的色彩，引导幼儿说一说看到这个人物的感受。

**B. 过程促情感表达**

在欣赏脸谱的活动中，帮助幼儿聚焦颜色搭配，体现人物性格的表现形式。教师出示不同人物的脸谱，幼儿观察不同人物都用了那些颜色搭配。教师可以采用如"关公的脸用了那些颜色搭配，他给你什么样的感受，包公的脸为什么黑色的比较多，黑色代表了什么"等内容进行提问，强化色彩的运用。

### C. 结束使情感延展

开展"我喜爱的脸谱"制作活动，亲子或师生共同参与，引导幼儿选择适宜的颜色绘画不同的人物表情与纹样。通过绘画、搭配色彩制作脸谱，让幼儿亲身感受民间艺术的色彩美，激发幼儿对中国传统民间艺术的喜爱之情。

（北京市朝阳区安华里幼儿园　胡洋彬）

### （4）作品名称　民间美术——花灯

①**适宜年龄**　中班

图 6-28　花灯

（图片来源：http://bbs.zol.com.cn/dcbbs/d657_153205.html）

②**作品赏析**

花灯，又名灯笼。灯笼是起源于西汉时期，是我国传统的民间工艺品，在古代，其主要作用是照明。花灯通常分为吊灯、座灯、壁灯、提灯几大类，它是用竹木、绫绢、玉佩、丝穗、羽毛、贝壳等材料，经彩扎、裱糊、编结、刺绣、雕刻，再配以剪纸、书画、诗词等装饰、制作而成的综合工艺品。

赏花灯是中华民族数千年来重要的民俗文化。现如今每年的春节、元宵，很多地方还有赏花灯活动，以营造一种喜庆的节日氛围。花灯的观赏价值在于它的外形，它塑造了生活中人们喜闻乐见的形象，造型逼真而有趣。不论是人物、动物，还是灯体上绘制的山水、花鸟，都传承着美丽的传说故事，代表了人们的审美情趣。当我们带着幼儿观赏花灯时，要激发他们对花灯外形美的重点欣赏，感受其独具一格的艺术特色，同时也要渗透一些与花灯相关的历史故事、民间传说等内容，帮助幼儿理解这种民间艺术的文化内涵。

③教育建议

**A. 内容由情感而生**

结合中国传统节日的赏灯习俗，教师或家长可以带领幼儿进行"赏花灯"的活动，如在正月十五的元宵节的赏灯活动中，可以先为幼儿介绍当年的属相动物，讲述一些相关的童话故事和传说故事，激发幼儿的兴趣。

**B. 过程促情感表达**

通过观赏活动，可以鼓励幼儿找一找、说一说：花灯中运用了哪些优美的花纹图案进行装饰，然后再进一步提问："如果请你来制作花灯，会是什么样子，会用到哪些花纹图案？"

**C. 结束使情感延展**

开展"双面对称兔子花灯"的民间花纹装饰的美工活动，由亲子或师生共同参与，协助幼儿粘贴与制作。通过在画纸上设计兔子身体的基本部位，运用多种色彩、花纹图案进行装点和美化，让幼儿感受民间艺术的美和参与美工创作活动的乐趣。

（北京市朝阳区劲松第二幼儿园　王　坤）

**（5）作品名称　民间美术——大阿福（泥人）**

①适宜年龄　中班

图 6-29　泥人大阿福

②作品赏析

江苏无锡惠山泥人代表作品"大阿福"是根据民间传说所创作的。相传在很久以前，无锡惠山经常出现野兽，后来深山里来了两个人形巨兽，名叫"沙孩儿"，它们力大无比，山中各种野兽都被它们赶跑了，附近的百姓从此过着幸福、平安的日子。后来人们为了怀念它们，便根据它们的样子，用泥捏成一男一女的形象，取名为"大阿福"。从此这对"大阿福"就成了人们避灾辟邪的吉祥物，慢慢地便流传下来。

"大阿福"造型简练，面型饱满，笑盈盈、胖墩墩，眉弯目秀，盘膝而坐，憨态可掬。它们身穿鲜艳的衣服，衣服上画有好看的条纹。它们抱着吉祥物，如元宝等，象征着吉祥、健康、平安等寓意。

③教育建议

A. 内容由情感而生

春节期间庙会中"大阿福"随处可见，家长可以带幼儿去观赏。在班级中，教师可以布置一场"大阿福"展览，用这种方式引导幼儿感受"大阿福"吉祥、喜庆的特点。

B. 过程促情感表达

"大阿福"身上的色彩搭配非常突出，衣服上的花纹样式，适合中班幼儿的欣赏，体验民间艺术所蕴含的美好寓意。

C. 结束使情感延展

教师通过提问："大阿福身上有什么颜色，你喜欢什么颜色，在哪里见过，你的心情是怎样的？"激发幼儿认识冷、暖色，欣赏"大阿福"民间艺术品颜色搭配所表达的情感及美好寓意。

（北京市朝阳区定福家园幼儿园　周天放）

### （6）作品名称　民间美术——北京兔儿爷

①适宜年龄　大班

图 6-30　兔儿爷

（图片来源：http://www.soyunpan.com/article/184184.html）

②作品赏析

"兔儿爷"是北京传统手工艺品，属于中秋节的节令玩具。老舍先生在《四世同堂》中这样描写："脸蛋上没有胭脂，而只在小三瓣嘴上画了一条细线，红的，上了油；两个细长白耳朵上淡淡地描着点浅红；这样，小兔的脸上

196

就带出一种英俊的样子，倒好像是兔儿中的黄天霸似的。它的上身穿着朱红的袍，从腰以下是翠绿的叶与粉红的花，每一个叶折与花瓣都精心地染上鲜明而匀调的彩色，使绿叶红花都闪闪欲动。"

"兔儿爷"的形象来源于月宫里的玉兔，却又不同。有这么一个传说：当时北京城流行瘟疫，玉兔下凡来给百姓治病。可是因为一身白，谁都不让进，她只好去庙里借神像的盔甲，打扮成男子后挨家挨户去治病。为了赶时间，她还换了好多种动物坐骑，如狮子、老虎等。后来人们为了感谢玉兔，根据它装扮的样子做成塑像，在每年中秋节用来祭祀。

③**教育建议**

A. **内容由情感而生**

活动前教师和幼儿一起讨论春节的所见所闻，引出"兔儿爷"泥塑主题。引导幼儿认识"兔儿爷"，知道制作它所用的材质，丰富孩子们关于泥塑的彩绘手法。

B. **过程促情感表达**

教师给幼儿讲述关于"兔儿爷"的神话故事，仔细观察兔儿爷身上的色彩和坐骑，按照坐骑的不同，大致分为坐象兔儿爷，象与祥同音，寓意为吉祥如意；坐麒麟兔儿爷，因麒麟吐书的典故而流传，象征着学识广博，学业有成；坐鹿兔儿爷，寓意健康长寿；坐葫芦兔儿爷，象征着福禄双全；坐牡丹兔儿爷，寓意富贵尊荣；坐虎兔儿爷，寓意为事业兴盛，人脉广博。

C. **结束使情感延展**

在欣赏的过程中，教师要尊重幼儿个性化的理解与表达，帮助幼儿连接生活经验，充分感受审美的愉悦感。

（北京市朝阳区三间房乡中心幼儿园 马园园）

### （7）作品名称 民间美术——布老虎

①**适宜年龄** 大班

②**作品赏析**

虎在民间文化信仰中有避邪驱鬼、平安吉祥之意，因此人们创作出布老虎寄托自己的美好祝愿。每当孩子满月、百日、周岁的时候，亲戚朋友就会送布老虎祈求孩子平安幸福。

布老虎有着大头、大眼、大嘴、竖立的大尾巴，它这种夸张、变形的造型用来突出勇猛、憨态可掬的神态，也象征着孩子强健有力、活泼可爱，寄托了长辈希望孩子健康成长的美好愿望。

③**教育建议**

图 6-31 布老虎

**A. 内容由情感而生**

通过开设小小展厅，和幼儿一起观赏"布老虎"的颜色、形态、身上的花纹，让幼儿自由交流，激发幼儿对"布老虎"的喜爱之情。

**B. 过程促情感表达**

根据大班幼儿的思维发展水平，引导幼儿用自己的肢体动作来表现老虎的造型特征，幼儿根据自己的生活经验进行联想。

**C. 结束使情感延伸**

教师提问："妈妈为什么要送布老虎给孩子？拿到妈妈送的布老虎，心里会有什么感觉？"激发幼儿讨论，发表自己的观点，感受它巧妙的构思。

（北京市朝阳区泛海幼儿园 杨丽杰）


**（8）作品名称 民间美术——蜻蜓（草编昆虫）**

**①适宜年龄 大班**

**②作品赏析**

草编是以麦秸、草茎、棕榈叶、马莲、蒲草、玉米皮等植物为材料，通过手工艺人编制而成的工艺品。草编的工序有编、粘、插等，题材以日用品及昆虫、龙、蛇、乌龟、花鸟等为主。欣赏草编的昆虫能给人一种返璞归真、和谐自然的意蕴。

**③教育建议**

**A. 内容由情感而生**

教师为幼儿创设"田间草地"的情境，将草编昆虫放到"草丛"里。活动时播放昆虫叫声的背景音乐，请幼儿找一找藏在"草丛里"的昆虫朋友，以"捉迷藏"的形式引起幼儿的兴趣。

图 6-32　草编蜻蜓

（图片来源：http：//t.cn/AiKCjQ1S）

**B. 过程促情感表达**

结合幼儿认知特点和欣赏水平，教师可以为幼儿提供常见的昆虫或鸟类的动物图案，提高幼儿对昆虫等造型特点的认知，也可以请幼儿将草编形象与具体形象做对比，说一说自己看到草编昆虫的感受。

**C. 结束使情感延展**

为幼儿提供多种多样的草编昆虫，丰富幼儿对草编作品的了解。老师也可以为幼儿提供草编工具及材料，请幼儿尝试创编小动物。

（北京市朝阳区海嘉实验幼儿园　赵　璇）

**（9）作品名称　民间美术——风筝**

①**适宜年龄　大班**

②**作品赏析**

放风筝是人们喜爱的户外活动，尤其一到春天，大家都成群结队地到操场、公园的空地上放风筝。风筝色彩鲜明，上面大多绘有动物、植物、器物、花纹等图案，具有吉祥的寓意，如：龙象征高贵神圣、老虎寓意辟邪、仙鹤和桃子象征长寿延年、牡丹花代表富贵、石榴代表多福多寿多子、如意的花纹代表吉祥如意等。

图 6-33　风筝

③**教育建议**

**A. 内容由情感而生**

周末爸爸妈妈可以带着幼儿一起去公园里放风筝，户外活动时教师也可以带领幼儿分小组放风筝，激发幼儿对风筝的喜爱。在放风筝的过程中，引导幼儿观察风筝的颜色、外形特征、图案等，为欣赏活动做铺垫，调动起幼儿的兴趣。

**B. 过程促情感表达**

风筝的亮点在于图案的寓意以及色彩上，针对大班幼儿的发展水平，教师可以和幼儿一起去发现、寻找风筝上自己喜欢的图案、花纹以及寓意，同时还可以自己设计风筝，想好寓意后，画上漂亮的图案。

**C. 结束使情感延展**

在活动最后的分享环节，教师可以通过提问的方式使幼儿的情感得到延展，如：你的风筝上有哪些漂亮的图案、花纹，有什么寓意，你想和谁一起去放你设计的风筝等。

（北京市朝阳区和平街幼儿园　张　建）

**（10）活动内容　民间美术——连年有余（年画）**

**①适合年龄　大班**

图 6-34　连年有余

**②作品赏析**

"杨柳青"年画在我国民间广为流传，尤其是在我国北方，每逢新年家家户户都要张贴年画，比如"鲤鱼献宝""连年有余"等传统佳作，最受广大群众欢迎。

首先，年画"连年有余"的构图相对简单，年画正中间是一个胖胖的童子，怀中抱着一条大鲶鱼，童子一手持莲蓬柄，一手托着腮，这样的内容贴近幼儿生活，符合大班幼儿的认知经验；其次，大班幼儿对色彩与感情的连接有一定的经验，"连年有余"的色彩对比鲜艳、红火喜庆，让人觉得开心愉悦。最后，其细节刻画突出，童子席地而坐，粉红胖脸，两眼微眯，笑容憨态可掬，惹人喜爱，更容易拉近幼儿与作品的距离，能够迅速地建立起与画作的联系，其中大鲶鱼、莲花等细节的刻画也利于幼儿联想，产生较强的审美价值。

③教育建议

A. **内容由情感而生**

为了激发幼儿主动感知作品的兴趣，可以调动多种感官进行欣赏。在第一次欣赏时教师可以提供年画的仿真品，让幼儿欣赏时有真切的感受；第二次欣赏时可以利用多媒体软件，把原画做成立体图片，让幼儿用3D立体眼镜进行欣赏，感受立体美感，让幼儿对比两次欣赏的不同之处。

B. **过程促情感表达**

大班幼儿大都有过年张贴年画、对联的经验，教师可以给幼儿讲述年画相关内容，提供鱼形等玩偶，让他们充分调动肢体，学一学画中童子的姿势，体会其中福祥、喜庆的象征意义。

C. **结束使情感延展**

了解年画内容素材的寓意，自己尝试画一幅年画，等到过年的时候张贴在家里，和家长共同分享自己的喜悦之情。

（北京市朝阳区清友实验幼儿园　吴宪丽）

# 附录 幼儿美术"心赏"集体教学活动案例

## 第一节 中国画——苏曼殊诗意图（大班）

图 7-1 《苏曼殊诗意图》

### 一、活动目标

1. 乐于从作品中感受春天生机勃勃的景象。
2. 体验留白的表现手法，并愿意大胆表达创作者的寓意。

### 二、活动重、难点

1. 活动重点：引导幼儿感受作品的表现手法及寓意。
2. 活动难点：尝试感受表现手法中所蕴含的创作意图。

### 三、活动准备

#### （一）经验准备
**1. 幼儿经验准备**
（1）幼儿在户外观察过春天的景色，对春天开花的植物特征有所了解。
（2）幼儿有用颜色和线条组合表现秋天的树、冬天的景色方面的经验。

**2. 教师经验准备**

（1）了解作品主体——《苏曼殊诗意图》。

本幅彩墨图以水墨画为基底，运用点彩方法，让色彩更为丰富、明快、鲜艳。虽然画面上纵横交错的枝条和绚丽多彩的颜色让人感觉有点乱，但这恰恰说明了花开得非常繁盛。作品中除了特别引人注目的桃花，还用简单的线条勾画出了小桥，桥上的人物若有所思，正注视着前方，欣赏春天的美景。整幅画让人感受到春天生机盎然、春暖花开，大自然的美好。

创作背景：《苏曼殊诗意图》这幅画是黄永玉送给香港友人谭志成的。黄永玉用苏曼殊《本事诗·乌舍凌波肌似雪》中的诗句，借景抒情作了这幅彩墨画，表达了作者对友人的情谊。

理论知识：诗、书、画、印的结合是中国画的一大特点，几种艺术形式融为一体，相互辉映，既丰富了画面内容，又能达到画面境界，给人以更多的审美享受。画家用点、线和人物的组合，勾勒出整幅图，表达了作者对春天美景的赞美。画中的诗句，可以提高或补充观者对作品的欣赏和理解，体现出中国画诗、书、画三绝的独特韵味。

（2）留白，顾名思义就是在作品中留出空白。

国画留白是在总结了其他艺术精华的基础上所创造的一种不同于西方绘画的特殊构图方式，也是中国画的一大特点。

留白，不代表无，亦不代表空，更不是画家的随意而为，而是画家的情感寄托所在。大大小小、规则各样的留白，可以为雾、为云，甚至可以表示整个背景。所以留白的意义，可以作为视觉上的一种构图手段，一种印象，一种精神。留白，不但营造出很强的空间感，还可以赋予广袤深远的意境，更可以拓展观者的思想广度，给人留有无限的遐思空间，实现更高的审美意境，彰显国画的独特魅力。

**（二）物质准备**

1. 作品及轻音乐《春暖花开》（笛子版）
2. 《苏曼殊诗意图》喷绘作品 8 幅（四开大小 2 幅，A4 大小 6 幅）
3. 《寒江独钓图》PPT 图片
4. 多媒体设备
5. 胶钉

# 四、活动过程

## （一）美好回忆

**1. 主要提问**

（1）在这幅画中看到了什么？

（2）你觉得这是什么季节？为什么？

**2. 实施要点**

出示多媒体，让幼儿感受画作表现的季节，鼓励幼儿大胆表达自己的真实感受。根据幼儿的关注与表达，采用追问的方式，帮助幼儿进一步观察并描述画面。

### （二）自由表达

**1. 主要提问**

（1）哪些地方最吸引你？为什么？

（2）站在桥上的人在干什么？他的神情是什么样子的？

（3）这幅画中哪些地方进行了留白？

（4）画家为什么要在这些地方留白？

**2. 实施要点**

（1）播放音乐并出示小幅作品，两人或是三人1幅进行讨论。

（2）通过分组观察法，教师进行简单记录，用问题引导幼儿观察画面。

（3）通过提问法，鼓励幼儿用语言、动作等方式表达自己的感受，肯定幼儿的感受。

（4）提供四开大小的画作，引导幼儿把空白处贴满，教师提问：贴满空白处后，画面带给你什么样的感觉，引导幼儿感受作家为什么要留白。

（5）出示《寒江独钓图》这幅画，提问画中哪些地方有留白？根据幼儿的表达给予小结，为幼儿梳理经验。

### （三）快乐分享

**1. 主要提问**

（1）这幅画使你想到了什么？

（2）如果由你来给这幅作品起名，你会起个什么名字？

（3）你们想用什么方法来表达你的感受？

**2. 实施要点**

（1）通过提问法鼓励幼儿用语言的方式表达自己的感受，肯定幼儿的感受。

（2）根据幼儿的表达给予小结，为幼儿梳理经验。

**图片来源**

图 7-1《苏曼殊诗意图》：https：//auction. artron. net/paimai-art5068890226

（北京市朝阳区首都机场幼教中心第一幼儿园　康易梅）

# 第二节　中国画——苏曼殊诗意图（中班）

## 一、活动目标

1. 表达对繁花盛开的春天景色的赞美之情。

2. 通过作品画面中景象之间的对比欣赏、不同画作之间的对比欣赏，感受构图美。

## 二、活动重、难点

1. 活动重点：支持幼儿观察画面，从不同视角描绘画面中的春景。

2. 活动难点：发现作品之间稀疏浅淡与茂密浓重的对比。

## 三、活动准备

### （一）经验准备

**1. 幼儿经验准备**

（1）对春天的景象有所感知。

（2）对中国画的诗画一体的表现形式有所感知。

**2. 教师经验准备**

（1）了解创作背景

这幅作品是画家黄永玉的彩墨画。黄永玉自学美术、文学，为一代"鬼才"，享誉海内外。《苏曼殊诗意图》画于1982年，为黄永玉赠谭志成、徐绮薇伉俪之作。1982年谭志成伉俪北游京华，作者借景抒情作了这幅彩墨画，表达了对友人的情谊。

（2）对作品的理解

画家用点、线、人物的组合勾勒出整幅图，表达了对春天美景的赞美。樱花枝杈纵横布局前景，爽利的线条描画出拱桥，点景人物观花于桥上，人物的安然站立与繁花盛开有着强烈的对比和层次感。

### （二）物质准备

1.《苏曼殊诗意图》作品9幅（四开大小3幅，A4大小6幅）

2. 黑板3块、画架1个

3. 扬琴音乐《春暖花开》

4. 作者照片

5. 没有花和叶的水墨树枝图2幅

## 四、活动过程

### （一）美好回忆

**1. 主要提问**

（1）你从这幅画中看到了什么？

（2）这幅画表现的是什么季节的景色？

**2. 实施要点**

（1）创设观看画展的情景游戏，教师带领幼儿欣赏放在三块黑板上的画作。

（2）播放背景音乐。

（3）请幼儿安静地欣赏作品，可以小声交谈，欣赏完毕后带领幼儿坐好。

（4）通过追问的形式，鼓励幼儿具体描述景物的色彩、形状。

（5）小结：我们欣赏的是一幅彩墨画，画面上有很多纵横交错的花枝，开满了五颜六色的花，盖住了整个画面，还有一座弯弯的小桥，桥上静静地站着一个人，他在看着前面的花。画面表现的是春天的景色。

### （二）自由表达

**1. 主要提问**

（1）这幅画中的花枝给你什么感受？看到这些花你想到了什么？为什么？（出示冬天稀疏的树枝图片）

（2）这幅画上的小桥和人给你什么感受？你觉得他在想什么？为什么这么想？

（3）小桥、人和颜色鲜艳的繁花都在这个画面上，你感觉怎么样？如果整幅画面都是花，你感觉会怎样？

**2. 实施要点**

（1）引导幼儿观察这幅作品花枝多、花枝密的特点，感受色彩的浓重。

（2）通过冬天的树和作品进行对比观察，引导幼儿发现花枝疏密、色彩浓淡的对比，引导幼儿通过观察发现不同，表达自己的感受。

（3）小结：在这幅画中，画家通过许多交错的花枝，花枝上开满密密的花，一座小桥在花枝的中间，形成了花枝多和人少的对比。花枝颜色鲜艳表现春天的美好，这个画家可真棒！这位画家就是黄永玉爷爷（出示作者照片）。当时他和好朋友一起去春游，当他看到公园里盛开着美丽的花朵时，他被眼前的美景迷住了。啊！太美了！我真想把这样的美景留住，于是他就把看到的美景画下来了，你们说黄爷爷是不是很棒？

### （三）快乐分享

**1. 主要提问**

（1）欣赏完这幅画后，你最大的感受是什么？

（2）你们能给这幅画起个名字吗？

**2. 实施要点**

（1）引导幼儿说出对作品的理解，抒发内心感受。

（2）小结：春天是一个很美的季节，如果你要去欣赏春天，你会用什么心情，和谁一起去欣赏？那么，我们也去创作一幅春天里游玩的画吧。

（北京市朝阳区西坝河第一幼儿园　罗海霞）

# 第三节　中国画——苏曼殊诗意图（小班）

## 一、活动目标

1. 感受、欣赏枝权纵横交错，花朵层层叠叠的春天景色。

2. 感受、欣赏春天花朵丰富的颜色，体验作品的色彩美。

## 二、活动重难点

1. 活动重点：引导幼儿感受春天景色，体会春天给人带来的愉快心情。

2. 活动难点：感受丰富的色彩和线条所呈现的美感，从而产生愉悦的情绪体验。

## 三、活动准备

### （一）经验准备

**1. 幼儿经验准备**

（1）到大自然中观赏桃花、杏花、樱花等，感受春日里树木生长、花朵盛开的景象。

（2）有水墨创作的经验。

**2. 教师经验准备**

（1）了解彩墨的表现方式。

（2）对作品的了解。

这幅作品叫《苏曼殊诗意图》，是黄永玉先生作于 1982 年，送给好朋友谭志成夫妇的。墨色枝权纵横交错布局前景，笔触爽利。彩墨近大远小、近浓远淡，层层叠叠描绘出盛开的花朵，展现出蓬勃的春意，就像题诗所述"落花深一尺，不用带蒲团"。画家用简洁的笔线描出拱桥，点睛人物身着古装观花于桥上，姿态有意气风发的感觉，使得作品中春景的希望之感与人物的朝气相得益彰。画面前景中的花枝对拱桥和人物均有不同程度的遮挡，哪个景物在前，哪个景物在后一目了然。

## （二）物质准备

1. 彩墨作品——《苏曼殊诗意图》

2. 音乐《潇湘水月》

3. 儿童歌曲《春天》

4. 幼儿在春天赏花的图片

5. 幼儿日常中收集的干花瓣儿

6. 投影仪

# 四、活动过程

## （一）美好回忆

**1. 主要提问**

你在画中看到了什么？

**2. 实施要点**

（1）教师给幼儿充足的时间欣赏画面。

（2）满足幼儿表达的愿望，说出画面给自己的第一印象以及主要内容，表达对这幅作品的真实感受。

（3）教师总结和梳理幼儿对画面的描述：看到了近处有很多的树枝，树枝上开满了彩色的花朵。远处有一座小桥，有一个人正在桥上走，在画面的空白处有字……

## （二）自由表达

**1. 主要提问**

（1）画面上有什么颜色的花？

（2）什么季节有这么多花？

（3）小朋友们收集了很多漂亮的小花瓣儿，把它们摆在盘子里，怎么样才能让它们看起来更漂亮呢？

**2. 实施要点**

（1）允许幼儿走近作品，用手指着画面表达，尊重幼儿借助动作、表情表达自己感受的年龄特点。

（2）可以根据幼儿的需求把作品放大。

（3）鼓励幼儿自由表达，教师不给出统一的答案。

（4）幼儿在盘子里摆放花瓣儿，同时感受美丽的色彩和层层叠叠的感觉。

（5）请幼儿分享、介绍自己的作品，同时教师请幼儿观察画家用什么方式绘画的：我们是把花瓣儿摆上去的，画家是怎么把花画上去的呢？

## （三）快乐分享

**1. 主要提问**

（1）你喜欢这幅画吗？具体喜欢哪儿？

（2）小朋友们也去看美丽的花了，你看花的时候是什么心情？

**2. 实施要点**

（1）欣赏幼儿赏花的照片，引发情感共鸣。

（2）认可和支持幼儿用表情和肢体语言表达自己的情绪。

（北京市朝阳区定福家园幼儿园　陈海娟）

# 第四节　西洋画——睡莲（大班）

图 7-2　池塘·睡莲

图 7-3　池塘·睡莲

图 7-4 池塘·睡莲

图 7-5 池塘·睡莲

## 一、活动目标

1. 体会画面所呈现的宁静、神秘之美，感受自然的神奇与绘画创作的美妙。

2. 欣赏系列画作，感受作品中色与光的奇妙联系，体会印象主义注重捕捉不同阳光下色调的美。

## 二、活动重、难点

1. 活动重点：萌发对大自然的美好情感。

2. 活动难点：感受作品中颜色的变化和光的联系，体会印象主义的主要特点。

## 三、活动准备

### （一）经验准备

1. 幼儿经验准备：观察一天中事物的颜色在阳光下的变化。

2. 教师经验准备

（1）了解创作者——画家莫奈。

克劳德·莫奈是法国 19 世纪著名画家，他是印象派的奠基人，也是其最具代表性的人物。"印象派"由莫奈作品《日出·印象》而得名。莫奈总是努力地把眼睛所能捕捉到的瞬间印象再现于画布，他的画很感性，注重光的表现，而不注重形体的塑造，色彩是他表现光的载体，对他来说"光线是绘画的主宰"。

（2）熟悉《睡莲》的创作背景及相关艺术理论知识。

创作背景：《睡莲》系列是莫奈晚年的作品，取景于莫奈在吉维尼小镇自建的水上花园。他通过大量创作以"睡莲"为主题的作品，得以研究、记录不同季节、不同时间里光的照射下的睡莲等景物的光影、色彩的变化。

理论知识：印象主义观察自然景物的千变万化，他们从感性出发，捕捉不同阳光下色调的美，他们认为没有光就没有色。印象派画家们将色彩规律运用到画面里，如色彩的色相、明度、纯度、冷暖等之间的对比等。

### （二）物质准备

1. 轻音乐

2.《池塘·睡莲》喷绘图 4 幅

3. 多媒体设备

## 四、活动过程

### (一)美好回忆

**1. 主要提问**

(1) 这幅画带给你一种什么感觉?

(2) 在这幅画中你看到了什么?

**2. 实施要点**

(1) 给予幼儿观看、感受画作的时间,让幼儿进行相互交流。

(2) 现场依据幼儿的关注与表达,采用追问的方式,帮助幼儿进一步观察画面并描述。

### (二)自由表达

**1. 主要提问**

(1) 你觉得这张画画的是什么时候?天气如何?你是通过什么感觉出来的?

(2) 这 4 幅画同为《池塘·睡莲》,而为什么会是不同的景色呢?

**2. 实施要点**

(1) 将幼儿描述的画面进行放大,引导幼儿观察画面、感受画面中的光与色的联系。

(2) 创设机会,鼓励幼儿讨论与表达,肯定幼儿的感受。

(3) 进行小结,加深幼儿对印象主义注重捕捉不同阳光下色调美的体会。

### (三)快乐分享

**1. 主要提问**:你喜欢这四幅画吗?为什么?

**2. 实施要点**

(1) 鼓励幼儿说出自己对作品的感受,并给予肯定鼓励。

(2) 即兴将幼儿对画的感受编成散文式语言,并朗诵给幼儿听,增添幼儿对自然以及绘画创作的美好情感。

**图片来源**

(1) 图 7-2《池塘·睡莲》

http://dy.163.com/v2/article/detail/DL67PUTS051884BK.html

(2) 图 7-3《池塘·睡莲》

http://www.mei-shu.com/famous/27615/artistic-180482.html

(3) 图 7-4《池塘·睡莲》

http://www.mei-shu.com/famous/27615/artistic-180482.html

(4) 图 7-5《池塘·睡莲》

https://diyitui.com/content-1452448168.37400556.html

(中国人民大学朝阳幼儿园 冯静鹭)

# 第五节 西洋画——睡莲（中班）

## 一、活动目标

1. 欣赏作品中丰富的色彩，感受作品中景色的和谐、宁静之美。
2. 体会印象派的表现手法，形成自己的认识并乐于表达。

## 二、活动重、难点

1. 活动重点：感受作品中的景色，鼓励幼儿进行表达。
2. 活动难点：感受丰富的色彩，初步体会印象派的表现手法。

## 三、活动准备

### （一）经验准备

**1. 幼儿经验准备**

（1）对于光影有一定了解，如：影子、倒影、光影等。
（2）对色彩有一定的认识。

**2. 教师经验准备**

了解印象派的表现手法，以及本幅作品的创作背景——在户外绘画速度快，瞬间完成，因此失去很多细节，这种印象为瞬间印象。这种表现瞬间印象的画作强调画面生动、活泼、鲜亮的特点。油画中，莫奈全力描绘水的魅力，水照见了世界上一切可能有的色彩，用水中的睡莲表现着大自然的色彩，在平面上描绘波光粼粼的水面向远处延伸的视觉效果。在莫奈的笔下，水是绿色的、花朵像火焰一样，看似随意的彩色线条似乎让水流动起来，捕捉住了一瞬间水面的光和影。

### （二）物质准备

1. 存储有《池塘·睡莲》作品的 Ipad 人手 1 个
2. 投影仪及与 Ipad 的连接线
3. 钢琴曲《池中睡莲》

## 四、活动过程

### （一）美好回忆

**1. 主要提问**

（1）你从这幅画中看到了什么颜色的睡莲？
（2）除了睡莲还看到了什么？它们是什么颜色的？

212

**2. 实施要点**

（1）给予幼儿充足的时间去感受。

（2）肯定幼儿对色彩的感受与命名。

**（二）自由表达**

**1. 主要提问**

（1）作品中的绿色是一样的吗？它们都有什么不同？

（2）为什么花、树、草都被画成了这样？

**2. 实施要点**

（1）关注幼儿对颜色运用感兴趣的地方，发现幼儿表达画面的意图，随机提问。

（2）接纳幼儿的各种不同的回答，给予肯定与鼓励。

**（三）快乐分享**

**1. 主要提问**

（1）你喜欢这样的画法吗？为什么？

（2）你想说些什么来表达你心中的感受？

**2. 实施要点**

（1）接纳幼儿的不同感受，支持幼儿的表达。

（2）运用自己的前期经验提升幼儿对作品的欣赏，但注意不是否定幼儿的感受。

（北京市朝阳区亚运村第二幼儿园　王　洋）

# 第六节　西洋画——睡莲（小班）

## 一、活动目标

1. 乐于发现画面中的多种颜色，大胆表达对作品的感受。

2. 感受丰富的色彩变化，初步体会色彩深浅对比的美。

## 二、活动重、难点

1. 活动重点：引导幼儿形成自己对画面所描绘景色的感受。

2. 活动难点：能发现画作中丰富的色彩变化。

## 三、活动准备

### （一）经验准备

**1. 幼儿经验准备**

（1）有过观察睡莲的经历。

（2）认识红、黄、蓝、绿、紫、粉、白、黑等多种颜色。

**2. 教师经验准备**

（1）作者介绍：克劳德·莫奈（1840年11月14日～1926年12月5日），法国画家，被誉为"印象派领导者"，是印象派代表人物和创始人之一。莫奈擅长光与影的实验与表现技法。他最重要的风格是改变了阴影和轮廓线的画法，在莫奈的画作中看不到非常明确的阴影，也看不到突显或平涂式的轮廓线。光和影的色彩描绘是莫奈绘画的最大特色。

（2）创作背景：莫奈晚年最重要的作品是《池塘·睡莲》。1880年之后，莫奈在吉维尼小镇造了一座小花园，住在里面作画。他喜欢把水、空气和某种具有意境的情调结合起来，这样产生了《睡莲》组画。沿着水面，美丽的睡莲一片片向湖面远处扩展开来，画家利用了树的倒影，衬托出花朵的层次，是十分有创造性的构思。莫奈把整个身心都投在这个池塘和他的睡莲上面了，睡莲成了他晚年描绘的主题。

（3）画作赏析：莫奈的《池塘·睡莲》是印象派的鼎盛时期的代表作品。莫奈的绘画技法和自身的研习都已经到了登峰造极的地步。不管刮风下雨、阴雨绵绵，还是阳光灿烂、微风习习，无论是白天还是傍晚，莫奈总是坐在池塘边，观察自然，感受光线，用画笔记录下来。在看似随意轻松的笔触中却将光线的美感，水面上自然漂浮的睡莲的温柔表现得淋漓尽致。他的《池塘·睡莲》色彩十分丰富，但是所有的颜色在画面中都显得分外柔和、均衡。画面中莲花的颜色随着光线和环境的影响变化多端，虽不能一眼判定是什么颜色，但是却又觉得那么娇艳，仿佛近在眼前。与其说他是用色彩表现大自然的水中睡莲，不如说他是用水中睡莲表现大自然的色彩。

**（二）物质准备**

1. 幼儿前期观察睡莲的照片

2.《池塘·睡莲》（电子版、喷绘版）、轻音乐、作者照片

# 四、活动过程

## （一）美好回忆

**1. 主要提问：**你看到了什么？

**2. 实施要点**

（1）播放作品，创设安静温馨的环境，给予幼儿充足的时间观看作品。

（2）依据幼儿的现场表现和情绪，随机调整问题。

## （二）自由表达

**1. 主题提问**

（1）你在画中看到了哪些颜色？请你指一指。

（2）画面中的绿色都是一种绿吗？哪里的颜色看起来深？哪里浅？其他颜色有深有浅吗？

（3）为什么会有这么多颜色？

**2. 实施要点**

（1）放大作品，便于幼儿观察，自由表达。

（2）给予幼儿鼓励，激发幼儿表达感受的兴致。

**（三）快乐分享**

**1. 主要提问**：你喜欢这幅画吗？为什么？

**2. 实施要点**

（1）倾听幼儿的感受，肯定每位幼儿的表达。

（2）鼓励幼儿用绘画的方式表现自己喜欢的事物。

（北京市朝阳区劲松第一幼儿园 陈 芒）

# 第七节 泥塑——小泥人（小班）

图 7-6 小泥人

## 一、活动目标

1. 感受泥人娃娃生动、逼真的姿态，表达对民间泥塑的喜爱。

2. 运用肢体动作及表情模仿泥人娃娃，体验其造型美。

## 二、活动重、难点

1. 活动重点：能用自己的表情和动作表达对泥塑的喜爱。

2. 活动难点：欣赏泥塑的造型美。

## 三、活动准备

### （一）、经验准备

#### 1. 教师经验准备

天津"泥人张"彩塑是清朝道光年间发展起来的，自张明山先生首创，流传至今已有 180 年历史。"泥人张"彩塑是一种深得百姓喜爱的传统民间艺术品，形象生动，色彩丰富。"泥人张"彩塑具有鲜明的现实主义艺术特色，能真实地刻画出人物性格、体态；追求解剖结构，夸张合理，取舍得当；用色敷彩，典雅秀丽。"泥人张"彩塑适于室内陈设，一般尺寸不大，约 40 厘米，可放在案头或书架上。它所用的材料是含沙量低、无杂质的纯净胶泥，经风化、打浆、过滤、脱水，加以棉絮反复砸揉而成的"熟泥"。艺术家手工将其捏制成型，自然风干，再施以彩绘，做成不同的泥塑造型。

#### 2. 幼儿经验准备

（1）幼儿有泥塑的经验。

（2）参观幼儿园的泥塑作品。

### （二）物质准备

1. 准备"泥人张"不同姿态的泥塑娃娃若干、各种泥塑的房子、大树、桌子、花园等，并创设泥人娃娃游戏场景

2. 音乐《泥娃娃》、《找朋友》

## 四、活动过程

### （一）美好回忆

#### 1. 主要提问

（1）泥人娃娃们在做什么？

（2）你喜欢哪个泥人娃娃？

#### 2. 实施要点

（1）播放音乐，营造欣赏泥人娃娃的氛围。

（2）桌子上摆放泥人娃娃，并摆放一些泥塑的房子、树、花等，营造一个泥人娃娃在做游戏的场景。

### （二）自由表达

#### 1. 主要提问

（1）你的泥人娃娃在做什么事情？

（2）它是什么样的表情？

（3）你也模仿一下你的泥人娃娃的动作吧。

#### 2. 实施要点

（1）形式：三位教师分别和几名幼儿一组进行游戏欣赏和交流。放音乐《找朋友》，幼儿找到朋友互换小泥人，进行交流和分享，模仿小泥人的姿态。

（2）引导幼儿从泥人娃娃的姿态和表情上去欣赏。

（2）引导幼儿用语言、动作、表情去模仿泥人娃娃。

### （三）快乐分享

**1. 主要提问**

（1）你们知道这些泥人娃娃是怎么制作出来吗？

（2）如果你是泥人娃娃，你想做一个什么动作，请你表演一下。

**2. 实施要点**

（1）通过讲故事，使小朋友了解泥人娃娃的制作过程：以前有一个张叔叔，很喜欢捏泥人，他看到大街上的小朋友在做游戏，就用泥捏成了各种姿势的小人，然后把小人晾干以后涂上好看的颜色，泥人娃娃就做好了。

（2）播放音乐，请幼儿用自己的动作来表演泥人娃娃，感受泥人娃娃的生动、逼真的姿态。

（中国人民大学朝阳幼儿园　程　明）

# 第八节　民间艺术——布老虎（大班）

图 7-7　布老虎

## 一、活动目标

1. 感受布老虎富有变化、自然淳朴的纹饰之美。

2. 充分体验布老虎周身纹饰所传递出的驱邪护佑、祝福吉祥的美好寓意。

## 二、活动重、难点

1. 活动重点：引导幼儿发现布老虎纹饰中的趣味，感悟其美好的寓意。

2. 活动难点：尝试在装饰布老虎纹饰的活动中，表达自己的想法。

## 三、活动准备

### （一）经验准备

**1. 幼儿经验准备**

对自然界中的老虎有简单的感知经验。接触过一些民间工艺品，如：剪纸，布艺玩具等。

**2. 教师经验准备**

（1）了解中国民间工艺品——布老虎。

布老虎是一种在古代民间就已广为流传的玩具，它品种繁多，是一种极具乡土气息的民间工艺品。在中国人心里，老虎是驱邪避灾、平安吉祥的象征。

（2）熟悉民间工艺品——布老虎的创作背景及相关艺术理论知识。

创作背景：布老虎寄托着人们对美好生活的向往与追求，因此至今仍受到人们的广泛喜爱。农历五月初五端午节期间，民间盛行给儿童做布老虎，或者用雄黄在儿童的额头画虎脸，寓意健康、强壮、勇敢。数千年在民间代代相传的布老虎，主要在汉族辽阔的居住地流传着，地区间的人际交流，使布老虎的地域特色逐渐同化。

理论知识：布老虎注重纹饰，富有变化的纹饰丰富了布老虎的情态特征，布老虎额头的"王"字，是体现老虎王者风范的最重要的纹饰特征。它将林中之王的霸气淋漓尽致地表现出来。布老虎的眼睛多以圆形和杏眼为主，以太阳形为标志。眉毛多饰吉祥寓意的花草纹饰和云纹。鼻子纹饰有象征多子吉祥的石榴纹、鱼纹、蝉纹、藕形纹、如意纹。布老虎的嘴也是表现虎威的一个重要部分，并以大见长，以应"嘴大吃四方"之俗语。常见的嘴型有带利齿的方形开口嘴形和闭合嘴形，嘴角外围饰胡须，以彰显豪气。耳朵造型以象征福禄和祥瑞的花瓣形和灵芝形居多。虎身纹饰和色彩的结合是产生斑斓效果的有效手段，纹饰有象征富贵荣华含义的牡丹纹样、有表现视觉美感的虎纹等。虎足多装饰象征子孙仕途畅达、家庭富裕的纹样。脊背和尾巴的纹样常采用简化后的艾草纹，从头顶至尾尖，造型由大到小进行渐变，以配合头尾的形态变化。

### （三）物质准备

1. 布老虎玩具（每人 1 只）

2. 绘画工具：绘有布老虎线描图的画纸（每组 1 张，画面呈现布老虎的眼睛、耳朵、嘴巴、脸、身体和尾巴），黑色水彩笔，胶棒

3. 多媒体设备及 PPT 课件

4. 乐曲《彩云追月》

## 四、活动过程

### (一)美好回忆

**1. 主要提问**

(1)这是什么?你在哪种动物身上见过这个"王"字?

(2)大老虎是什么样的动物?谁来学一学老虎的样子?

(3)你觉得布老虎的样子凶猛吗?为什么?

**2. 实施要点**

(1)从图片和动作模仿中唤起孩子的已有认知经验,帮助幼儿抓住"老虎"凶猛威武的特性。

(2)请幼儿每人自选一只布老虎,并鼓励幼儿进行全面的观察、充分的感知。

(3)教师鼓励幼儿进行小组交流,并请幼儿讲述不同的观点。教师在最后总结中提炼出幼儿有关布老虎花纹和图案的内容。

### (二)自由表达

**1. 主要提问**

(1)布老虎身上还有哪些花纹和图案?

(2)布老虎嘴巴用了什么花纹?为什么要用这样的花纹?

(3)你想创作什么样的布老虎?

(4)你创作的这只布老虎是什么样的?你用了哪些花纹和图案?为什么?

(5)为什么这只布老虎身上要用这些花纹和图案呢?

**2. 实施要点**

(1)教师提问引导幼儿重点感受布老虎身上丰富多样的花纹与图案。

(2)教师以布老虎嘴部花纹为例,引导幼儿关注"花纹"可以表现布老虎的特点。

(3)将幼儿分为4组,教师鼓励幼儿进行小组讨论。在绘画过程中,教师针对小组进行指导,并运用提问、追问等方式,引导幼儿感受花纹图案的艺术语言特有的意义。

(4)教师鼓励幼儿大胆讲述创作布老虎花纹图案的想法。

(5)通过提问,激发幼儿将自己创作体验之后的感受进行迁移,从而进一步理解布老虎的美好寓意。

### (三)快乐分享

**1. 主要提问**

(1)你喜欢布老虎吗?为什么?

(2)你想把布老虎设计在什么地方?为什么?

**2. 实施要点**

（1）鼓励幼儿表达出对布老虎的喜爱之情。

（2）教师为幼儿提供布老虎设计元素的作品图片，以此开阔幼儿眼界，丰富审美经验，并鼓励幼儿充分讲述。

**图片来源**

图 7-7 布老虎：http：//www.sohu.com/a/74706215_372185

（北京市朝阳区劲松第二幼儿园　王　坤）

图书在版编目（CIP）数据

幼儿美术"心赏"集体教学活动的探索与实践/安平主编 . —北京：中国农业出版社，2019.12
　　（玩美术　慧生活）
　　ISBN 978 - 7 - 109 - 25485 - 5

　　Ⅰ.①幼…　Ⅱ.①安…　Ⅲ.①学前教育－美术教育－教学研究　Ⅳ.①G613.6

中国版本图书馆 CIP 数据核字（2019）第 083919 号

WAN MEISHU　　HUI SHENGHUO
YOUER MEISHU "XINSHANG" JITI JIAOXUE HUODONG DE TANSUO YU SHIJIAN

中国农业出版社出版
地址：北京市朝阳区麦子店街 18 号楼
邮编：100125
责任编辑：张　志　黎思玮
版式设计：杨　婧　责任校对：梁思玮
印刷：北京中兴印刷有限公司
版次：2019 年 12 月第 1 版
印次：2019 年 12 月北京第 1 次印刷
发行：新华书店北京发行所
开本：700mm×1000mm　1/16
印张：14.75
字数：200 千字
定价：58.00 元